# 吃遍
# 内蒙古

田宏利◎编著

内蒙古出版集团 内蒙古人民出版社

**图书在版编目（CIP）数据**

请到草原来：吃遍内蒙古 / 田宏利编著 . -- 呼和浩
特：内蒙古人民出版社，2014.7
ISBN 978-7-204-13004-7

Ⅰ . ①请… Ⅱ . ①田… Ⅲ . ①饮食—文化—内蒙古
Ⅳ . ① K928.926 ② TS971

中国版本图书馆 CIP 数据核字 (2014) 第 150970 号

**请到草原来：吃遍内蒙古**

| | | |
|---|---|---|
| 编　　著 | 田宏利 | |
| 选题策划 | 王　静 | |
| 责任编辑 | 王　静　王　瑶 | |
| 封面设计 | 马东源 | |
| 出版发行 | 内蒙古出版集团　内蒙古人民出版社 | |
| 地　　址 | 呼和浩特市新城区中山东路 8 号波士名人国际 B 座 | |
| 网　　址 | http://www.nmgrmcbs.com | |
| 印　　刷 | 内蒙古爱信达教育印务有限责任公司 | |
| 开　　本 | 720×1000　1/16 | |
| 印　　张 | 23.5 | |
| 字　　数 | 340 千 | |
| 版　　次 | 2015 年 3 月第 1 版 | |
| 印　　次 | 2015 年 3 月第 1 次印刷 | |
| 印　　数 | 1—4000 册 | |
| 书　　号 | ISBN 978-7-204-13004-7/G · 2820 | |
| 定　　价 | 68.00 元 | |

图书营销部联系电话：（0471）3946299　3946300

如发现印装质量问题，请与我社联系，联系电话：（0471）3946120　3946169

# 马背金鞍上的味蕾盛宴

内蒙古地区的饮食文化有着悠久的历史，尤其是包含了古老蒙元文化气息的蒙古族餐饮，既是民族文化的重要组成部分，也是中华民族古老文化的一部分。

内蒙古地区的饮食习俗，作为极具地方特色的餐饮，吸纳了不同区域的地域特点、气候特点和文化特点。独特而富于魅力的草原饮食文化，已经让越来越多

内蒙古地域辽阔，山川锦绣，河流众多，东西疆域相距遥远，地理位置与气候变化差异极大，各地产出的动植物物种各不相同。受周边地域文化的影响，即使是同一个民族的餐饮文化，在不同的地区也是风格迥异的。

所谓"千里不同风，百里不同俗"，

的国内外美食家大为叹服！

内蒙古地区饮食文化最具代表性的就是蒙古族餐饮（简称蒙餐）了。不论是营养价值，还是"色、香、味、形、艺"，都与内蒙古大草原独特的地域风情息息相关，体现着草原民族特有的民俗风情。随着社会经济的发展，在内蒙古大部分

地区，以南方餐饮为主的菜系已经被广大消费者接受和认可，而作为本土餐饮行业代表类型之一的蒙餐，也开始渐渐走入更广泛的市场当中。

蒙古族的餐饮风格比较粗犷，以牛羊肉、奶、野菜等为主要的菜点原料。烹调方法相对比较简单，以烧烤最为著名。菜点崇尚丰满实在，注重原料本味。还有其他以肉类作为主要馅料的包子、馅饼等面食，食材基本都是牛肉和羊肉，早些年阿拉善盟地区的一些小店里可以吃到纯的骆驼肉馅饼，非常好吃，不过现在已经很少见了。

蒙古族牧民视牛、羊为生活的保证、财富的源泉。日食三餐，每餐都离不开奶与肉。在纯牧区里，饮食结构则更为简单，一日三餐，两稀一干，早晨和中午一般喝奶茶、泡炒米、吃自制的各种奶食品、

煮肉或是肉干等，晚上氽羊肉、下面条、吃包子。蒙餐中面粉制作的各种食品也很多，除了面条和烙饼以外，还擅长用面粉加馅制成别具特色的蒙古包子、蒙古馅饼及蒙古糕点新酥饼等。

内蒙古草原广阔丰美，这里有高山，有丘陵，有沙漠，有河流，有森林，还拥有大面积湿地。内蒙古地区草原特点鲜明，有"天苍苍野茫茫，风吹草低见牛羊"的美誉。很多人为蒙古人能够在这片草原上创造辉煌的历史感到惊奇。

他们吃的是炒米、手扒肉，几乎一年四季都很少吃新鲜蔬菜。他们与牛、羊同饮一条河水。喝奶酒，喝烈性酒。他们席地而居，住的是蒙古毡房，铺的是羊皮褥子，烧的是牛粪。茫茫草原数十里甚至数百里都没有人烟，他们的交通工具是马、牛、骆驼。正是在这种恶劣条件下，在这片广袤的土地上培育出了一个优秀的、强悍的、豪放的激情民族——蒙古族。成吉思汗《大札撒》曾曰："让道路永远畅通无阻，让天空永远湛蓝；

让水源永远清澈……让长生天之下的一切生物各享其安……"蒙古族悠久而神奇的文化值得我们每一个人去保护、去研究，如果你来到内蒙古，不要只感叹那茫茫草原、浩瀚的草场、美丽的羊群、有如繁星的蒙古包，更要亲身体验现代蒙餐，在品尝美味的时候，也来体会一下一代天骄成吉思汗的后裔们传承下来的蒙古族饮食文化。

——编者

# 目录 /////

## 01 蒙餐源流初识

02 奶茶

# 目录 //////

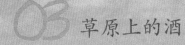

## 03 草原上的酒

# 04 蒙餐"红食"解读

# 05 吃在呼和浩特

## 吃在乌兰察布

# 目录 /////

## 07 吃在包头

# 08 吃在赤峰

# 目录 //////

# 10 吃在锡林郭勒盟

# 目录 //////

## 11 吃在呼伦贝尔

# 12 吃在巴彦淖尔

# 目录 /////

# 14 吃在乌海

# 目录 /////

15

饮食源流初探

# 蒙餐源流初识

MENGCAN YUANLIU CHUSHI

辽阔的内蒙古草原山川，丰富的物产资源，古老的民族文化，给了这一地区的餐饮历史积累了丰厚的文化底蕴。在改革开放，人民生活日新月异的今天，古老的蒙元餐饮和汉文化的历史融合，正逐渐揭开其神秘的面纱，展现在世人面前。

草原饮食文化的博大与精深，可追溯到汉朝时期，"昭君出塞"这一历史事件所带给当时草原上王公贵族们的，除了来自上邦大国的物宝丰华以及绝色佳丽之外，还有众多的汉朝美食及其加工工艺，极大地丰富了在当时还被中原人普遍认为是"茹毛饮血"的匈奴蒙古贵族阶层的餐桌，强烈地刺激着他们的味蕾和神经。同时也给几乎还处于原始生存状态下的草原先民们的日常饮食，带来了颠覆性的革新与冲击。

当历史的进程顺延到"一代天骄成吉思汗"跃马扬鞭，征服欧亚大陆的时代，这位被后世至今依然称颂不已的伟大帝王及其后代，兼容并蓄的接收和吸纳了来自不同民族、不同地域的饮食方式和烹饪精华，极大地丰富了蒙古族地区日常餐饮的文化内涵。

在其后的数百年间，成吉思汗及其部众散落在欧洲的蒙古后人不断回迁，又带回了许多欧式餐饮的文化食俗以及欧式风味的经典美食，最终导致且形成了一种另类的蒙餐文化流派。

在元朝中后期，蒙古族餐饮的各种美食已经发展到了一个顶级巅峰的时代，当时有许多聪明的蒙古族厨师们，在不断的揣摩探索和改革创新过程中，吸取了大量的唐、宋时代的烹饪精髓。我国最为著名的第一营养与饮食相结合的药膳经典——《饮膳正要》，就诞生在元朝的这一时期，是由当时著名的蒙古族医药营养学家呼思葱所著。书中以科学的态度，高深的蒙医营养理论，完美的医药与饮食的结合，开创了营养药膳的先河。书中记载了大量蒙餐菜品的加工工艺和制作精华，是一部比较完整的反映元朝时期营养美食的经典之作。

# 各地蒙餐食俗特色

GEDI MENGCANSHISU TESE

　　蒙古族人在世界上的分布极为广博，从黑海沿岸的阿斯特拉罕人一直到旧金山的土尔扈特部后裔，从西伯利亚的布里亚特人到云南的蒙古族自治县，各个国家和地区的生活习惯、风俗礼仪不尽相同，就连内蒙古东、西部的蒙古族人饮食习惯也很不一样。

　　从最西边来说，在阿拉善当地，人们喜欢食用骆驼肉，吃法像北京人吃烤鸭一般夹在薄饼中食用。巴彦淖尔人最喜欢的特色美食是肉勾鸡焖素糕，另外还有新鲜的黄河鲤鱼、鲶鱼，开河之后的鱼类尤其美味。伊克昭人喜欢牛羊肉、奶制品、炒熟的糜子米和一日三餐必不可少的奶茶。

　　东部的赤峰、通辽的蒙古族基本上是属于种田养猪的农民，饮食上与东北汉族无异；而生活在草原上的牧户和分散在锡林郭勒盟、呼伦贝尔盟的蒙古人则以野兔肉为上乘的饮食，加之那里河流湖泊纵横，食鱼者多，还有就是近年来蜚声国内外的草原风干牛肉；边境线附近的布里亚特人、巴尔虎人的生活习性则与俄罗斯人无异，日常饮食以烤面包、红菜汤、黄油、蜂蜜、熏香肠等为主。

# 蒙餐中的狩猎文化

MENGCANZHONG DE SHOULIEWENHUA

## 狩猎习俗

辽阔的内蒙古草原，为发展狩猎、畜牧提供了非常好的自然环境。蒙古族先民早期的食物来源基本都是从狩猎中获取。从事畜牧业后，既吃猎获物，也吃家畜。

狩猎几乎是与蒙古族共存的一种生产和生存方式，同时也是他们最为重要的经济生活方式。《蒙古秘史》中记载的"林木中百姓"就是仍然从事狩猎的部落。他们居住在森林里，完全依靠狩猎获取生活资料。足够的猎物资源除了供应自己以外，还可以用皮张（如貂皮、青鼠皮等）与周边的部落进行以物易物的交易。蒙古族走出森林成为草原民族之后，便渐渐转换成以放牧为主，狩猎为辅，牧猎结合的生存和生活方式。

历史上的草原民族，也称作"游牧民族"或"马背民族"，过着"逐水草而居"

的生活，但是，在古代恶劣的自然条件下，牧业生产时常不足以维持生计，大多数蒙古人牲畜不多，唯以狩猎加以补偿。《蒙古秘史》中所载成吉思汗的世祖孛端察儿，因弟兄五人分家时，牲畜不足，只分到一匹秃尾黑背青白马，他牵马出走另谋生计，行至巴勒谆岛"结草庵而居"，其实就是过着狩猎的生活；成吉思汗的父亲死后，"泰亦赤兀惕部"几乎裹走了成吉思汗家里所有的百姓和牲畜，仅仅剩下了十匹马，家境极度贫困。后来，少年成吉思汗被俘逃脱后，寻得家人，生活窘迫，在很长的时间里，成吉思汗一家仅靠猎取土拨鼠维持生活。所以，狩猎业对于蒙古族来讲，无论是居住在森林中，还是居住在草原上，都是极为重要的生产方式。

## 狩猎中的祭祀

狩猎,在古代作为一种神圣的活动,形成了一定的礼仪习惯,如在出猎时要祭祀用来捆绑猎物的梢绳,对狩猎工具如枪、弓箭等用奶或油脂、肉等抹画,并致专门的颂词,以求吉祥。出门前要对猎人、鹰、猎犬等进行熏香火祭,以

示驱除晦气。还有的在家中供奉猎神"玛纳罕",出猎时带上"玛纳罕"画像,在宿营地也要供奉祭祀猎神。

蒙古人认为"山狍野鹿、豺狼虎豹"都是上天的"牲畜",只有祭天才能得到猎物。各地在出狩之前,都要进行专门的祈祷和"召唤猎物"的烟祭,祈求上天赐下猎物,才能"出有所猎,归有所获"。届时每一户人,集中在事先约好的禽兽较多的地方,由一位经验丰富的狩猎长者在高处点燃篝火,用带来的香火祭天神。狩猎前的准备工作,也是在一种神秘的状态和气氛中进行。他们不说出猎的日期,只是悄悄地传送"马

粪蛋",暗示什么时候大家集中。这期间大家见面办事,都要和和气气,避免争吵磕碰。谈及飞禽走兽,也不能口出秽言。即使某座山上没有野兽,也不能直言没有,而要说:"可能有吧,近日没有看到",特别忌讳在家里谈论打猎的事,因为灶神爱翻闲话,万一给山狍、野鹿透出风去,大家就什么也打不着了。还怕野兽警觉,谈及猎物时尽量避免直呼其名,只用它们彼此明白的行话代替。

## 狩猎中的规矩

人们往往以为猎民是很贪婪的,似乎碰见的野兽都要杀掉,实际上蒙古族猎民却是很讲狩猎之道的。猎物既是上天的赐予,珍惜猎物便是猎民的美德。什么季节狩猎,什么地方狩猎,什么野兽可杀,什么野兽不可杀,在律法和道

义上都有一套严格的准则。马可·波罗在他的《游记》中,就记载着一条忽必烈大汗禁止所有各国臣民在每年3~10月间行猎的命令,违者"严惩不贷",其

用意在于使"每种猎物能够大限度地繁殖起来"。几百年来，在蒙古人心目中形成了良好的传统猎风。一般忌讳捕杀怀胎、带仔母兽及幼兽。谁若猎取这些野兽，就被看作是最无能的男人，会受到百般揶揄。围猎的时候虽然要求不跑掉一头野兽，但是并不把钻进包围圈的野兽全部赶尽杀绝。围猎的最后，总是以放生大批幼兽和带仔母兽来结束。一旦围猎结束，任何人不再触犯野兽。打猎也忌讳"断群"，猎取十头以上的兽群，总要放掉几只。历史上成吉思汗和他的子弟，曾把野兽当作"牲畜"看待，将其捕捉以后打上火印，作为私有财产的标记，而后放还野地。打猎多是为了吃饭和度荒，牧民观念中没有囤积居奇和赖以发财的思想，加之地广人稀，狩猎有道，使草原上的各种兽类得到了良性的自然繁衍。

### 狩猎中的禁忌

　　猎人的衣饰物品、狩猎工具禁忌外人和妇女接触、跨过，否则要以火净之；出猎时不允许说"小心"、"注意"之类的不吉利之言；出门碰到空桶，会认为出门不顺，一定要往水桶里扔一根草棍。在猎场禁说"猎物少、见不到野兽"之类的晦气话；禁对太阳、敖包等圣地小便，禁往树木上小便。猎获鹿、熊时要举行跪拜祷告仪式，猎到狐狸后必须当场剥皮祷告，并将尸骨圈起，尾巴插入嘴里，猎狼后要把小肠扔到路上。猎人对这些禁忌都非常重视。

　　每次狩猎离开猎场时要祭山神、猎神、土地神，将猎物的少许肉块抛入篝火，并致专门颂词以示让神灵共同分享胜利果实，表达感激之情。

　　狩猎归来，家人点燃篝火，骑马远迎，到家后要在"禄马神台"前为猎人专门敬酒献哈达，致祝颂之词，猎人和猎马、犬并猎物要从两个火堆中间穿过，以火净仪式驱赶干净附在猎物身体上的野兽灵魂，最后举行盛大热烈的"猎归宴"。

### 原始古老的分配

　　牧区有句谚语"打猎靠各家，猎物众人拿"，这是一种非常古老的分配方式。

　　如果你在野外碰着谁打着猎物，你完全有权利同猎人一样得到一份猎物，不必

为"无功受禄"而自惭形秽。因为既然猎物天授，就应当人人有份，都有权利享受这种"天赐之物"，猎人不得独吞，这种习俗一直保持到今天。可是猎物的头、皮和心肝，一定要留给那个猎人，这个人也往往视此为最大荣耀。在常人看来，它们并不是猎物最好吃的部分，为什么偏偏留给猎获者？因为古人认为，野兽的灵魂就附着在这一部分上，用它祭了敖包，它就可以早升天、早转生。把它送了人，以后便打不着野兽了。这是蒙古人重精神、轻物质的浪漫气质的流露，这种气质直到今天还能看到，而且从捕猎发展到畜牧业生产，从狩猎发展到祭祀，都可以看到这种民族气质的影响。

### 狩猎的目的和意义

首先，狩猎业促进了牧业经济的发展，通过狩猎，蒙古族获得大量的食物、皮毛，减少了家畜的宰杀数量，尤其是在一般的牧民家庭或遇自然灾害时，大量狩猎业的经济补充，有效地保护了畜牧业经济。其次，狩猎业与牧业相比较，获取生活资料的劳动力投入较少，使人口相对不足的蒙古族，有条件使更多的人不必终年从事牧业生产活动，有更多的人员和时间进行其他的诸如军事、娱乐活动等。再有，狩猎还具有军事训练的作用，成吉思汗时代进行大规模狩猎时，从参加狩猎的部落、狩猎地点的选择，组织进攻围捕的方式都如同对敌作战一般，通过狩猎，就达到了模拟战场的训练目的，同时也锻炼了部落成员坚强的意志和勇敢的精神。还有，狩猎还是蒙古族的一种娱乐活动。狩猎中追赶猎物，以弓射击猎物，对凶猛、受伤的野兽下马捕捉以及搏杀，这些都使"赛马、射箭、摔跤"的"男儿三艺"淋漓尽致地表现出来，勇敢的男子汉往往做出漂亮的动作，在狩猎中娱乐，在娱乐中狩猎。

最后还有一点，就是狩猎也是为了在草原上消灭一些伤害家畜的野兽，如进行有目的的捕狼、猎熊等活动，进而使畜牧业的发展得到良好有效的保护。

## 狩猎的方式

大型围猎，包括围猎、打围、畋猎等。动辄数十人、上百人，甚至更多，有固定的日期和规程。一般来说，打什么围，就有什么章法。从猎取目标上分，有虎围、狼围、野猪围、黄羊围、狐狸围、野兔围、野鸡围等。从规模上分，有五段长围、四段长围、三段长围等。旧时，凡由札萨克王组织的，均为五段长围。一般的围猎，也有很多人参加。大型围猎时，须事先下达通知，通报地点、预

定时间、各个责任地段等，另外还要延请围猎高手。猎人们根据时间准备干粮、马匹、猎犬以及箭壶、布鲁（猎具）等器械。夏秋围猎之前须"吊马吊膘"；给猎犬佩带用香牛皮或布帛做的红项圈，观之威风凛凛。围猎不管多少人参加，猎物的"珠力德"（连着头颅的整副心肺）都必须要送给打死这只野兽的猎手。

在蒙古史籍中有多处记载：成吉思

汗一生当中曾无数次地组织过大规模的围猎，如在西征回归途中进行过一次大的围猎，参加人员达到 2 万人以上。成吉思汗还对第一次参加围猎，射获一只雪兔的孙子忽必烈、射获一只鹿的旭烈

兀，按蒙古人的习俗，用猎获物的脂肪，以大汗的名义为初猎成功的孙子擦拭中指和前额，以示祝福、吉祥。元朝开国皇帝忽必烈非常喜欢回到草原牧地狩猎，据《马可·波罗行纪》记载："大汗出猎时，其一男爵古尼赤（管犬人）将所部万人，携犬五千头，从右行。另一男爵古尼赤率部从左行，相约并途行。中间留有围道，广二日程，围中禽兽无不被捕者。所以，其猎同猎犬猎人之举动，颇可观。"可见，忽必烈时期有专门的狩猎组织，同时负责饲养专门的猎犬，而且狩猎的阵容庞大，人员众多，实为罕见。

---

札萨克王——清代将蒙古族住区分设为若干旗，每旗旗长称为"札萨克"，由蒙古的王、贝勒、贝子、公、台吉等贵族充任，管理一旗的军事、行政和司法，受理藩院和将军、都统监督。下设协理台吉二人或四人，助理旗务，官属有管旗章京、副章京、参领、佐领和骁骑校等。

## 围猎的步骤

围猎有合围、放围、轰围、整围、推围、紧围、撤围等程序和分工，要求每个人忠于职守。如果哪个人玩忽职守，走错路线，违犯规矩，会受到大家的谴责。若是只顾猎物或过于兴奋错伤人马、猎犬,则由首领(阿宾达)仲裁，惩罚肇事者。

行猎中，因为猎物发生争论，则把猎物放在一定射程之内，让争执双方各执弓箭射击三次，猎物归赢者。两个人都没射中，送给没有获得猎物的人。

猎人发现猎物，要不失时机地撒狗放鹰、踩镫磕马，狗、鹰、马、箭一起冲过去。猎人稳坐马背，投枪、拉弓或掷"布鲁"捕捉猎物。倘若没有击中，便把帽子或手巾丢下做记号，继续追赶。捕获猎物后，返回来取"布鲁"和箭。围猎场上谁也不准拿别人的猎具。平时一人打猎用夹子、套子、扞子，多人打围时，禁止使用这些器械。

在狩猎中还经常利用训练有素的动物进行狩猎，主要有马猎、犬猎、鹰猎和豹猎、狮猎。"马猎"，主要是为猎人提供脚力，好的猎马善解人意，非常聪敏，是猎人的好助手；"犬猎"有单犬追捕，也有十几只、几十只经训练分工围追堵截合力追猎的；"鹰猎"是驯养如雕鹰(鹫)、海东青(白鹘)、鸦鹘(隼)等飞禽捕捉猎物；"豹猎和狮猎"只在蒙元时期宫廷中少量出现，最初用于战争，后间或有在狩猎中使用。例如"猎兔围"是训练乘马、猎犬捉跳兔，但不许它吃掉。防止打围时猎狗吃兔或叼着乱跑。

## 狩猎的程序

据波·少布先生《蒙古风情》介绍，古时蒙古人狩猎大致为出猎、围猎、射杀、收场、分配五个方面。

**出猎**：狩猎首领阿宾达召集会议，议定围猎的时间、地点、路线、注意事项，举行出猎宴，亲人敬酒，祝福平安，多获猎物。阿宾达下令出发，各队猎手

带上武器，骑上骏马，领着猎犬，向目的地出发。

围猎：猎队从四周向中心猎区轰撵猎物，不许射杀，不许猎物跑掉，在规定时间内将猎物赶进包围区内。

射杀：根据阿宾达的信号令，全体人员开始行猎，这是一个最激动人心的场面，所有的狩猎工具一齐使用，猎手们各显其能，有的飞马射箭，有的挥手投枪，有的弯腰掷"布鲁"，有的放鹰擒猎物，有的纵犬扑野兽。一时间围猎场上，东冲西击，兽惊人赶，猎人的呐

喊声、猎犬的狂吠声、野兽的惊叫声、刀枪的碰撞声、马蹄的踏地声交织一片，如同战争场面，蔚为壮观。

收场：射杀结束后，猎队分工清理猎获物，分类堆放清点。对行猎中表现突出的好马、好犬、好鹰、好猎手各猎队负责向阿宾达报告。

分配：由阿宾达主持，每位猎手都可分得数量不等的猎获物，对围猎中的快骏、猛犬、精鹰、杰出的猎手都要授予尊号，予以奖励，对行猎中的违纪者，予以轻重不等的处罚。最后就地野餐、饮酒娱乐、放歌踏舞，庆祝围猎成功。

"禄马神台"和"禄马风旗"

为了纪念和求得圣祖成吉思汗的庇佑，几乎每个蒙古人家门前都会供奉"苏鲁锭"和"禄马风旗。"他们会在门前建造一米多高的水泥台作为神台，在神台上会建有方槽、小庙或浅洞，"苏鲁锭"就插在神台上的方槽里，有的一根，有的两根，它们中间拉一根线绳，上面悬挂红、黄、蓝、白、绿五色旗帜。

每到新年除夕之夜，家家神台东南都要燃起一堆旺火，将新印的"禄马旗"在上面旋转烘烤几下，爬到神台上将旧"禄马"取下，新"禄马"挂上去，用火勺从旺火上挖几勺红火炭，倒在神台上的袖珍小庙或浅洞里，撒上香柏、白酒、红枣、圣饼焚祭。这家的长者这时要面对神台跪下，全文背诵一遍《伊金桑》。而后拿起螺号，手拍着灌进一些气去，呜呜地吹起来。声音低沉却有力，能传到很远的地方，引得周围的螺号也一起响成一片，宣告新的一年来临。这时全家老少都要出来，一起向神台跪倒，对"禄马"三拜九叩，三绕九转，祈求它给未来的一年带来好运。

除夕以后，"禄马"就只能供奉，不能打动了。如要打动，就是发生了意外。不是意外的喜，就是意外的忧。所谓喜者，就是生了小孩，特别是生了男孩，"禄马"要换成新的，还有娶媳妇的时候，"禄马"也要更新。所谓忧者，就是死了人，尤其是一家之主的男人死了，"禄马"旗一定要降落下来，好像国家元首死了降半旗志哀一样。蒙古人自言人生只有三宴，出生满年时有"去发宴"，成年娶妻

时有"婚礼宴"，老人去世时有"入土宴"。前两宴都是升旗，最后一宴是降旗。"禄马风旗"只为它的主人服务三次，却伴随了主人的一生。"禄马风旗"首先是英雄崇拜的结果。古代的蒙古民族崇尚武力，"苏鲁锭"是蒙古军队的

结果。蒙古人认为马是天神赐予人间的，他们对马的崇拜和对天神的信仰是叠合在一起的，马成为天神信仰的重要组成部分。我们看到的蒙古人的"禄马风旗"都是以马的造型为中心内容的，这同蒙古民族崇尚马、敬重马、将马人格化和神圣化有直接关系。

这一点还可以从蒙古人的民歌、祝赞辞中对于马的赞美看出来。蒙古人对于"禄马"的崇拜是由衷的，即便是现在，也禁止从旗子下面穿行而过。可见"禄马风旗"在蒙古人心中的神圣地位。长辈过世时降下"禄马"，表明"禄马"在导引死人的灵魂升天。他们认为马是"腾格里"派到人间的神。肩负着人类与"苍天"之间沟通的

军旗，它指向哪里蒙古骑兵就打到哪里。骁勇善战的蒙古骑兵征服了大半个世界，建立了横跨欧亚的蒙古大帝国。

同时，"禄马风旗"也是马崇拜的

使命，是通天之神。这也是蒙古族在其所有形式的大型祭祀活动中马及马奶等都是不可缺少的原因。

# 各地蒙餐文化习俗的差别

GEDI MENGCAN WENHUA XISU DE CHABIE

在蒙餐文化形成的千百年来，其餐饮文化已形成了东、西两大部分，内、外两大流派。即以内蒙古东北部四盟市为代表的，受华北与东北地区饮食文化所影响的东部区蒙餐文化。受内蒙古西部河套地区及黄河流域的区域化饮食文化所影响的西部区蒙餐文化。受内地饮食文化影响的内蒙古中式化蒙餐文化流派。新疆部分蒙古族聚居地区及蒙古国所流行的欧式化蒙餐文化流派。从支系划分，又可分为民俗餐饮文化与美食餐饮文化两大分支。就目前所流行的蒙餐来看，大部分属于民俗蒙餐。

蒙古族的饮食习俗，其各地区的地方史志均有记载。虽然各地的风俗有所不同，但大体上的生活习俗基本相近，从生活用品及饮食习惯都大致相仿。丰富的物产资源，奠定了蒙餐文化的坚实基础。据史料记载，元代时期元上都的蒙古人所食用的菜品就相当广泛。人们经常食用的蔬菜有香菜、芥菜、薄荷、菠菜、茄子、苦荬、胡萝卜、瓜、葱、蒜、韭、野韭、芫荽，以及各种野菌类。当时描写上都民俗的诗作《宿牛群头》一诗中写道："荞麦花开草木枯，沙头雨后茁蘑菇，牧童拾得满筐子，卖于行人供晚厨。"这不但说明了元朝以前元上都的蒙古人就已经很喜欢食用蘑菇，而且还说明了荞麦也已成为当时蒙古人的主食之一。

# 传统蒙餐简述
## CHUANTONG MENGCAN JIANSHU

　　元帝国统一之后，有许多原中原宫廷厨师和蒙古族厨师一道，用蒙古族传统的烹饪原料，为当时的大元朝皇帝及王公贵族、达官显贵们制作出了无数款

献记载："诈马筵开，盛陈奇兽……金盘内盛手扒肉，配以井盐，自调咸淡……"由此看来，无论多么丰盛的宴会，其中也不会少了自己民族的习惯饮食品种，

经典美食，使蒙餐的发展达到登峰造极的阶段。元朝宫廷里的宴飨名目极为繁杂。如"太官用羊二千，撒马三匹"，它弗称是，名之曰"只孙宴"。"只孙"华言一色衣也，俗称"诈马筵"。"诈马筵"是元朝宫廷里极为豪华的一种宴飨。文

这可能也是蒙古人不忘其根本的一种体现吧。

　　蒙餐受欢迎的原因，一是其传统独特的地方风味，二是其蕴含浓郁的蒙元文化。蒙餐中的民俗食品花样众多，有一种在蒙餐中被广大民众所喜爱的"全

羊席"。此宴遍布内蒙古各地，但因各地的风俗不同，略有差异。其中东部区的传统婚宴中的"全羊席"（又称整端）就很有地方特色。

喜宴的主宾席一定要上全羊，其他席不一定都上全羊而上羊腿、羊胸等柴骨肉（今人俗称手扒肉）。所谓"整端"，也不是胴体连接头蹄一股脑儿地端上来，而是将羊的各个部位关节有程序地摆布，以象征整羊。

具体来说，先将羊的两根胫骨、膝节向前放在底部，次将左右各若干肋骨分置其侧，再将胸尖肉骨放其间，又将带肥尾的全臀（俗称五杈）尾向后置于上。最后还将划有十字样的羊头向前置其上。

插上几把蒙古餐刀。这些关节部位的置放，要显示出羊在向贵客跪卧请吃。

端到桌面，主人满上酒，拿起刀子，先将羊头的耳尖割一小块赏给小孩，之后，将羊头撤走，便以刀从肥尾左侧划下来，割下一条敬给女方的"特鲁诺颜"（首席主婚人）和"特鲁哈敦"（首席妇人）。随后各位宾客举杯动刀，饮酒吃肉。

据考证，时下各地流行的"分餐制"应该是蒙古人第一次提出来的，例如蒙古人都有自己的刀、银碗等用餐工具，西餐的分餐制应是蒙古族带过去的。蒙古族的游牧人日常饮食中很少用筷子，都是用刀的，蒙古刀极具民族特色。"肉以刀断而食，用刀之巧与汉民用箸无异。"

# 蒙餐烹饪初识

MENGCAN PENGREN CHUSHI

蒙餐中的菜品丰富多彩，烹调技法全面。单就蒙古族宫廷中传统的"全羊席"而论，就与上述民间的"全羊席"是不可同日而语的。其历史的久远、烹调技法的多样也是民间"全羊席"所不能比拟

的。据《清史演义》中记载：清康熙年间，清圣祖玄烨就曾为外藩王公举行过"全羊席"。清乾隆年间袁枚撰写《隋元食单》

中，也有全羊席七十二种的记载。"全羊席"以一体之物，烹制出七十余种菜肴，形色不同，口味各异，烹制技艺精湛，配料讲究。煎、炒、烹、炸、煮、蒸、炖各种烹调技法全面，色、香、味、形无不讲究。传统宫廷的蒙古"全羊席"，兼容了各大菜系的某些烹饪特点，形成了自己的烹调风格，具有独特的民族风味。

除此之外，蒙餐中还有"全牛宴"席以及其他以各种原料命名的宴席。但此种宴席多是出现在宫廷以及王公大臣和外藩王府的餐桌之上的。普通百姓是无法见到的，所以说蒙餐的美食经典均出自蒙古族的上层社会。但其上佳的美味最初也都源自民间，经过厨师们的加工与提高，便成了专供皇室及王公大臣和外藩王爷的珍馐佳肴了。

蒙古人传统的饮食包括有兽肉，炒米，牛肉，羊肉，驼肉及牛、羊、驼乳，

酥酪，酸奶，黄油，奶皮子，乌日莫，奶豆腐，砖茶，奶茶等等。有时人记载云："蒙古族人取炒米和牛乳白糖沸水冲食，加黄油、乌日莫，日食二次可终日不饥。不论贫富，皆喜饮砖茶。砖茶之用法，先以小刀削，之后研碎，沃以锅中之沸汤，以盐和之。欲其极美加牛乳煮之，更为奶茶。为最爱。"

草原上常年过着游牧生活的牧民日常生活饮食主要有："饲养的马，牛，羊，骆驼及其乳和猎获物，如兔，鹿，野猪，黄鼠，黄羊，野马等，均属生活资料。"割宰牲畜，"牛羊之身除皮骨外，无所不食。尤以胸部及尾味"。

另外，不论冬夏，草原上的蒙古人极爱食用肉干，因其便于携带与储藏。相传成吉思汗率大军征战时，便以牛肉干做军粮。

综上所述，这些都是日常蒙古族所习惯的民俗饮食品种。虽说其中不乏蒙餐经典与蒙餐的品牌象征，但它绝不是蒙餐精髓的全部。

近些年来，由于旅游业的快速发展，外地人一提到蒙餐，往往就会臆断为手扒肉、炒米、奶茶等蒙古族人民长期食用的这些饮食品种。其实，这种以民族为界定的说法是片面的，新的界定范围应是以地域为框架，以在内蒙古自治区长期生活的蒙、汉、满等多民族利用丰富的地缘资源，和谐融合、交流实践、同化剔除，施以不同的烹饪方法所形成的传统文化和民族工艺叠加现代文化和新型工艺的餐饮新产品称为"蒙餐"或可称为"新蒙餐"。

# 蒙古族餐饮溯源
MENGGUZU CANYINSUYUAN

　　蒙古民族的饮食与草原的生态环境有关。蒙古民族的饮食有农业区域、半农半牧区域及纯牧区域的差异。在纯牧区，饮食结构大致可按两个季节划分，夏季和冬季。夏季从 4 月到 10 月，包括从母畜产犊到乳品加工结束及奶制品的冬贮。这一时期的口粮主要是奶制品，偶尔有些肉制品。冬季主要食用宰杀和贮备的家畜肉、夏季贮备各类型的奶制品。蒙古族食物的突出特点是"肉食"和"奶食"。清代蒙古族学者松筠在《绥服纪略》中写道："瀚海大漠积沙缺水之地，居人凿井而饮，赖天雨以生草畜牧。"

　　法国人类学家列维·斯特劳斯有一个著名的公式："生／熟＝自然／文化。"从这里可以看出，日常的饮食活动是体现游牧文化特点的一个侧面。

　　树木稀少和半沙漠地理景观所特有的生态环境，决定了其畜牧经济的类型及与之相适应的饮食模式。以肉制品和奶制品为主要食物成为其饮食模式的重要标志。在中亚一带居住的藏族、哈萨克族、柯尔克孜族等游牧民族都属于这一食品类型，但是由于地域不同所带来的环境的差异，蒙古民族的饮食模式又与其他畜牧共同体略有差别。游牧民族的饮食模式与农耕民族之饮食模式相比

较，食用奶食品为主与食用谷类食品为主成为游牧民族与农业民族食品模式差异的基本点。在食品的制作上，农业民族的烹调技术较为繁复，有"炒、爆、烹、炸、煎、贴、瓤、烧、焖、煨、扒、烩、汆、炖"等几十种做法。誉满世界的"中国菜"正是农耕民族饮食文化的精粹。

从现代科学观点看来，煮食比较多地保留了人体所需的维生素、矿物质等营养成分。由于生存条件所限，游牧民本身所需的维生素和矿物质不能靠蔬菜果类供应，他们就喝大量的茶和乳酸饮料加以补充。这种调配，往往表现为独有的文化习俗。在饮食器具上，农业民族多用筷子，筷子的来源现虽无从查考，但毫无疑问，它同调和之事有关。由于调和需要把各种材料搭配匀称，所以才用得着发明一项器物从中一一挑选。而

食用大块的肉和吃奶酪的游牧民族用得更多的是刀，如果说，筷子是对称均衡的象征的话，那么刀则是单一粗犷的象征。游牧民族的饮食模式不仅造就了其强悍刚健的体魄，而且是其粗犷、豪放的民族性格体现。

游牧民族的饮食习俗具有家庭的、社会的、宗教信仰的多种功能。在家庭生活中，它在维系家庭成员之间的情感及促进家庭成员的协调合作上起到了重要作用。当冒着凛冽的严寒而辛苦一天

的牧人与家人围坐，捧起热腾腾的奶茶的时候，会感到生理与心理的满足与温馨，他会憧憬着明日的劳作与向往。节日婚嫁的饮食习俗维系了人与人之间的社会交往，成为联络情感、增进友谊的

纽带。整羊席上的优美的祝词、热烈的氛围构成了一幅生动的图画，在这里，物质上的和心理上的需求达到了和谐和统一。

游牧民族的饮食模式还有信仰功能。蒙古族的萨满教在祭敖包时有血祭的习俗，即屠杀牲畜作为祭品。在祭祀祖先时，他们也杀牲畜，《鲁不鲁乞东游记》载："在一个最近死去的人的墓上，他们在若干高杆上悬挂着十六匹马的皮，朝向四方，每一方四张马皮，并且把忽迷思放在那里供给他喝，把肉放在那里供给他吃。他们所供的肉食品是贡神的，通过这种方法，希冀得到神灵和祖先的赐福。"自明代以来，喇嘛教祭火神时也让火神分享各类食品，可见饮食是游牧民族民俗信仰的物化。一方面人们以赖以生存的饮食而供奉宗教之神，另一方面民间对宗教的信仰又推动了饮食的发展。蒙古民族盛行一种"喇嘛茶"，就是喇嘛教教规在饮食上的反映。可见

游牧民族饮食模式的形成与发展，既是人与自然接触的结果，也是人类社会之间接触的结果。

蒙古民族的饮食模式与汉族饮食模式在历经千百年间，一直在相互交流与影响。蒙古民族在十世纪至十二世纪初，已形成了具有自己历史文化特征和经济文化传统的饮食模式和饮食制度，其饮食模式虽具有独特性，但也受到与之相邻近的汉族、满族等民族的影响。《周礼·天官》上记载了"八珍席"，而蒙古族却相应创作出"蒙古八珍"。"吃全羊"是蒙古族的传统习俗，而"全羊席"却是蒙汉文化交流的结晶，它吸取了光彩熠熠、妙不可言的汉民族的烹调技艺，把蒙汉的饮食文化推向高峰。元代忽思慧的《饮膳正要》所记述的近百种美味中，有五分之二是游牧民族的食品，其中的"驼羹、牛蹄筋、马乳"等佳肴早为汉、满等民族所接受。游牧民族制作酸马奶的技术早就传至中原，《汉书·礼

乐志》就载有桐马酒，《说文》云："汉有桐马官，作马酒。"应劭注云："主乳马，取其汁桐治之。味酢可饮，因以名官也。"中国的茶道传至海外，而奶与茶的调和——"奶茶"却成为蒙古民族的专利品。游牧民族创造了独具特色的饮食文化，它超越了自然界千百万年加于其他生物机体的塑造，使自己日趋完美地适应自然界，从而确立了在生态环境中所占的重要位置。

进石菌蠢攒玉珠。"由此可见当时的珍馐美味中，除驼峰、熊掌等八珍之外的山珍"官山蘑菇"，也已被列为极品之列。

"八珍"中，"醍醐"是从牛奶中提炼出来的精华，为旧时供佛佳品。"麜"是"獐"的别称，獐肉是蒙古草原的高级食品，其幼羔尤为鲜美，实为一珍。"驼蹄"与熊掌齐名。驼乳不仅是高级补品，而且是良药。"鹿唇"（即犴达罕唇）是名贵食品。"天鹅炙"，即烤天鹅肉，类似今天的北京烤鸭。"元玉浆"、"紫玉浆"即奶酒。这些珍品除野骆驼近些年日趋减少近乎绝迹之外，其余多为内蒙古草原特产，成为内蒙古东部地区颇负盛名的野味。不过这些珍品通常非盛大宴会或巧遇猎获，一般不会食用。

## 蒙古八珍

辽阔的蒙古草原，为发展狩猎、畜牧提供了非常好的自然环境。然而这种牧猎生活，也形成了蒙古族独具特色的食品文化。在元代时期便以出现了"醍醐"、"麜沆"、"野驼蹄"、"鹿唇"、"天鹅炙"、"元玉浆"、"紫玉浆"、"玄玉浆"的蒙古八珍。元代著名诗人白廷在宴会上品尝了"蒙古八珍"之后，赋诗赞曰："八珍肴龙凤，此出龙凤外。荔枝配江珧，徒夸有风味。"又有赞叹元上都宫廷宴会盛况的诗句："沉沉棕殿云五色，法曲初奏歌熏风。酮官廷前列千斛，万瓮葡萄凝紫玉。骆峰熊掌翠釜珍，碧玉冰盘行陆续。官山蘑菇誉天下，

# 蒙餐中的饮食器具
## MENGCANZHONG DE YINSHI QIJU

    饮食器具是饮食文化的重要组成部分。牧人的饮食器具具有自己的特征。游牧民族的饮食器具很有特色。它首先要适应奶制品与肉制品为主的食品结构，而蒙古民族制作的奶制品又分为两个基本类型：易腐型与久贮型。

    奶制品需加工才能贮存，因此所需要的饮食器具的容积较大。蒙古人的饮食器具还要适应游牧生活的需要。游牧民族经常迁徙并在马背上驰骋颠簸，所以其饮食器具需经久耐用，蒙古民族喜欢铜制品和皮制品。他们往往就地取材，如用木碗及动物的胃。当精致的银碗、银杯与粗糙、简单的皮囊并存于同一民族的文化系列时，我们可以窥探其在饮食器具上既追求艺术性又讲究实用性的民族特色。

    蒙古族的饮食器具可从材料上分类，也可从作用上分。餐具多以木制为主。

## 蒙古刀

蒙古族最为典型的工艺品就是蒙古刀（如牛角刀）。蒙古银匠最拿手的技术就是做刀。刃用好钢，柄用牛角、红木做成。从前的蒙古刀比现在复杂、实用、漂亮，鞘中有孔，可插象牙或驼骨筷子。鞘上有环，环上缀有丝线带子。丝线带子一头有环，可以挂在胯上；一头编有蝴蝶结，下面是穗子；一头有"勃勒"。"勃勒"是一种银子打的圆形饰件，上面有花纹，中间嵌有珊瑚大珠。蒙古刀的"勃勒"，也有用绸缎刺绣的。刀鞘用金、银、铜做成，上刻龙、虎、兽头、云纹图案，象牙筷的大头一端还套有银束子，蒙古刀种类繁多，造型各异，大小不一。主要用来杀羊吃肉，也是男子汉的佩饰。不戴蒙古刀的男子汉，妇女们多看不起。还有民间传说若是饭菜下毒，也可以用刀试出来。

## 木 碗

最早的草原先民们用的碗是木制的。初时就地取材，用结实的树皮当碗，由于树皮的生长形状所限，盛取不便，于

是慢慢发展到截取松木树干，用刀将树干中心部分挖空，再经过简单的打磨之后，制作成样式质朴的木碗，并一直延续至今。按照蒙古族的传统风俗，人人都必须用自己的碗筷，尤其是在集体聚餐或宴席上，如果没有自己的碗筷，是会被嘲笑的。

## 木 模

近似于汉族人使用的"瓢",呈长方形或椭圆形,其大小不一。古代我国北方游牧民族曾广泛使用木器。《黑龙江志稿》中云:"食器无瓢陶,皆以木为盆。春夏之交,只用木盆注粥,以长柄小木杓数柄回环共食,以木碗盛饭,木碗盛羹……"

## 木 匙

即木杓,《黑龙江志稿》中载:"名差非长四寸,锐上丰下,削木为之,燎以火,使曲杂佩带上以代箸。"木杓顶部或刻有蔓形花纹,或刻一马头,顶端有一孔,可穿入皮绳,便于携带。

## 银 碗

蒙古族喜用银碗。《清稗类钞·制翠花碗》中云:"蒙古人胸次所怀之,木碗以桦木制成,贵者以札批野(楠木根有翠色花纹)制之。然后镶以银。"近代方志云:"此物乃蒙古人一装饰品,

木碗镶以银。近则洋货入蒙,部间有用铁质之,洋磁或洋锑。至喇嘛僧徒,乃

有以髑髅为饮器者。"银碗的外面都刻有花纹。传统的云纹、犄纹、回纹和素朴变形的花草枝蔓,顺着器型回旋周转的韵律,显得生动活泼,虚实有致。

## 虎忽勒

即所谓的"酒囊、水囊或皮囊",一种以马皮或牛皮制作的盛水、酒等饮

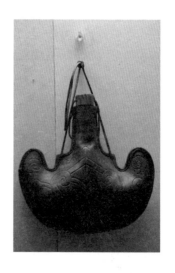

料的器皿。呈元宝形,中间部位呈壶嘴状,上有木塞,木塞顶部有一孔,可穿入皮绳,或挂在身上,或挂在马上携带,结实耐用。

## 吉拉布其

　　即牧人所用之锅，系铁制或铜制，中间部位有一边沿，锅上部边沿铸有传统花纹，有的还铸造了蒙古文。平时煮肉、

熬奶茶都用此锅，所以容积较大。锅下面有锅撑子，锅撑于是由六根或八根铁柱构成的，中间围四五道铁圈加以固定，铁锅大小不一，看其所需。

## 木桶

　　用以酿酒或腌肉的大型器具，《黑龙江志稿》中云："名石杭，截大木空其中以酿酒，以腊爨"。

## 乳桶

　　乳桶有木制、铁制、铜制、皮制数种。木制有的呈圆柱形，一般高约1.5尺左右。中间有一道箍，加盖，有的两边各按一木把，有的没有木把。铜制和铁制的乳桶呈圆柱形，桶的两端、中间部分

手把处均镶有花纹，既美观又结实耐用。更考究的为镶银乳桶，现包头市"五当召"内保存有一镶银奶桶，上部镶有两个菱形花纹，下面镶一菱形花纹，别致新颖。

　　乳桶也有皮制的，山阳阮葵生辑《小方壶斋地丛钞·蒙古吉林风土记》中载："乳桶以皮为之，平底丰下而稍锐，其上将乳盛之，于取携为便"。蒙古族人喜把马奶酒装在大皮囊中，蒙古民族的

大皮囊用剥下的整个牛皮制成，可盛300公升。

## 木 杵

捣马奶、捣米、捣茶均用之。《蒙古秘史》中云："成吉合罕没有理别勒古台的劝告，从旁折取一根树枝，又抽出捣马奶子的木杵就打，把主儿乞族人打败了"，这里就谈到捣马奶子使用木杵。

## 动物胃、盲肠

动物胃是牧人贮存时所用的器皿。《鲁不鲁乞东游记》中云："从牛奶中，他们首先提取奶油，然后把奶油完全煮干，然后把它收藏在羊的胃里，这种羊胃是他们保存起来专作此用的。"动物胃装贮量很大，大牲畜的胃可贮存50公斤。

## 瓦罐、陶器

瓦罐、陶器等敞口容器，是蒙古族人置奶的器皿。

# 蒙古族特色食品

　　蒙古族素有"白食"、"红食"、"紫食"和"青食"之说。以前三种为主，第四种为辅。

## "查干伊德"

　　蒙古族称奶食品为"查干伊德"，即"白食"，是指以奶汁（以牛奶为主，

兼有驼、羊奶）为原料加工制作的各种奶食品。常见的"白食"食品主要有：奶油、白油、哲嘿、奶皮、奶酪、奶粉、炼乳、奶豆腐等。

## "乌兰伊德"

　　蒙古族称肉食为"乌兰伊德"，即"红食"，是指用牛、羊、驼肉加工制作的各种肉食品。常见特色"红食"食品主要有：手扒肉、烤羊腿、烤全羊、羊背子、涮羊肉、烤牛排、牛肉干、肉松、驼掌菜、驼峰菜、血肠、肉肠、肉饼、蒙古包子等。

## "紫食"

是指炒米（将糜米焖至半熟而后炒熟，去皮即成紫色香脆食品）和用面食

## "青食"

是指蔬菜瓜果类食品，如沙葱、沙芥、沙棘、蕨菜、蘑菇以及各类野果等。

炸制的油饼、馓子、果条等茶点食品。

# 纯洁的"白食"

蒙古族的饮食习惯为"先白后红"。"白食"是蒙古族的敬客食品，蒙古人以白为尊，视乳为高贵吉祥之物。

按照蒙古族的习惯，白色表示纯洁、吉祥、崇高，因此"白食"是蒙古人待客的最高礼遇。到蒙古牧民家里作客，主人都要把奶皮子、奶酪、奶茶、奶酒等各种"白食"端出来请客人品尝。其中有一种叫作"查干胡日德"的奶制点心，即奶豆腐或奶饼，是蒙古族著名的"白食"，虽然都是以奶豆腐、白糖和黄油为原料，但制作极为精细考究，不但味道好，而且外观精美，宛如一件漂亮的工艺品。由于"白食"是以奶为原料，添加白糖等调料制成，因此不仅味道鲜美可口，而且极富营养价值，有些"白食"对风湿性关节炎等疾病还有一定的治疗作用。

蒙古人在逢年过节或孩子穿新衣时，都要用"白食"涂抹一下，办喜事时做洞房用的蒙古包也要用"白食"涂抹，以示祝福。还有过生日、满周岁、行婚礼、出远门时，老人们都要端着雪白的奶汁举行祝福仪式，以求平安、顺利。如果在牧区，有牧民夸你心地像乳汁一样洁白，那你就是得到了最高的赞赏。牧民有谁不慎洒了奶子，就会马上用手指蘸了抹在额上，说一声"啊唏，折福了"。若是掉一点儿肉，或许就随手丢给了猫、狗。不论大小宴席，都用"白食"开路。主人端来一只盛奶的银碗，按照辈分年龄，让客人一一品尝，这是一种神圣的礼节。客人即使七八十岁，大过主人几倍，也要跪接银碗，这不是给主人跪，是给乳汁跪。如果你到牧区，看到手扒肉上来就下手，不先品尝奶食，那是要被主人下看的。

　　白节：农历正月在蒙语中称为"查干萨日"（意为"白月"）。蒙古族崇尚白色，称岁首正月为"白月"，故称正月初一春节为"白节"。它又称"席尼吉勒"，意为新年、春节。白色，在蒙古族看来，是纯洁、吉祥之色。"白节"起源于元代。元世祖忽必烈在位时，就非常重视过"白节"。意大利旅行家马可·波罗在他的《游记》中，对此做了非常详细地描绘。据《马可波罗行纪》记载："其新年确始于阳历二月，届时大汗及其一切臣属复举行一种节庆……是日依俗，大汗及其一切臣民皆衣白袍，致使男女老少衣皆白色，盖其似以白衣为吉服，所以元旦服之，俾此新年全年获福……臣民互相馈赠白色之物，互相抱吻，大事庆祝，俾使全年纳福。"

# 蒙餐"白食"详解

蒙古族的奶制品可谓多种多样。有各种动物的鲜奶，以及从鲜奶中提炼而成的黄油、奶皮子、奶酪、奶豆腐、奶油、酸奶、奶渣、奶糕等，奶食中又分为食品和饮料，食品有白酥油、黄酥油、奶皮子、奶豆腐、奶酪、奶果子等；饮料有奶茶、酸奶、奶酒等。

## 鲜 奶

蒙古语中称"苏恩"，泛指奶，鲜奶是加工各种奶食品之源。从古至今，蒙古民族一直从牛、绵羊、山羊、驼、马、鹿、牦牛等牲畜身上挤奶，并以名称分牛奶、羊奶、驼奶等。喝这些奶不仅会给人补充不同的营养成分，而且还有驱除不同病症的功效。

## 牛 奶

牛奶用途最为广泛，并且产量高，同时鲜牛奶也是制作加工奶食品的重要原料。用牛奶主要提炼奶豆腐、奶油、乳酪、奶皮子、奶粉、奶酒等。

## 绵羊奶

由于绵羊的食物结构基本上就是草原上自然生长的各种牧草，所以绵羊奶具有优质浓厚、热性和凝乳多、乳油厚等特点。而且酸碱度偏低，发酵时比牛奶快。牧民们用绵羊奶主要加工乳酪、奶油、奶皮子、"塔日格"、"爱日格"等，因绵羊奶偏乳黄色，非常适合熬奶茶，所以用绵羊奶熬出的奶茶，味道是最为地道的。

## 驼 奶

驼奶的热量比牛奶、马奶多，但却有别的鲜奶所没有的许多特殊成分。蒙古医学中记载：驼奶不仅对肺结核等病具有疗效，而且还可预防其他疾病。

## 山羊奶

山羊奶油脂少、清淡、性凉，所以最适合用于发酵。

## 马 奶

马奶蒙语中称为"赤格"，马奶主要酿制马奶酒，马奶酒具有治疗多种疾病的功能。

## 初乳

母畜产后一两天内挤出的奶叫"初乳"，三至五天内的为"淡初乳"。初乳的营养成分极为丰富，故称为奶中之精华。初乳可以煮沸饮用或焖粥食用。挤完初乳后的便是奶子。将挤出的鲜奶倒进容器里，撇取乳油后剩余的叫"凝乳"，煮沸取奶皮剩余的称"熟奶"。

## 奶皮子

蒙语中称"乌日么"或"乌日莫"。制作时，将倒进鲜奶的铁锅坐在火撑上，

用微火烧开后，拿勺子反复扬奶子。扬过一定的时间后，就会上面产生很多气泡，慢慢把火弄小，同时慢慢停止扬奶。火势减弱后，在锅上搭根木棍，把锅盖放上去，以免热气跑出来。

一般人家是晚上熬奶皮子，第二天起来的时候，就会在熬过的奶子上结一层厚而多皱纹的表皮，这就是奶皮子。熬奶皮子的时候，有时也要往锅里放稍许糖，以便使奶皮子带点甜味儿。用铁勺从锅沿上把奶皮子划开，用细木棍从中挑起，这样奶皮子就被折叠成一个半圆。将它放在阴凉通风的地方晾干，不能直接晒在太阳下面，会使奶皮子变黄并变得坚硬。夏天的草水分大，奶子油性小，奶皮子发湿，不易储存而且还薄。一般是秋末牲畜抓油膘时大量地做奶皮子，把它们放在一只特意编制的半圆形篓子里，以备冬春食用。奶皮子产量不多，但营养丰富，香甜油腻，能够滋补身体，调理气血，使人容光焕发。

## 黄油

蒙古语称"希日陶苏"，是从"乌日莫"中提炼出来的，其味道独特纯香，含有丰富的营养物质，它是奶制食品里最经典的上品，也是牧民招待宾客的最佳上品。因为它的颜色呈金黄色，所以人们把它命名为"黄油"。在《蒙古族饮食大全》里把"黄油"视为食品之精。长期吃黄油的人能避免患肺炎，而且保持头发乌黑，眼睛明亮，耐寒。另外，储藏数十年的黄油还可作为一种治疗冻伤的良药。

黄油因其营养极为丰富，是为奶食品之冠，五六十斤酸奶才可提取二斤左右的黄油，足见其珍贵。把从酸奶提取的奶油放进锅里，加热提炼，经过加热

后奶油彻底溶化，下面会变成油酸奶，上面会飘出一层黄色液体，这就是黄油。把黄油撇出来后，再倒进锅里，加一些半生不熟的蒙古米子，一起提炼，这样就可以把黄油中的水分彻底分离。黄油的质量也会更好。

为食用方便，牧民常把黄油储存在牛、羊的胃囊内。黄油还具有增添热力、延年益寿之功能。寒冬季节人畜受寒冻僵时，常用罐饮黄油茶、黄油酒来解救。每年时至八月，人们就把黄油装进洗刷干净的羊小肚子里将其保存起来，待食用时开启，由于不与空气接触，所以一尘不染，依然是新鲜滋润、绵甜可口。

非常注意奶子的清洁卫生，要不然容易变质，就算取出"哲嘿"味道也不会好的。如果放置鲜奶时天气比较热，就会马上就凝固成"哲嘿"，但之前的奶子会容易坏掉，并不会凝成味道好的"哲

嘿"。牧人一般夏天从河畔取一块草皮放在容器下面保持其清爽，并从野外采一些野花草挂在蒙古包哈纳（墙）上，使屋内空气清新。天气比较凉时，在蒙古包内的火炉上烧一些牛粪防止奶子过凉。"哲嘿"生熟都可以食用，因"哲嘿"里水分稍多容易变质，一般野外食用时，带走以前先要煮沸，去掉水分。"哲嘿"可以抹在面包、馒头食用，味道非常鲜美，还可以拌炒米吃。据元代《饮食真记》中记载："哲嘿性凉，给心脏、肺提供养分，止咳、解渴、养发，因心热而产生的吐血有疗效。"另外，"哲嘿"也是提炼奶油、黄油的主要原料。

## 哲 嘿

将刚挤下的鲜奶放在瓦盆、瓷盆或木桶里，在清凉的地方放置6~8小时，上面就会凝结出一层稍厚的黄色油层，这就是"哲嘿"。取"哲嘿"跟气候有着直接联系，有时甚至好几天后才凝固成"哲嘿"，因季节而厚度也有变化。一般奶子一凝固就可以取上面的"哲嘿"了。放置奶子时讲究一定的技术，牧人

## 奶 油

蒙语中称"查干都苏"，一种乳白色油性物质，奶油一般用两种方法来提炼。一种方法是直接从"哲嘿"中提炼。把储存的"哲嘿"经过过滤，把乳清滤掉手持木杵柄，上下捣动。大概捣动四千到一万次后（酸奶发酵的时间越长，捣动的次数越多）从木盖孔倒入兑奶温水四至六斤，再捣动几百下。取下盖子，

后放在容器内慢慢搅拌，奶油里的乳清进一步分离，最后彻底分离出奶油。另一种方法是从酸奶提取：把挤完的鲜奶经过发酵变成酸奶后，倒进三分之二到专用酸奶搅拌捣动容器（一般是木质的缸，带木杵和木盖子）内。搅拌捣动容器容量大概能装五六十斤酸奶，木盖子中间有孔并中间部分向下凹，防止捣动当中酸奶溢出，盖子孔可使木杵穿过。

其实从酸奶中提取奶油是一种非常艰辛的事情。首先把装有酸奶的捣动容器盖好盖子，捣酸奶的人站在木缸前，

撇出上面的奶油并继续加些兑奶温水，有间距的猛捣动。这样就可以把遗留的奶油彻底分离。分离奶油后的酸奶中勾兑鲜奶后就成了"浩日末格"，此物可口，具有特种营养，很适合有胃病的人食用。身体虚弱的人每天喝一碗，可以起到滋补健身的作用。

奶油酸甜可口，有酸奶香味，但水分也比较大，不好储存。加些砂糖，与炒米、炒面拌起来吃，也是牧区的一绝。这种食品营养丰富，可增加热量，久食能使人面色红润光泽。

## 奶豆腐

蒙古语中称"苏恩呼日德"，制作奶豆腐主要用牛奶做原料，将鲜牛奶用粗纱布过滤后，盛进木桶或瓦缸中，放置阴凉处几天后鲜奶自然凝结。在将上

面的"哲嘿"取出后，把凝乳倒进锅里，用温火熬煮。因蛋白质受热凝固，乳清会慢慢分离，同时榨取乳清，留下稠凝乳加大火力。

乳清分为熟酸奶乳清、奶豆腐乳清、酸油液乳清等三种。奶豆腐乳清可用于发面、和面或当作酸奶的加料。熟酸奶乳清等用于灌饮老弱瘦畜和洗浴牲畜，也可使牲畜上膘。把乳清彻底榨完后，及时用勺背揉搓稠凝乳直至不粘锅。然后用小勺或专用木具将稠凝乳放进木模中轧实后放置阴凉处。若要做成甜的，在揉搓时加进糖料。晾干成型之后的固化凝乳就是奶豆腐。

过半天后，把奶豆腐从模中取出，放置阴凉处慢慢晒干。有时为了让奶豆腐变得筋道、滑腻，加少许"哲嘿"或黄油，以此来防止硬化。在科尔沁草原上的牧民制作奶豆腐时，放点黄油外，还掺进鲜红的麻黄粒，那种奶豆腐吃起来又香甜又增加食欲，简直是回味无穷。制作奶豆腐的木模因地而异，有的块头非常大，跟大方砖一样，有的形状各异，有的跟中国人的月饼模子一样，刻有非常精致的花纹，大部分是民族传统纹理、图案，很有趣。用这种模子做的奶豆腐像精美的艺术品。厚块奶豆腐吃起来柔软，有浓厚的奶香味，而薄奶豆腐油腻，进嘴即溶，格外香甜。

如果有些牧户奶牛少或天旱牧草不好而鲜奶产量少的话，有可能原料不足够而无法及时做成奶豆腐，那么可以进行储奶。因牧区条件不便，没有冷藏室，将凝乳倒进锅里稍微熬煮后，放进容器里保存起来，这叫"储奶"。等有足够的原料后，把储存的凝乳做成奶豆腐。由于奶豆腐放置时间长而变硬时，可以蒸软后食用。

奶豆腐非常解饿，可以和奶茶、炒米、熟牛羊肉一起泡着吃，当然味道就不用提了。奶豆腐是营养价值高，携带方便的美食。据营养专家分析，0.1公斤奶豆腐相当于0.5公斤优质白面粉的营养。

## 酸 奶

蒙语中称"艾日格"。制酸奶的原料主要是牛奶和酸奶"曲种",但也用羊奶、驼奶做原料。酸奶"曲种"称为活酸奶"核仁格",民间传说是成吉思汗粘在胡须上从天上带下来的。传说从前草原上的牧人挤下牛羊奶子,就那么倒进铜锅里,烧开以后,你一碗我一碗地舀着喝了。不懂得用它做成酸奶,更不用说奶酪和酥油了。后来,圣主成吉思汗的父亲,也速该巴特尔死后升天成了神仙。

成吉思汗去天上探望他父亲,天神们摆出酥油、酪丹来招待他。成吉思汗从来没有见过这些东西,一吃觉得非常香甜可口,以为是什么珍馐佳肴,一打听才知道是从奶子中提炼的。成吉思汗心想,草原上有的是奶子,如果把这些发酵过的奶酪带点回去,那么,我们也可以像天上一样吃到精制的奶食品了。可是天上的神仙不允许天界的任何东西传到凡间,对上天和下界的人们搜查得很严密,连根草棍儿也带不出去。怎么办呢?成吉思汗眉头一皱,想出个办法。他把自己的胡须洗得干干净净,吃饭的时候故意把酸乳汁沾在上面。天上的神仙看到

成吉思汗吃得这么贪婪,以为地上的君王从来没吃过香东西,所以也没有在意。就这样成吉思汗悄悄地把天上的酸奶种带回草原上来了。

成吉思汗回到草原上空,按落云头,来到一个牧民老额吉家里,老额吉拿出一般的奶子让他喝,成吉思汗说:"您等一等,咱们马上就可以吃到更香甜的东西了。"说着就拔出蒙古刀,把已经变成酸奶干的乳汁从胡须上刮下来,放进奶子里。奶子一发酵,整桶奶子就变成酸的了。额吉一尝,嗨,那个酸甜劲儿,把她乐得满脸皱纹都舒展开了。以后一传十,十传百,大家不仅学会做酸奶子,还会做酥油、酪丹、卷肯、奶皮等各式各样美味可口的奶食品。

蒙古民谚有"宁可丧命不能断种"的说法。酸奶"曲种"可以从有"曲种"的人家请,也可以自己制作。在牧区制"曲种"非常有讲究,一般找个干净的布袋放少许酒曲和鲜奶进行搅拌,或在少许半生不熟的蒙古米子和黏米上加一点白酒,上面再加一些刚挤的鲜奶或初乳,倒进干净的容器内,用干净的布裹

好口，放置15度以上的环境中进行发酵24小时，发酵后的东西叫"酸奶曲种"。在每年新奶子下来后，没有"曲种"的人家要向别人请"曲种"。请"曲种"也非常讲究，请"曲种"时要选无风无雨的晴朗日子，最好是"虎日"，由属虎的人带上礼物，拎上装有新奶的容器去有"曲种"的人家。将新奶倒出来，装上"曲种"，赶快往回赶。因为时间耽搁久了，"曲种"会自己长起来，由"活种"变成"死种"。将"曲种"请回以后，装进瓷盆或瓦盆里加一点奶子喂起来。随着"曲种"的增多，要换在瓦缸或木桶里，每天早晨加鲜奶，用专门的木杵频频搅动，使之起泡，越发越多，颜色发绿而清澈，能发出河水流淌或下雨时的唰唰声音，这就成了酸奶"艾日格"。做酸奶要注意保持其纯洁性，木杵要专用，加酸水要凉，加奶和酸水要掌握比例，周围温度要保持在20~25度之间，因此有时要把它放在比较热的地方，有的人家还用专门缝制的羊皮盖起来。

牧民家家都有酸奶桶或缸，平时总有酸奶盛放。每天把鲜奶或揭奶皮子剩下的奶子加进去，并用木杵捣几次。因为有酸奶底子，能很快变酸。有五六头牛的人家，每天可揭一锅奶皮子，熬一锅乳酪。第一次揭奶皮子剩下的奶子，自然发酵慢数量又少，不值得做乳酪，得发酵两三天。

酸奶用来煮肉或做面条味道特别香。尤其喝完酒后，吃一点能解酒。将其微热服用，可治胸膈满闷，腹部胀痛，帮助消化，降低血压。牲畜腹内生虫，跑肚拉稀，用酸奶灌过后，拴在阳光下，一日不饮水，可以止泻育肥。酸奶的泡涂在水火烫伤上，可以消肿止痛，还可治毒蛇咬伤、人畜食物及药物中毒。

## 塔日格

酸奶的一种，味道稍微酸并有一股鲜奶味。它不仅对动脉硬化、消化不良

有疗效，还防治肝、胆、皮肤病等病症。对因放射性元素造成的疾病也有疗效。

## 酸马奶

蒙古语中称"琦葛（或'其格'）"，酸马奶是用马奶发酵制成的。做酸马奶

先进行发酵制"曲种"。培养酸马奶"曲种"的方法与普通酸奶"曲种"的方法差不多，用牛奶培养的酸奶"曲种"里加凉马奶或从有"曲种"的人家去请，要不在马奶里加少许白酒不停地搅拌，在22度环境里放置5~7天就会发酵成熟。一般要求初"曲种"的发酵能力必须强。

发酵酸马奶需要三个大木桶。第一个木桶里放酸马奶"曲种"。第二个木桶里放要发酵的酸马奶。第三个木桶里放要喝的酸马奶。第二木桶里倒进酸马奶"曲种"和马奶后需要常常搅拌捣动，和捣动酸奶、

提炼奶油的架设一模一样。如果捣动合适，会发酵顺利并闻到一股清香的味道，反之，乳清分离就会散发出一股令人不舒服的味道。接下来把第二桶发酵好的酸马奶倒进第三桶，上面再加一些马奶后就可以饮用了。

酸马奶不仅有丰富的营养价值还可以治疗、预防很多疾病。经常饮用对治疗心脏病、肺炎、肠胃病、腰酸腿疼具有独特的疗效，因此蒙医中，很早以前就用酸马奶进行食疗。尤其酸马奶配合药物对动脉硬化、冠心病、血压高、血脂高、肺结核等病的患者进行治疗，疗效非常好。

# 乳 酪

亦称"奶酪"，奶酪的起源，最普遍的说法认为它是由游牧民族发明的。他们早先将鲜牛奶存放在牛皮背囊中，但往往几天后牛奶就发酵变酸。后来他们发现，变酸的牛奶在凉爽湿润的气候下经过数日，会结成块状，变成极好吃的奶酪，于是这种保存牛奶的方法得以流传。奶酪也一直是这些游牧民族的主要食物之一，中国西北的蒙古族、哈萨克族等游牧民族一直就视奶酪为本民族的传统食品，每1公斤奶酪制品都是10公斤的牛奶浓缩而成，里面含有丰富的蛋白质、钙、脂肪、磷和维生素等营养成分，是纯天然的食品。就工艺而言，奶酪是发酵的牛奶；就营养而言，奶酪是浓缩的牛奶。

现在，奶酪的种类和食用方法越来越丰富。除了制作西式菜肴，奶酪还可以切成小块，配上红酒直接食用，也可夹在馒头、面包、饼干、汉堡包里一起吃，或与色拉、面条拌食。随着销量的日益增多，越来越多的年轻人对奶酪的营养价值有了更清楚的认识。也许你吃过麦当劳的吉士汉堡、必胜客的比萨，这些美食中有一种重要的配料就是奶酪。

乳酪帮助消化，对胃有保健作用并且储存方便，抗饥饿，是非常好的食品，乳酪因制作方法及原料不同而有很多种。

## 毕希拉格

以羊鲜奶或羊熟奶为原料制作，一般选在春天或秋天。首先把鲜奶或熟奶倒进锅里用温火慢慢煮沸后，加入1/10的酸奶（艾日格），鲜奶或熟奶很快会变成凝乳，把凝乳倒进干净的布袋，滤掉乳清后就成了"毕希拉格"，一般切成条后晒干。用鲜奶做的"毕希拉格"颜色呈乳黄色，而熟奶做的是棕色。"毕希拉格"变得非常硬后，可以在冷水里泡十个小时左右就会变得跟新做的一样香甜柔软。

## 查干湖日德

乳酪的一种，非常有名气。用提炼奶油剩下的酸奶做原料，把酸奶倒进锅里烧开汽化后所剩的叫"查嘎"，倒进布袋后过滤所剩的叫"阿嘎尔查"，被滤的乳清叫"希日苏"。在阿嘎尔查上1/5的比例加入冰糖、砂糖和10克蜂蜜（防止生虫）和好后，像做奶豆腐一样，用精美的模子，模好在阴凉的地方晒干。把晒干的"查干湖日德"放进木箱内用蜡封好后，放多长时间都不会变质。

## 阿如勒

也叫"阿嘎尔查"，把乳清滤掉的"阿嘎尔查"，用刀、铲或用手做成条状，晒干后就成了"阿如勒"。

奶茶

# 奶茶
NAICHA

奶茶是蒙古民族除酒以外日常最为重要的饮品，被称为是蒙古族特色的"功夫茶"，一般习惯是咸味的，现在为了照顾从不同地方来到草原上的游客，也有了甜味的。市场上售卖的主要是粉装的包装产品，直接用开水冲调，味道会比熬制的要重。不过现在一些正宗的奶茶馆还是会喝到熬制的。喝奶茶时有很多相搭配的东西：黄油、炒米、奶皮、奶豆腐、牛肉干、蒙古果条（一种油炸面食）。可以把它们全放到熬好的奶茶里，每一种都和单独品尝时都有着不一样的感觉。

## 喝"奶茶"的讲究

谚云："学之初'啊'（蒙文的第一个字母），食之初'茶'"。茶是蒙古人的面子，又是蒙古人的主食。凡走草地的人，不论蒙汉生熟，主人必先双手给你捧上茶水："有好茶喝，有好脸看。"现今，牧区的蒙古人不论早上、

是半流食。也许是以饮为主，积久成习，蒙古人把吃肉也说成"喝汤"，把羊肉说成"汤物"、"汤羊"。

蒙古族每天离不开茶，除饮红茶外，几乎都有饮奶茶的习惯，每天早上第一件事就煮奶茶。煮奶茶最好用新打的净

中午都有喝茶，这就是"宁可一日无饭，不可一日无茶"谚语的由来。

牧民喝茶，讲究配套。炒米、酥油、酪丹、白糖，冬天往往还有风干肉。牧民习惯客人喝茶，饮未及底，复来续满。客人如不想饮，可以声明，否则你只能灌一肚子茶。这大概就是蒙、汉族在吃上的不同吧？汉族从小吃惯干的东西，吃稀的总感到吃不饱。蒙古族从小吃惯稀的东西，吃干的就不舒服。如"奶稀饭"和"霍零饭"（稀肉粥），其实都

水，烧开后，冲入放有茶末的净壶或锅，慢火煮2～3分钟，再将鲜奶和盐对入，烧开即可。斟茶时，茶碗不能有裂纹，一定要完整无缺，有了豁子是不吉利的。往碗里倒茶的时候，一定要把铜壶或勺子拿在右手里，从里首倒在茶碗里。茶不可倒得太满，也不能只倒一半。用手献茶的时候，手指不能蘸进茶里。可以多少晃荡一下，但不能把茶撒出来。倒茶的时候，壶嘴或勺头要向北向里，不能向南（朝门）向外，因为俗语里有"向

里福从里来，向外福朝外流"的讲究。给老人或贵客添茶的时候，要把茶碗接过来再添茶，不能让客人把碗拿在手里，由主人来添茶。新熬的茶在未喝之前，不管什么时候，都要向天、向地、向神灵做"德吉"泼洒，之后才能开始倒茶。每次倒茶，都要按照年龄的大小，从长者开始依次敬茶。茶喝到半碗以后，就要给客人添茶。在锡林郭勒等地，主人先给客人敬一碗茶，然后把茶壶放到客人面前，让客人随意自倒自饮。但是第

一碗茶一定要敬。客人喝完茶以后，其中一个最长者要端着茶碗，说唱《茶的祝词》。主人和其他客人要一起接着长者的尾音说道："扎，愿祝福应验。"把碗里的茶喝完，把勺子从锅里拿出来，就可以上路了。在牧民家作客要大方、实在、无拘无束。这样，主人就会更加接近，更加热情，认为最真诚的客人光临。反之，主人不但不产生好感，而且认为客人太虚伪，不好交往。

"德吉"：即是第一的意思。这是蒙古族敬重客人和长辈以及亲戚朋友的一个庄重而神圣的礼节。在蒙古族的一些重大的节日和庆典中，都有献"德吉"的礼仪。

　　蒙古族小孩到了一定的年龄，要举行剃胎发仪式。前来参加生日宴席的人备有家庭"德吉"和生日宴"德吉"两份贺礼。祝福孩子健康成长。多为一盘饼子和一块砖茶。这种礼品被称作"沙阿利"。主人接收以后，要象征性地从饼子和砖茶上抠取少许，跑到门外泼散出去，高声叫道："献过'德吉'了吗？"屋里的人应道："进献了！"意思是先把天地诸神打点好，让他们先尝个鲜。在去发宴正式开始的时候，首先要请小孩父母双方至亲中长辈入席就座，以茶接待客人，这时孩子的父亲将作为仪式吉祥食品的"剃胎发'德吉'"，献给主客老人，行叩拜礼说"请您老人家给孩子剃胎发"！这里的"德吉"是盛在盘中的油炸饼，是主人为答谢老人所敬献的第一位的食品。

　　献"德吉"之礼不光在去发宴上使用，在平时的诸多宴会上，也经常能见到这种情景。

　　家有来客，大家共同进餐时，无论是喝茶、饮酒，还是吃饭，主人总会向客人崇敬地奉上"德吉"。若来客为年轻人，虽有权接受"德吉"，出于礼貌还是要先让给家中的长者。献"德吉"在蒙古语称："德吉乌日根"。作为"德吉"的食品一般应该是奶食或肉食。主人要当着客人的面，从食物、美酒中取少量向天扬洒，以示将神圣的"德吉"贡献上苍，这种做法一直延续至今。蒙古族把这种仪式叫作"泼洒礼"。无论是重大的礼仪庆典，还是日常生活，向天空抛洒"德吉"时，常行此礼。"泼洒礼"是用来向天、地、神灵、祖先表示敬意的礼仪。之所以用无名指，是因为蒙古人认为其他几个手指在一般场合下都另有"职责"，只有无名指是"净指"，"泼洒或醮酒"只能用这个手指。此外，在蒙古族的婚礼上，也常有献"德吉"的礼节。

## 喝奶茶的"搭配"

蒙古族人喝奶茶是很讲究搭配的，有时要加黄油、奶皮子或炒米等，其味芳香、咸爽可口，是含有多种营养成分的滋补饮料。草原上的人们甚至认为：三天不吃饭菜可以，但一天不饮奶茶不行。

"奶茶泡炒米"是游牧民族的一大发明。不仅有生活依据，而且有科学依据。吃上一顿手扒肉，再美美喝一顿茶，不仅荤素搭配，稠稀结合，口中不腻，胃里舒服，而且很容易消化。牧区的蒙古族，常把炒米装在一张整剥的牛犊皮里（有时也装些干肉），酥油放在用酸水泡制出来的羊胃瘤中，带在马身上，不怕磕碰打碎，行走无声响。即是到了荒无人烟的地方，只要有水，捡几块干牛粪就能举火熬茶。直到今天，打草、走敖特尔、长途拉盐或打猎的时候，仍然坚持这种轻便简朴的生活方式。蒙古族人还喜欢将很多野生植物的果实、叶子、花都用于煮奶茶，煮好的奶茶风味各异，有的还能防病治病。

蒙古民族特别喜欢喝青砖茶和花砖茶，视砖茶为饮食之上品，一日三餐均不能没有茶。若要有客人至家中，热情好客的主人首先斟上香喷喷的奶茶，表示对客人的真诚欢迎。客人光临家中而不斟茶，此事会被视为草原上最没有礼数的行为，而且这种事情会迅速传遍每家每户，从此"不斟茶之户"的名声传播出去，各路客人绕道而行，不屑一顾。如若去亲戚朋友家中作客或赴重大的喜庆活动，要是带去一块或几块砖茶，那将认为是上等礼物，等于奉献"全羊"之礼品，不仅大方、体面、庄重、丰厚，而且可以赢得主人的赞誉。蒙古民族喜好砖茶之习俗，究竟源于何时，无法考证。据记载，清朝康熙时代，内地一些商人携带砖茶、米面、布帛杂物等到蒙古腹地，交换蒙地各种物产。其中除以米面、布帛直接易皮毛外，其余杂物均以砖茶定其价值。砖茶有"二四"、"二七"、"三九"之别。所谓"二四"者，即每箱可装二十四块砖茶，价值约三十三元（银圆），每块砖茶重五斤半，价值一元二三角。"三九"茶则每块约价值六角左右，亦当作一元币通行。有时，砖茶价值急剧提高，一些商人深入偏僻地区以较少的茶，换取较多的畜产品，以一块砖茶换一只羊，一块砖茶易一头牛的事也屡见不鲜。从那时起，草原上就产生了以砖茶代替全羊馈赠亲戚朋友的习俗。

在牧民家里喝茶，要方法得当，这样才能真正品尝出味道来。先将炒米按需要放入碗里，再放少许奶酪后倒入奶茶。一边谈话，一边慢慢喝，等把第二碗茶喝完，在浸泡过的炒米上放一点酥油、白糖，再放一些干炒米然后拌匀，尝一尝，香、甜、酥、脆一口嚼，绝妙的滋味，使人真正体会到草原牧民生活的甜蜜。

## 茶与牧民的日常生活

茶叶中包含着丹宁、氨基酸、精油、咖啡因和多种维生素等丰富的营养成分，有强心、利尿、健脾、造血、造骨、提神醒脑和强化血管壁等药用功能，还有

溶解脂肪，促进消化等作用。因此，茶叶，尤其是砖茶已经在蒙古族人民生活中占据了重要的位置。一日无茶饮，心虚头晕，饮食不香，夜不能寐。传说，成吉思汗时期，蒙古兵出征无须带更多的粮草，有了砖茶，便等于有了粮草。人饮砖茶水，耐渴、耐饥、精神爽快；马食砖茶渣子，胜过草料之功能，日行百里，无疲倦之样。在各类砖茶中，最受欢迎的是湖北所产，带有"川"字记号的砖茶。

## 蒙古族牧民日常饮用茶的种类

有奶茶、酥油茶、面茶三种。蒙语称奶茶为"苏台茄"，酥油茶为"希日陶斯台茄"，面茶为"珠通茄"。在长期的生活实践中，牧民们还摸索出了丰富的熬茶技术。煮奶茶，通常是将青砖茶或黑砖茶捣碎，抓一把茶装在小布袋里（也可不装袋），放入开水锅里煮，茶在锅里翻滚时，要不断用勺子搅拌，三四分钟后，即把新鲜牛奶徐徐加入。鲜奶与水的比例，可根据自己的条件和习惯。奶茶开锅后，又以勺频频翻搅，待茶乳交融、香气扑鼻时，即成。一般为浅咖啡色。喜欢咸的加点盐，喜欢甜的加点糖，还有的在喝茶时随用随加。此外，有的地方把炒米或小米先用牛油或黄油炒一下，再放进茶里煮。这样既有茶香味，又有米香味，可口绵甜，增加食欲。酥油茶是在已经配制好的奶茶

奶茶

里，再适量放入酥油、红糖即成。这种茶在隆重的场合上饮用的较多，民间一般不多熬制。面茶的熬制方法较复杂：

影响奶茶的色、香、味。在多数地方喝奶茶要加少许食盐，但也有的地方不加食盐，只是把盐碟放在桌上，喜欢喝盐

先将青稞面或麦面用油炒熟，再把事先熬好的红茶澄清倒入，搅动后成为比奶茶略稠状为宜。面茶既当茶又可当饭，是牧民冬季食用的茶食。这些种类繁多的茶，独具风味，细细品尝起来，真是一种特殊的享受。

品尝奶茶的优劣也以茶色、香气、形态和味道四个方面进行，而且需要细细品尝，才能够体会到其味道之美。要熬出一壶醇香沁人的奶茶，除茶叶本身的质量好坏外，水质、火候和茶乳的比例也很重要。一般说来，可口的奶茶并不是奶子越多越好，应当是茶乳比例相当，既有茶的清香，又有奶的甘醇，二者偏多偏少味道都不好。还有，奶茶煮好后，应即刻饮用或盛于热水壶以备饮用，因为在锅内放的时间长了，锅锈会

味的就加盐，不喜欢盐味的则不加盐。奶茶一般在吃各种干食时当水饮用，有时单独饮用，既解渴又耐饥，比各种现代饮料更胜一筹。

生活在牧区的牧民喝奶茶时，总要泡着吃些炒米、黄油、奶豆腐和手把肉，这样既能温暖肚腹、抵御寒冷的侵袭，又能够帮助消化肉食，还能补充因吃不到蔬菜而缺少的维生素。蒙古族牧民的一天就是从喝奶茶开始的。这种嗜好在蒙古族是作为一种历史文化表现延续至今。当你每天早晨吃早点的时候，新老朋友拥壶而坐，一面细细品尝令人怡情清心的奶茶，品尝富有蒙古民族特点的炒米、奶油和糕点，一面谈心，论世事，喝得鼻尖冒出了汗，正是体现了俗话说"有茶之家何其美"的景象。

## 蒙古锅茶

在蒙古族的奶茶中，最传奇的可算是据说连成吉思汗都喝过的锅茶。而煮这个锅茶的锅，则被尊称为"御锅"，雕龙镂花，下部镂空，用于放置木炭。在煮这锅茶时，要先把锅清洗干净，有

最关键的是，茶水必须得扬至少81下，令茶味充分释出。这锅茶底做法看着简单，其实滋味好坏和煮茶时用的锅、放的茶、加的水、掺的奶、烧的时间以及先后次序都有关系。蒙古族人认为，只

些人家讲究的，更会是一口锅专门用于烧开水，另一口用于煮茶。煮茶的水必须是新打来的清水，以山泉水为佳，若是放久了的水煮茶，茶就会褪色变质。煮茶时先把上好的砖茶打碎，并将洗净的铁锅放在火上倒入清水。到水沸腾时，就加入捣碎的砖茶，煲足3小时后就掺入牛奶，然后再按口味加盐了。等到整锅里茶水开始沸腾时，就算把锅茶的咸奶茶底给煮好了。做这个奶茶底，其中

有"器、茶、奶、盐、温"五者调和，才能煮出适宜的奶茶底来。

而在煮好奶茶底之后，主人就会当着客人的面，把酥油、奶豆腐、奶酪、炒米、牛肉干等料一样样放进锅里，手拿大勺反复搅动，然后把旁边大肚子奶壶里煮好的奶茶倒进铜锅，待再次烧开后，就可以盛进客人面前的木碗中饮用了。这锅茶，热辣淳朴，浓稠适中，奶味浓香柔和。

**蒙古族婴儿周岁宴——**

按照蒙古族传统习俗，婴儿未满周岁前不剃胎发，待到满一岁时，过生日设酒宴那天才给孩子剃胎发，同时还进行"抓周"仪式，谓之"婴儿周岁宴"。设酒宴庆贺周岁时，除请父母双方的至亲参加外，还要请左邻右舍的邻居参加庆祝活动。

届时，至亲好友们都会携带整羊、砖茶、童装、各色布帛以及儿童玩具等礼品前来参加生日宴席。除上述礼物外，他们还备有家庭"德吉"和生日宴"德吉"等两份贺礼。祝福孩子健康成长。

通常剃胎发仪式在上午进行。首先请小孩父母双方至亲中长辈入席就座，以茶接待客人之后，剃发仪式正式开始。这时孩子的父亲将作为仪式吉祥食品的"剃胎发德吉"，即盛在盘中的油炸饼摆到主客老人面前，行叩拜礼说："请您老人家给孩子剃胎发！"主客老人回答说："今天上午给孩子剃胎发大吉大利！"大家异口同声说："但愿如您老人家所说大吉大利！"

这时孩子的父亲在盘中摆上奶食、糖果和五谷类，用红布把它蒙上，在红布上面放一把系着哈达的新剪刀，然后把它恭敬地放在主客老人面前的桌子上。接着用银碗盛一碗鲜奶献给主客老人，请他为孩子剪胎发。主客老人接过银碗后，先用右手无名指蘸一点奶子，向空中弹洒鲜奶敬天敬神，然后自己品尝一下，依次递给其他客人品尝。品尝毕，孩子的父亲将盘中的剪刀递给主客老人。母亲则抱着孩子站下首等待剪发。这时，

主客老人拿起剪刀，用银盘中的奶食涂抹孩子的头发，表示祝福。然后给孩子品尝奶食，接着吟诵《剪发祝词》。

主客老人一边致祝词，一边剪下第一束头发放入盘中，并把剪刀递给下一个人。当客人们依次用剪刀剪下一缕缕头发时，孩子的父亲则向每一个剪发的人行一次屈膝礼，并双手高举着盘子请大家把剪下的头发放在盘中，留做永久的纪念。

给孩子剪发时要把百汇到前额的头发留下来，谓之"桑麦"，即汉族之"刘海"的意思。把其余头发全部剪下来后，把它团成一个小圆球，配以青铜小饰件或古铜钱，以及贝壳、珍珠和绿松石等饰品，缝在孩子的后衣领上，再把铜钱用皮条绳串起来，并在其一端系上小铜铃铛或箭矢，做成一尺多长的两三根皮条串子，系于小孩后衣领上的发球团上面。

剃完胎发后，接着进行"抓周"仪式。其做法是用盘盛弓矢、鼻烟壶、笔墨、剪刀、珠宝、玩具、奶食、针线等物，置于小孩前，让他抓取，看他（她）抓些什么，以卜其一生性情和志趣。如果男孩先抓取弓箭，大家评论说："这孩子长大后要挎着弓箭从军参战，成为一名战斗英雄"。如果孩子先抓取鼻烟壶，人们说"这孩子将来会做大官"。如果首先抓取的是笔，那么人们评论说："这孩子将来学业有成，为国效力"。如果女孩首先抓取糖果点心，人们说："这姑娘命运好，长大后会嫁到富有的婆家"，要是她抓取的是剪刀，人们就说："这姑娘将来一定是个闻名遐迩的女红

巧手！"

这样进行一番品评之后，家庭主妇献上将宴席推向高潮的一道茶，并敬酒奏乐，人们唱起赞美父母抚育儿女的情深似海的民歌，由衷地赞颂人类尊敬父母之恩的崇高品德。在这些民歌中，《我的父母双亲》最受推崇，最受欢迎。其歌词大意是：

"高高的宝塔上空 / 朵朵白云在游动 / 我敬爱的爸爸妈妈 / 无时不在思念儿女 / 在那遥远的西山顶 / 据说有宝大于猛虎 / 我说世间宝中宝 / 比不上我白发母亲。"

仪式进行到中午时分，主人摆上"整羊席"，请大家共尝"羊背子"。之后，客人们再吃过象征吉祥的食品之后，周岁宴就结束了。

02

奶桑

# 茶叶之路
### CHAYE ZHILU

与有2000多年历史,尽人皆知的"丝绸之路"相比,"茶叶之路"几乎是一条鲜为人知的路。但"茶叶之路"正式成为一条商路,距今也有320年了。当年,旅蒙商们从南方采购茶叶汇集到归化(今呼和浩特)、多伦,然后以骆驼为运输工具,途经乌兰巴托、恰克图、科布多,或走包头、经棚、赤峰等地,最终到达俄国贝加尔湖一带乃至莫斯科、圣彼得堡。这条活跃了近300年的国际商道,横跨欧亚大陆、绵延万里,在地球的北部镌刻了一条条深深的商古文脉。

欧洲人的祖先与蒙古人一样,都是"牧羊人",都以食肉为主,都有饮茶的传统。食肉为主的人群通过大量饮茶才能得到维持生命的绿色能量。所以,茶叶对于游牧民族来说是须臾不可或缺的饮品。至今欧洲人依然保留了喝"下午茶"的习惯。邓九刚先生的《茶叶之路》一书中提到:草原上的牧民"宁可三日无食,不可一日无茶",美国作家艾梅霞的同名著作也说"我的蒙古朋友有父母去世,下葬的时候总是在头下枕一块茶叶"的丧葬习俗,都源于这种生命的渴求。

300多年间,旅蒙商人们走出长城,走出国门,走向蒙古、俄罗斯,走向西方,表现出我们的民族挣脱几千年的历史惰性和闭关锁国的桎梏,探索着一种全新的交换方式和生活方式,让两种文明在草原上对话、对接。由于凝聚了太多草原的、民族的和国际的多元的色彩和音符,旅蒙商人在草原上的故事以及在西伯利亚的故事,比起"乔家大院"在山西的故事要生动和丰富得多。

# 草原上的奶茶香

CAOYUANSHANGDE NAICHAXIANG

在蒙古草原上，更是到处飘着奶茶的芳香。蒙古牧民长期过着毡车毛幕，逐水草而居的生活，不论迁徙如何频繁，都忘不了熬奶茶。笔者有幸在锡林郭勒大草原上领略过蒙古奶茶的风味。

那是在夏末时节，草原上已泛出微黄，只有高山脚下的背阴处还水草青青。如今牧民已有定居点，值钱的物品自然都放在定居点里，所以帐幕中陈设比较简单，北部是高起地面尺余自然形成的床炕，铺着毛毡，叠着花被。沿帐放些简单的用品。但在帐的正中突出地位却垒有一灶，上面放了一把大壶，里面盛满奶茶。主人说这奶茶是事先煮好的，需先将砖茶捣碎，加水煮好，滤去渣滓，然后加入适量奶，继续煮，边煮还要用一把大勺频频拉起和冲入。这种操作，大有陆羽烹茶"育华"、"投华"、"救

沸"的风格。客人到来，按长幼身份次第坐于主人两旁，同来的当地朋友则坐于下首陪客位置，妇女在次下位操作。我们面前的毡上立即摆上小几，上面放有几个碗，分别盛有炒米、奶豆腐、盐、糖，然后女主人将一碗碗褐色的乳茶端到我们面前。这种奶茶的吃法与藏族酥油茶大体相仿，你不能一口饮下，而是要留一些让主人不断添加。一气饮完是最后的礼节，开头便一饮而尽不给主人留下频频敬客的余地，是不恭的。牧民饮奶茶一般是加盐，为表示对客的特别敬重，待客时则同时放下白糖与盐巴，任你选择添加，品尝咸甜的不同滋味。抓一把炒米直接放在奶茶中一起饮用，别有一番滋味。

奶豆腐外形如特大肥皂一般，平日里就一大块一大块的晾在帐幕上，吃上

一小块，半日不觉饥饿。而待客时则切作小方块，可蘸白糖食之。吃着这几样东西，我才进一步理解，为什么牧民们把茶视为生命。高乳、奶豆腐、炒米都很不好消化，当地草木葱茏，却未见一点菜蔬。据说，奶豆腐到城市里卖几十元一斤，而此地一小袋青椒就可换取好几斤。既然菜蔬缺乏，茶便是帮助消化和增加维生素的唯一来源了。牧民们每天三餐要喝奶茶，每天没有三次奶茶，第二天便觉头晕无力。牧民饮奶茶，早、午便是正餐，晚上牛羊归栏，坐在自家包里慢慢地品，才算喝全了一天的奶茶。而炒米并不经常吃，是备行或待客。奶豆腐是奶中精品，大饭店可做"拔丝奶豆腐"，当然也很珍贵。所以，奶茶便成为每日三餐主要食品了。主人尽到了情谊，客人说完所有祝福话，这最后一碗奶茶便可饮尽。于是，客人施礼相谢，主人出帐送行，这"奶茶敬客"之礼才算完毕。走出帐幕，望着那蓝天、白云、牛羊、茂草，对草原上的"奶茶文化"又有了一层新的认识。

在蒙古草原上，奶茶不仅用于日常生活和待客，与其他民族一样，在重大节日里，同样被放在十分尊贵的意义上。如请喇嘛诵经，事毕要献哈达，并赠砖茶数片。每年秋季的甘珠尔庙会或盟、旗召开的那达慕大会，都要行奶茶之礼，会上交易自然更以砖茶为大宗。

西北地区其他少数民族，同样爱饮奶茶。茶在西北民族中也常用于婚礼，如旧时订婚彩礼是少不得砖茶的。值得注意的是，由于西北民族多信佛教，而佛教与茶一向有着不解之缘，所以奶茶也是敬佛、敬神之物。中原儒家文人以茶自省，获得现实的精神力量；而西北各族以茶敬神与佛，从彼岸世界寻求未来的解脱。茶对精神世界的意义，为中华各族人民所共同关注，这在世界饮食文化史上也是十分罕见的现象。

# 送亲茶
SONGQINCHA

有关于喝奶茶的一些仪式，在草原牧民的日常生活中，是相当重要的礼俗。在传统的蒙古族婚礼中，"送亲茶"（一些地方也叫作"姑娘茶"）也是一项很重要的仪式。

喝茶长大的蒙古族姑娘，对茶有种特殊的感情。随着婚期的临近，想到再也喝不上娘家的茶了，这种感情又越来越强烈地注入了想念、依恋、惜别的成分。父母理解女儿的心思，便邀请同乡亲朋的姑娘们，来与即将出嫁的女儿一同座席，给女儿好好喝一顿送亲茶，为即将远嫁的女儿饯行。

跟平日喝茶不同的是，这次女儿是主人。宴席开始前，父母让女儿穿上新袍服，去掉腰带，穿上靴子，帽子用绸绢包起来缝好戴上。众姑娘到齐后，母亲先把熬好的头一碗茶，端来敬给姑娘。姑娘长这么大，从来都是先给客人和父母敬茶，没有母亲给自己敬茶的。这是第一次，也是最后一次。她眼里噙着泪，躬身将茶碗接过，尝一口放下，再给母亲回敬一碗茶，然后伏地给双亲磕头，感谢他们的养育之恩。随后母亲端一碗鲜奶让众姑娘一一尝过后，便向大家正式宣布姑娘即将出嫁。姑娘顿感忧伤，即刻痛哭流涕起来。

达尔罕部落的姑娘喝送亲茶的时候，要请两位嫂嫂作陪，面前要摆上特意给女儿吃的绵羊胸茬。阿巴哈纳尔部落除了摆胸茬，还请祝颂人唱祝颂词。但不论哪里的姑娘，众人看到这种情景，都会跟着哭作一团。这时，祝颂人和亲戚们便上前来安慰："到了一十八岁／辫子长够了尺寸／出嫁到偏远的地方／并不 是 不 好 的 事情……"众姑娘也停止了哭声，唱起《姑娘宴歌》，用歌词嘱咐将要出嫁的姑娘，倾诉离别之情："起行上马／请撩起长袍的大襟／遇事处人／要切记快嘴的毛病／缝斜了襟扣儿／万不 可 让 婆 婆 看清……"还有孝顺公婆善待丈夫等一大套，都是劝慰和训导之词，因此有的地方把这个宴席叫作"说给姑娘听"。

蒙古新娘

"姑娘宴"进行期间，女方父母还有一项任务就是：斟满酒杯从请来的客人中聘请那些老诚稳重、深明礼节、善于辞令的长辈男女为送亲代表。再聘请两位性情温和、为人正派、手脚勤快、上有父母、下有儿女的妇女，为新娘的住宿嫂嫂和月嫂（住宿嫂嫂要跟随新娘到新郎家住几天，月嫂要住一个月）。

以便为第二天的送亲礼仪提前做好准备。

"说给姑娘听"的日子，各地不一样。苏尼特部落，阿巴哈纳尔部落，左、右巴林部落在迎娶来的那天上午、男方未到之前举行。巴林部的姑娘更排场，坐在蒙古包的当头正面，父母亲戚众星捧月般围绕她坐着。她头上已经蒙了红纱。祝颂人把鲜奶倒进银碗，举在手里，跪在火撑子前面，面向姑娘念过祝颂词后，将鲜奶让她尝过，领进另一座毡包。这已经是出嫁的前奏。送亲茶的宴会，是女方一家人举行的，男方不介入，充满儿女情长的脉脉温情。送亲茶的宴会规模比较小，一般不上酒，来的客人不拘多少，都要给姑娘带点小礼物。

姑娘的送亲茶，不仅娘家给喝。不少地方推而广之，扩展到女方所有亲戚本家。喀尔喀部从婚礼的前一个月开始，姑娘就由合适的人领上，挨门逐户地到亲戚家串包、赴宴。巴雅特部落称为"喝酸奶"，布里亚特部落叫作"姑娘躲"。串包的人家不仅好酒好饭招待，还要家家送一份礼物。

苏尼特部落则在姑娘离家前，专设

"奶酒宴"招待姑娘，母亲手捧一银碗鲜奶，疼爱地凝望着姑娘，让她品尝做姑娘时代的最后一次鲜乳，祝颂人满怀深情吟唱祝颂词。

土尔扈特部的做法更特别："扎！你就不用走了，干脆把日子通知大伙儿，让他们把毡包搭在一处，你东包出、西包进地吃请就行了。这样不仅请你方便，大伙儿在一起红火也方便。"事实上他们正是这样做的，在婚礼的前一礼拜，共同下包在一个水清草嫩的地方，把出嫁的姑娘请到家里。每家杀一只羊，把左邻右舍请来热闹红火。先由一家打头，把姑娘请到家里，叫上几个要好的姐妹跟她作伴，喝酒联欢，而后家家轮番宴请。等各家请过一遍，最后，也就是婚礼前一天晚上，姑娘的父母要把所有的亲戚请到家里，为姑娘做总的饯行，这就是出嫁前"最后的晚餐"。

"姑娘宴"、"送亲茶"包含的意思，各地都一样。但在做法上却异彩纷呈，各有千秋。厄鲁特部落在这个仪式开始前，要把姑娘的腰带解下，给她穿上淡蓝色的蒙古袍。这使人联想到黎明前东方出现的鱼肚白，仿佛天一亮姑娘就要被娶走。实际上从第二天开始，她的舅舅或叔叔们才开始一一牵马而来，把她"搬走"加以招待。那淡蓝色的蒙古袍，只是一种婚期临近的象征。而布里雅特部落刚好相反，一黑夜大伙儿娱乐以后，天一明女婿就要上门，姑娘就要出嫁。

"姑娘宴"是蒙古族婚礼中女方家的一个小宴席，但对于出嫁的姑娘来说却很重要，因为从此以后，她就要离开父母、姐妹兄弟，独立承担一个家庭了，由此，也可以说，"姑娘宴"是蒙古族姑娘走向成熟的一个驿站！

# 炒米
CHAOMI

蒙古民族与其他游牧民族一样，以奶食和肉食为主食，同时也食用谷类食品。

炒米，蒙语叫作"蒙古勒巴达"，俗称"蒙古米"。蒙古人每日两顿茶一顿饭，茶饭不离炒米。蒙古族俗语里有"不可一日无茶，也不可一日无炒米"之说。

炒米一般是选用内蒙古地区出产的糜米制成的，制作时先把糜米筛簸干净，去掉土和砂子。有的人家干脆用水淘洗，砂、土可以一次去掉。锅里倒上开水，将干净糜米倒入，使开水淹没糜米之后，尚留五六寸深的水。也可以倒冷水，再加火烧开，上下搅动，使热气走匀。煮得破开米嘴以后，赶紧捞在筛子里。这

样炒出的炒米发硬，有咬头，当地称为"蒙古炒米"。如果不等破开米嘴就捞出，炒时反而容易开花。这样炒出的炒米软而好咬，但是经不起咀嚼，当地称为"汉人炒米"。捞出以后，要就地摊晾在砖地上（或干净的硬地）。一般用七烧锅，煮二三斗炒米，流水作业，等最后一锅炒米煮完，第一锅摊晾的炒米便能炒了。

还有地方炒炒米会选用上好的好砂子。撮回砂子用筛子筛一筛，筛过的砂子再用箩子过了土，就可以使用了。砂子如不太干净，还要用水淘洗一次，晾

干以后再用箩子过一遍土。炒炒米时一次最多放三碗糜米，五碗砂子。砂子烧红时，将晾出的糜米倒入，待大气冒过，米粒快噼噼啪啪爆起来，赶紧连砂子倒在筛子里，下面接上盆子。筛子一摇，砂子落在盆里，炒米留在上面。将砂子倒回锅中炒热，再加入新晾出的糜米，如此连续作业，那一点砂子可炒许多炒米。末了把砂子装在口袋里，下次炒时再用。

有的地方炒米中还和入黄豆或黑豆。把黑豆煮得皮展开再铺在地下，炒完炒米再炒黑豆，还用那锅砂子，出来把砂子筛出，黑豆架在上面。炒出的炒米和黑豆都得去皮。

炒米去皮方法：古法二种，今法一种。古法把炒米放在石碓中，用木杵轻搅，使糠壳剥落；或倒在石碾上，套头马将糠壳碾掉。碾时要不断往碾心添米，否则会把炒米压成面粉，那就不是炒米了。从石碓石碾上撮下的炒米，还得用簸箕簸去大糠，用箩子箩去细糠，才能端上来食用。牧区有"头遍箩、二遍簸"的做法：把碾第一遍的炒米，箩掉细糠，大糠不簸，再倒上石碾碾第二遍，碾出的炒米又簸又箩，可以把炒米收拾干净。如果光簸不箩，留下细糠，到吃时再箩去，可以使炒米保鲜。今法则把炒出的炒米倒进碾米机，把皮剥掉，一般也得来两遍。黑豆的皮相对好去，倒在大筐箩里，戴上手套，用一块石头搓，就可以搓掉。

## 炒米的神话传说
CHAOMI DE SHENHUA CHUANSHUO

炒米的吃法有多种，用肉汤和肉丁煮炒米粥；在烧开的肉汤里放进炒米，

相传，那时在兴安岭上的一个岩洞里，曾经有一个胖喇嘛，跟一个十几岁的

加少许盐；在奶茶里煮米粥；把适量的炒米放进饭碗，加入少许盐或糖，然后注入烧开的奶茶，泡几分钟即可食用。在出牧、游猎或旅行时，干嚼食用。关于炒米，还有一则动人的传说：

据说古时候的兴安岭，可不像现在这样葱茏秀丽，漫山都是森林。那时，兴安岭只有稀稀拉拉的一些树木，举目四望，是一片荒凉的景象。

小班达，师徒二人就住在这里边修行，这个胖喇嘛是个心肠十分狠毒的家伙，对待小班达非常刻薄。每日天不亮，他就把小班达连骂带打地拽起来，让小班达打扫佛洞、焚香上供、挑水生火、烧茶做饭。做完了这些活儿，他只给小班达少得可怜的一点点残茶剩饭，吃了就撵出洞去拾柴。等到晚上，当小班达筋疲力尽地背着柴草返回山洞的时候，还得给胖喇嘛做这个干那个，有时嫌柴拾得少，就把小班达打得死去活来。

有一天，小班达照常到山上去拾柴，拾了一会儿，肚子就饿得叽里咕噜地响

了起来。他想寻找一些能吃的野果充饥，就东寻西找地向远处走去。他转来转去，不知走了多远，走到了一座陡峭的山峰底下。他顺山脚俯着向下看去，只见有

一条奇异的深涧出现在山下。小班达心想："我到山上拾了这么多年的柴，怎么一直没有见到这个山涧呢？"他细心地察看，只见有一座小庙影影绰绰地坐落在山涧里，一群群的山雀从庙里飞出又飞进。看到这种情景，小班达暗自思忖："看雀鸟在那里飞出飞入的样子，在这条山涧里，说不定能找到可吃的东西！"于是，他就壮起胆子顺着那个山脚，倒挂着身子朝深涧里爬去。当他艰难地爬到半山腰的时候，突然，山涧里刮起了一阵狂风，把个小班达从半山涧上扯开，直向万丈深渊里抛去。说也巧，这时小班达身上披的袈裟猛地被风扯开，他就像生了翅膀一样，飘飘荡荡地飘下了深涧。

过了半天，小班达从昏迷中醒来，睁眼一看，正好降落到小庙的门前。他镇定了一下精神，便站起身来，推开庙门向里走去。小班达走进庙里详细打量，他看到正面有一个石桌，石桌上面有一个碗，里面盛着一把炒米。一看有吃的，他就不顾一切地把碗里的炒米全都倒进嘴里。说也奇怪，他嚼完那一把炒米，一看那碗里面竟然又有了一把炒米。于是，他就一口接着一口地吃起来，一直到

吃饱了,碗里还有一把炒米。

小班达知道这是件宝贝,于是便赶紧将那个宝碗揣进怀里,走出了庙门。当他走出庙门,还没等他向山洞的陡崖攀登时,突然身体变得轻如鹅毛,好像有什么东西从上边提他似的,刹那之间就飘离了深涧,飘回他居住的山洞的近前。

这时,已经黄昏了,只听见师父那雷吼般的怒骂声不断地从洞口里传来。小班达恐怕师父将宝贝夺去,就地挖了个坑,把宝碗埋进坑里,然后拔了一棵小松树插在上面作为标记,才飞也似地向洞里跑去。

胖喇嘛一看徒弟走进山洞,便暴跳如雷地骂道:"你好大的胆!玩了一天,不但没拾回一根柴火,竟敢这么晚才回来……"他不住声地骂着,并拿起一根结实的柳条,把个小班达打得皮开肉绽,又罚他跪到半夜,然后才放他去睡觉。

第二天清晨,小班达忍痛起身,照常干活儿。当他走出洞口向外一看,啊,这一夜之间起了多么大的变化呀!从山脚一直到洞口,密密匝匝的全都长满了高大的松树,连兔子走路的小径都找不到了。小班达暗想:"这不正是自己逃脱苦海的好时机吗!"于是,他便侧着身子,左转右拐地钻出了密林,经过几天几夜地奔波,终于平安地返回了家乡,跟亲人们团

揣日勒阿妈

聚了。

再说那胖喇嘛，由于那天夜里打小班达睡得过晚，直睡到第二天晌午才懒洋洋地起床。他一看小班达不在洞里便大声呼喊，可是吆喝了好几声也不见小班达答应，他只好出洞去寻找．当他走出洞门一看，只见漫山遍野全都长满了松树，小班达已无影无踪了。他挣扎着想要钻出密林去搜寻小班达，可是由于他体大身肥，怎么挤也挤不出去，最后，饿死在山洞里。从那时候起，兴安岭就像铺上了层层云彩，长满了苍松翠柏，变成了祖国采之不尽、伐之不绝的林海。

"图古勒汤"：蒙古语即"牛犊子汤"或"奶油片儿汤"。一般用白面、荞面或莜面制作。其做法是把面和好之后，切成四方形，放入食盐，加热煮熟，捞出倒入装有稀奶油的锅里即可食用。此汤多食于夏季。

海尔森宝布：蒙古语糕点等食品的统称。制作原料为砖茶水、适量的奶油和红糖、面粉。是蒙古族新春佳节招待客人、馈赠友人的上佳礼品。

羊油馓子：从外形看，羊油馓子很像是蒙古族牧民家的羊圈门子。它是根据蒙古族牧民生活的特点而产生的。这种食品携带方便，食之香甜。牧民放牧或外出，饿了可以咬着吃，也可以背上一壶奶茶，将其泡着，与炒米同食，既耐饿又实惠。一年四季，牧民们都喜欢制作羊油馓子。只要有贵客光临，好客的主人都会请客人品尝羊油馓子。羊油馓子同其他各种各样的食品叠放于餐桌之上，竞相媲美，惹人垂涎。盛羊油馓子的盘子往往放在最顶端，一般在顶端的那盘羊油馓子上放着4至6颗红枣，象征吉祥如意，供客人观看；还有一盘不放红枣，供客人品尝。羊油馓子外形酷似小楼房，整齐、雅观，无论纵看、横看，都能呈现出一种线条美。人们在吃羊油馓子时，常把它掰碎，放入奶茶中同炒米等同食，味道酥脆香甜，越吃越美。如今，居住在半农半牧区的蒙古族、汉族牧民，都有喜食羊油馓子的习惯，这种美味食品成了农牧民最好的早点。

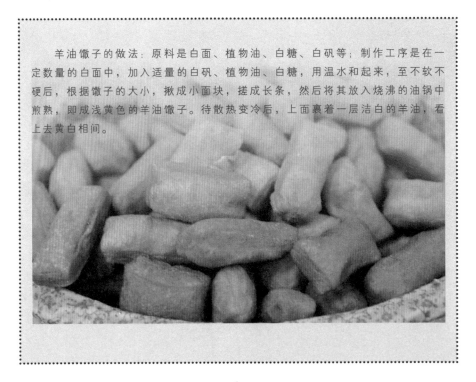

羊油馓子的做法：原料是白面、植物油、白糖、白矾等；制作工序是在一定数量的白面中，加入适量的白矾、植物油、白糖，用温水和起来，至不软不硬后，根据馓子的大小，揪成小面块，搓成长条，然后将其放入烧沸的油锅中煎熟，即成浅黄色的羊油馓子。待散热变冷后，上面裹着一层洁白的羊油，看上去黄白相间。

03

草原上的汤

# 草原上的酒
## CAOYUANSHANG DE JIU

我从深情的草原走过
追寻一袭远古的脉搏
洁白的羊群
是绿色五线谱上那一首歌
马头琴响起的时候
那是——
马儿站在高原上送我
捧在胸前拳拳地声声祝福
饮下一杯 马奶酒的传说

雄鹰 在头上翩翩飞舞
告诉我——
成吉思汗的家园是我的故国
那一串铁蹄踏上中原
饮马长江
放歌黄河
江南柔情的细雨
征服了草原粗犷奔放的气魄

把一滴草原的血液
凝望在跌宕起伏的眼角
多少回醉里魂牵
梦里求索
冥冥中 挥不去
草原上驰骋的记忆奔腾的广阔

展开我南方瘦弱的臂膀
引发心里全部的力量
踏上云朵
草原啊!
虽已不能读懂弯弓射雕的文字
愿 为您忧伤为您欢乐
请风 接纳我!
请云 接纳我!
我用颤抖虔诚地举杯
再听我一曲
马奶酒的传说

——摘自网络

# 蒙古族的酒文化

蒙古族自古就是一个豪放勇敢的民族，饮酒、骑马则体现了他们粗犷豪放的性格。他们认为"无酒不成席"、"无酒不成礼"、"无酒不成俗"，酒给宾、主带来了隆重的气氛，带来了欢乐，深深表达着蒙古族人对宾客的尊敬和深情厚谊。因此，蒙古族人向客人敬献醇香的马奶酒或白酒，被当作是一种增进友谊的方式。

原来在蒙古民族没有进入黄河流域之前，主要喝的是马奶酒，蒙古语称"额速吉"，亦称"马奶子"。蒙古族在十二三世纪，已经开始盛行酿制马奶酒。西方旅行家马可·波罗、鲁布鲁克等均在他们的旅行记中记录了他们的亲身见闻。马奶酒清凉爽口，沁人心脾。马奶酒传统的酿制方法主要采用撞击发酵法。这种方法，据说最早是由于牧民在远行或迁徙时，为防饥渴，常把鲜奶装在皮囊中随身携带而产生。由于他们整日骑马奔驰颠簸，使皮囊中的奶颤动撞击，变热发酵，成为甜、酸、辣兼具，并有催眠作用的马奶酒。由此，人们便逐步摸索出一套酿制马奶酒的方法，即将鲜马奶盛装在皮囊或木桶等容器中，用特制的木棒反复搅动，使马奶在剧烈的动荡撞击中温度不断升高，最后发酵并产生分离，渣滓下沉，纯净的乳清浮在上面，便成为清香诱人的马奶酒。除这种发酵法外，还有酿制烈性马奶酒的蒸馏法。蒸馏法与酿制白酒的方法近似，一般是把发酵的马奶倒入锅中加热，锅上扣一个无底的木桶或用紫皮柳条、榆树枝条编成的筒状罩子，上口放一个冷却水盆或锅，桶内悬挂一个小罐或在桶帮上做一个类似壶嘴的槽口。待锅中的马奶受热蒸发，蒸气上升遇冷凝结，滴入桶内的小罐或顺槽口流出桶外，便成马奶酒。用这种蒸馏法酿制的马奶酒，要比直接发酵而成的马奶酒度数高些。如果将这头锅马奶酒再反复蒸馏几次，度数还会逐次提高。马奶酒的酿制和饮用，主要是在夏秋水草丰美、牛肥马壮的季节。马奶酒一般呈半透明状，酒精含量比较低。不仅喝起来口感圆润、滑腻、酸甜、奶味芬芳，而且性温，具有驱寒、活血、

舒筋、健胃等功效。自古以来就深受蒙古族人民的喜爱，是他们日常生活及年节吉日款待宾朋的重要饮料。

由于当时生产力低下，并没有足够的马奶供人们制作马奶酒。所以成吉思汗统一漠北蒙古各部以后，曾经制定过一些喝酒的规章，如只有在重大节日之际才能喝酒，其中对喝酒人也做了限制，男人在四十岁以前不能随便喝酒，没有成家的年轻人不能喝酒，年轻人在长辈面前不能喝酒等。

蒙古族自古以来就提倡文明饮酒，极力反对酗酒。他们认为，少量饮酒可以增加欢乐气氛，有利于健康。酗酒则有百害而无一益。过去，由于牧区生活内容比较单调，平时聚会较少，所以每次饮酒的时间都很长。随着经济的不断发展，人们的生活内容逐渐丰富，生活节奏逐步加快，饮酒的习俗也在逐步发生变化。有酒的地方就有酒文化。地域风光、人文景观、民情风俗、劳动追求皆为酒文化提供了丰富的创作源泉，源于生活又飘有酒香的精彩酒文化层出不穷。

# 蒙古族酒俗

MENGGUZU JIUSU

蒙古族喝酒十分讲究礼俗。身着整洁民族服装的蒙古族姑娘，手捧洁白的哈达和银碗，把圣洁的美酒和甜蜜的歌声同时献给每一位客人。客人或本民族之间的亲朋好友双手接到敬酒时，要用左手端着酒杯，用右手无名指先到酒盅里蘸一点酒，向天弹一下；再蘸一点酒，向地弹一下；最后蘸一点酒涂在自己的脑门上；表示敬天、敬地、敬人和对佛、法、僧三宝的祈祷。饮酒时，蒙古族人最喜欢客人一饮而尽。当宾主双方开怀畅饮之

后，耳热心酣，言畅意激，知心话说不完，酒友情道不尽。逢遇蒙古族人生儿育女、婚嫁大事，那种气氛，那种热情，会让人不饮而醉。祝福酒、洗尘酒、下马酒、上马酒……当宾主沉浸在微酣的惬意里，一支支饱含着深情、嘹亮的、撼动人心的祝福歌，便在人们耳边回响。与此同时，蒙古族人还要端着酒杯，双手齐额向客人敬献他们的纯朴与真诚。身临其境，就是不想饮酒的人，也会愉快地干一杯。试想，在宽阔的草原，在宁静的夜晚，

在蒙古包内或空气清新的草地上，姑娘们歌声相伴，银碗哈达交相辉映，是何等的情调。

蒙古族有客来必热情款待，宴饮必备各种酒。主人和客人必须畅饮，他们认为，"客醉，则与我一心无异也"。来客后，不分主客，谁的辈分最高，谁坐在上席位置。客人不走，家中年轻媳妇不能休息，要在旁听候家长召唤，随时斟酒、添菜、续菜。

蒙古族接待客人讲究礼节，欢迎、欢送、献歌、献全羊或羊背等都按礼仪程序进行，程序中都要敬酒或吟诵。一般敬酒礼仪如下：敬酒者身着蒙古族服装，站到主人和主宾的对面，双手捧起哈达，左手端起斟满酒的银碗；走近主宾，低头、弯腰、双手举过头顶、示意敬酒；主宾接过银碗，退回原位；主宾不能饮酒的，要再唱劝酒歌或微笑表示谢意；主宾饮酒毕，敬酒者用敬酒时的动作接过银碗，表示谢意；向主宾敬酒完毕，按顺时针方向为下一位客人敬酒或按主人示意进行。

敬献哈达：蒙古族和藏族人民用于敬佛或相互交往中表示敬意的一种礼节。颜色以白色为主，此外还有淡黄、浅蓝等几种。哈达的长短也不一致，长的一二丈，短的三五尺。西藏的哈达以白色为多，白色象征着纯洁、美好、吉祥、善良。而在内蒙古大草原上，哈达多为蓝色，因为蓝色是天空的色彩，蓝色在草原象征着永恒、兴旺、坚贞和忠诚，牧民还特别喜爱穿蓝色的袍子，在生活中的装饰图案也多采用蓝色。哈达按质料来分可分为普通品、中级品

和高级品。普通品为棉纱织品，称为"素希"；中级品为丝织品，称为"阿希"；高级品为高级丝织品，称为"浪翠"。此外，还有五彩哈达，颜色为蓝、白、黄、绿、红。蓝色表示蓝天，白色是白云，绿色是江河水，红色是空间护法神，黄色象征大地。五彩哈达是献给菩萨和结亲时做彩箭用的，是最珍贵的礼物。佛教教义解释五彩哈达是菩萨的服装。所以，五彩哈达只在特定的情况下才用。献哈达多行于庆宴集会、迎客送宾、会见友人、晋谒尊长、拜佛祈祷等场合。其方法是：献者双手手心向上，将哈达搭在食指与拇指之间，使两端下垂。献给尊长或贵宾，献者必须躬腰低首将哈达举过头顶送至双方座前请其收纳；献给平辈或下属，则将哈达搭在对方的颈脖上即可。敬献哈达时，双方都需互致问候和祝福。

# 蒙古族敬酒礼节
MĚNGGǔZÚ JÌNGJIǔ LǏJIÉ

蒙古族对尊贵的客人用"德吉拉"礼节。主人手持一瓶酒,酒瓶上糊酥油,先由上座客人用右手指蘸瓶口上的酥油抹在自己额头,客人再依次抹完,然后为让客人酒喝得足足的,才觉得自己尽到心意了,所以主人家从老到少轮流向客人敬酒,客人不喝下去,主人就要一直唱下去,直到客人喝下为止。

主人斟酒敬客。客人要一边饮酒,一边说吉祥话或唱酒歌。

待客时主人经常要唱敬酒歌敬酒,唱一支歌客人要喝一杯酒。蒙古族人认

蒙古族过小年时会祭火,在灶前摆酒等供品;点一堆柴草,把黄油、白酒、牛羊肉等投入火堆表示祭祀;过年时要专摆酒肉祭祖。

蒙古族农历八月举行马奶节，开幕时主持人首先向蒙医敬献马奶酒和礼品。赛马之后，众人向骑手们欢呼，敬献马奶酒。

蒙古族婚礼时，至少举行三次宴会，婚礼主要在女家举行。喜日的前一天，新郎与伴郎、主婚人、亲友、歌手等一帮人到女家。女家邀请自己家的亲友来参加"求名宴"；晚间女家又设新娘离家前的"告别宴"，新郎、新娘、嫂子和姑娘们坐一席；到次日早晨，婚礼结束，宾客准备告辞，娘家在门口备酒席一桌，给每位客人敬"上马酒"三杯，客人干杯后方可启程。

蒙古族人在结交知己朋友时，双方要共饮"结盟杯"酒，用装饰有彩绸的精美牛角嵌银杯，交臂把盏，一饮而尽，永结友好。

蒙古族人无论狩猎回来，还是放牧休息，牧民们燃起篝火，烧烤猎肉，和

着悠扬的马头琴，举杯饮酒，豪歌劲舞。著名的蒙古族《盅碗舞》多是在宴席之上酒酣兴浓之际由舞者即兴表演。舞者双手各捏一对酒盅，头顶一碗或数碗，舞蹈时头不摇，颈不晃，双手击打酒盅，甩腕挥臂，旋转舞蹈，刚柔相济，舒展流畅。

蒙古族人敬酒有讲究。蒙古族人的敬酒方式跟汉族和其他民族有很大不同。他们敬客人喝酒，不讲什么客套话。而且，地域不同敬酒的方式也不同，有些地区的蒙古族人，是先敬酒，待客人喝完之后，主人伴以劝酒歌再来敬客人，而有些地区的蒙古族人则是先唱歌后敬酒，然后是边唱边敬。

在内蒙古西部，不同的地域有不同的特色。一般而言内蒙古西部的敬酒都是三杯。第一杯、第二杯抿一下就可以了，第三杯才是要喝的。

# 蒙古族酒歌

如果说"金杯"、"银杯"里的奶酒醇香、醉人，哈达象征纯洁友善的感情，那么，祝酒歌表达的是美好的心愿，祝酒词则是对亲朋好友工作与生活的祝福。

心的酒啊，千杯不醉；知心的话儿，万句不多。""烧酒本是五谷水，喝到甚时候也喝不醉。""阳春三月桃花花开，端起酒盅盅迎客来。""一盘盘豆芽芽

在蒙古草原就流行着一种劝酒民歌，有四句的，有两句的，有单人唱的，有男女双方对唱的，形式多种多样。例如："举起了蒙古族的酒，放开你的歌喉。杯中盛满深深的爱，美酒醉心头。干一杯蒙古族的酒，天南地北是朋友。""美酒倒进金银杯，酒到面前你莫推，酒虽不好人情浓，远来的朋友饮一杯。""舒

一盅盅酒，情义都在酒里头。"这种充满激情的歌多如牛毛。歌词内容有叙友情道珍重的，有庆"胜利"论"成功"的，有祭天地祭祖宗的，有贺喜祝颂的。蒙古族人的每一杯酒里，都饱含着草原人一颗滚烫的、热爱生活的心。

蒙古族人全然是用一边唱歌、一边敬酒、即兴表演的方式，来表达对尊贵

客人的诚挚、淳朴的盛情。当远方的客人来临，他们首先会在敖包或毡房中敬酒接风。这时，会有三五位蒙古族姑娘和歌手恭恭敬敬地站在你面前，唱起优美动听的蒙古族民歌。一曲唱罢，她们就把手上放着酒杯的托盘，高高地举过头顶，半屈膝地献给客人满杯的美酒，然后又不停地唱着歌儿，直到客人把酒喝干。歌声甜润、嘹亮，歌词充满了尊敬、祝福、吉祥的意思。让客人情不自禁地躬身接过酒杯，即使客人平时很少沾酒，这时也会毫不犹豫地一饮而尽。蒙古族人这种以歌敬酒的方式，在宾朋酬酢中几乎是无处不在。他们迎接贵客时要唱歌劝饮"下马酒"，送客人上路时要唱歌劝饮"上马酒"。尽管许多歌词你听不懂，但你完全能体会到主人的深情厚谊。至于蒙古族人举行婚庆或节日喜庆时，那更是个个豪饮，人人善歌。在歌

中碰杯，在酒中赛歌，淋漓尽致地表现了蒙古族酒文化的魅力。蒙古族的敬酒歌有大家耳熟能详的成品歌，这类歌数量很大，它们在蒙古族人中经久传唱，妇孺皆知。还有一类是歌手即兴歌唱的。蒙古族人认为歌声和骏马是他们的两只翅膀，因此他们都有歌唱的天赋。而且蒙古族人把引吭高歌和开怀畅饮当成幸福生活的象征，所以他们要用这种唱歌、敬酒的方式来款待客人，以表示他们对客人最诚挚的友谊。

蒙古族人千百年来生活在草青水秀、群山环抱的大草原上，放牧牛羊，逐水草而居。在那空旷、壮美的深山林野中；在寂寞、孤独的放牧生活里，他们常常引吭高歌，赞美草原、赞美家乡，排解寂寞，宣泄情感；在马背上，在毡房中，你唱我和，创作了一首首充满民族风情的蒙古民歌。"蓝蓝的天上白云飘，白

云下面马儿跑"这一类情深意长的蒙古族民歌早已传遍草原。

"金杯金杯斟满酒,双手举过头。炒米奶茶手抓肉,今天喝个够。朋友朋友,请您尝尝,这酒纯正,这酒绵厚。让我们肝胆相照共度春秋,在这富饶的草原上共度春秋。银杯银杯斟满酒,双手举过头。载歌载舞庆佳节,今天喝个够。朋友朋友,请您尝尝,这酒纯正,这酒绵厚。让我们心心相印友谊长久,在这崭新的生活中友谊长久。"这首歌道出了马背民族对酒的喜爱。

蒙古族人生活中不能没有酒,也不能没有歌。更值得一说的是蒙古族牧民几乎家家都会酿酒,当然,健壮、豪爽的蒙古族男人大多擅长品酒。如果你去草原旅游,到蒙古族人的毡房作客,若能带上几瓶好酒去,主人一定会更加高兴地为你唱几首赞颂友谊的歌儿。

草原上的酒

# 奶酒的起源

NAIJIU DE QIYUAN

用各种奶发酵的酸奶酿制的酒就叫"奶酒"，蒙古语中称"萨林阿日赫"或"赛林艾日哈"。酸奶是酿制奶酒的原料，用酸牛奶酿制的叫"牛奶酒"，用酸马奶的叫"马奶酒"，用马奶、驼奶和别的酸奶混合后酿制的叫"博斯日格酒"等等。每当你到乳源丰富的牧区，去那心善好客的蒙古人家作客时，客人们均会受到他们用银碗斟满奶酒的热情招待。可这个视为珍品的奶酒，是需要经过一个精心酿制过程的。

碧绿的草原苍茫辽阔，一望无际。在绿草、白云、蓝天组成的景色里，千百年来一个伟大的民族生活在这茫茫的大草原上，形成了一个民族特定饮食文化。"奶酒"就是蒙古民族饮食文化中的杰出代表。相传铁木真的爱妻勃尔帖兀真，原是勃吉剌惕部落的公主。铁木真征战在外时，她在家里一面思念远征的丈夫，一面制作奶食品。有一天，她在烧酸奶时锅盖上的水珠流到旁边的碗里，她嗅到了特殊的奶香味，喝一口异常味美香甜，还有一种飘飘欲仙的感觉。后来她渐渐地在生产生活中掌握了制酒的工艺。并简单的制作了酒具甄桶（布日哈尔）、冷却锅（介力布其）等，并亲手酿造奶酒。在铁木真做大汗的庆典仪式上，她把自己酿造的奶酒献给丈夫成吉思汗和将士们。大汗和将士喝了此酒以后，连声叫好。从此成吉思汗把它封为"御膳酒"，起名叫"赛林艾日哈"。

# 奶酒的酿造工艺

NAIJIU DE NIANGZAO GONGYI

酸奶的发酵与酿制技艺乃直接关系到奶酒的质量。将酿酒大锅支于火锅上，把发酵酸奶倒入"甑桶（布日哈尔）"底部，在"甑桶"内提溜（悬挂）一口接酒罐子，顶端盖上冷却锅（介力布其）加上凉水。"甑桶"与冷却锅结合处要用裹带封闭好，将大锅与"甑桶"结合处也尽量塞住，以免跑气。发酵酸奶的蒸气到了冷却锅后变成水珠顺凸型锅底流入接酒罐里，这就是奶酒。冷却锅的水热到 30～40 度就需要换水。如此两次（不一定就是两次）换水以后，便揭开冷却锅，将接酒罐封好口取出来。划火柴时发出"噗"的一声酒火，便是好酒。少换冷却锅水，出酒虽少但质量好；多换水出酒多，度数却低。按换水次数称作几锅酿。

将酿好的奶酒倒回锅里再次酿制出来的叫"阿日扎（头次回锅奶酒）"，二次回锅的叫"胡日扎"；三次回锅的叫"希日扎"。这样反复酿制叫作"回锅"。"回锅"次数越多酒劲越烈，醉性越强。俗话说"胡日扎只能喝一口，希日扎只能抿一抿"就是形容了"回锅"奶酒的劲度。

将奶酒装进酒缸（有时还放点红枣），密封好后埋进羊圈里的羊粪里使其发出哈喇味。这样埋藏的奶酒按年份分别称为"西都楞"（三年陈酒）、"亥加楞"（四年陈酒）、"苏特楞"（五年陈酒）等，时间越长越发哈喇，而且劲度增强，纯正味美。奶酒拌黄油、红糖饮用，可以调气血，助消化，适当饮用能增强健身抗病能力，起到延年益寿作用。

# 马奶酒
### MANAIJIU

又称"其格"，意即"酸马奶"，元代时被称为"紫玉浆"、"元玉浆"，是"蒙古八珍"之一。 此酒为草原上的一大特色，以其独特的醇香、丰富的营养和神奇的疗效而著称于世。马奶酒酒精度数不高，牧民们用它来款待客人，蒙医则常用它与其他药物配合治疗疾病。是蒙古民族人民在各种聚会、盛宴中的珍贵饮料。

马奶酒在历史上的最风光处，就是在成吉思汗黄金家族举行的"诈马宴"上作为首选酒和必备酒。据蒙元制度规定，国家凡遇有"朝会、庆典、宗王大臣来朝、岁时行幸，皆有燕飨之礼。"（《经世大典序录》、《礼典燕飨》）"诈马宴"是最隆重的燕飨之礼，马可·波罗说元代一年达十三次之多。据内蒙古师范大学蒙古史研究所邢洁晨教授著《历史上蒙古族的诈马宴》一书考证，成吉思汗黄金家庭的"诈马宴"既隆重又豪华，且等级鲜明，宴酒则首推奶酒。

诈马宴会的御酒以三种为主："马潼"、"哈剌基"和"葡萄酒"。首先是"马潼"，它就是马奶酒。"哈剌基"即今天的白酒。虞集《道国学古录》描述诈马宴的"喝盏"（即"进酒"）之俗："自天子至亲王，举酒将酢，则相礼者赞之，为之喝盏。""大汗将进酒，侍者执酒近前半跪进献，退三步全跪，全场皆跪，司仪高喊，哈！在云和鼓乐的伴歌声中，大汗饮毕，乐止。众人复位，随后君臣畅饮。"席间大汗常"传杯臣下，以示宠幸"，臣下要近前接杯半跪，退三步全跪饮酒。

《马可·波罗游记》中说，他看到（忽必烈）"大汗豢养了成千上万的牡马和牝马，色白如雪。只有成吉思汗的直系亲属，才有权利饮用这种马乳"。连宰相耶律楚材想饮，也得大汗赏赐。他的一首赞奶酒的诗中就称："浅白痛思琼液冷，微甘酷爱蔗浆凉。"

## "马奶酒" 的传说

公元1221年，成吉思汗六十大寿，天下大宴三天，酒宴正兴时，成吉思汗最宠爱的妃子也遂对成吉思汗说："大汗，如果你高山似的金身忽然倒塌了，你的神威大旗由谁来高举？你的四个儿子之中，由谁来执政？请大汗趁大家都在，留下旨意吧！"大臣赤老温也上前说道：

沉思片刻说："最神勇的马不会藏在马群里，最矫健的雄鹰总是飞得最高，就这么定了，明天此时，谁将最珍贵的礼物带到这里，谁就接过我的大旗。"于是四兄弟各自出发了。长子术赤骑着鬃火云马向东方奔去。次子察合台骑着尾乌雅马向北方奔去。三子窝阔台骑着龙

"术赤刚武、察合台骁勇、窝阔台仁慈、拖雷机智，各有所长，究竟谁是奉神的旨意来接大汗大旗的，就让上天为我们明示吧！今天是大汗的寿辰，就让四兄弟一起出发，去为大汗找一份最珍贵的贺礼吧。善于走路的头羊总能找到最美的水草，献上最珍贵礼物的那个，肯定是得到天神的眷顾。"成吉思汗听后，

驹马向西方奔去。四子拖雷骑着黑蹄骝骝向南去。四匹骏马载着蒙古族的四位勇士消逝在夜幕中。

第二天，金乌西附、玉兔东升之时，大汗帐前的草原上已整整齐齐地排着五万人队伍，大汗坐在由三十八匹马拉着的指挥车上，大臣、妃嫔御马环侍左右，一面青色大旗，在风中猎猎作响。月亮

渐渐升到了半空，忽然，随风飘来一股若有若无的香气，人群为之精神一振：

在车的后边；窝阔台献上的只是一个皮囊，大汗将皮囊上的木塞拔掉，一股浓

这是什么香气，比奶香更绵长，比美酒还醉人？就在此时，草原上传来由远而近的马蹄声，四兄弟同时到达。术赤献上碧玉珊瑚，大汗将它放在车的左边；拖雷献上百年老参，大汗将它放在车的右边；察合台献上紫貂皮，大汗将它放

郁的香气扑鼻而来，原来是一斛奶酒！大汗恍然大悟，情不自禁地举起了酒杯，喝了第一杯，大汗口齿生香；喝了第二杯，大汗通体舒泰；喝了第三杯，大汗连声称赞："好酒！好酒！"随即将此酒赏赐左右，草原一片欢呼。究竟谁能继承

大汗的权位呢？只见大汗手一挥指碧玉珊瑚说："此物虽稀有，但不当饥，不止渴，与我部无益。"又拿起貂皮说："此物虽贵，但我部族中以此为衣者能有几人？百年老参虽然难得，也只能滋养一人而已，这奶酒却不同，它就出自我们草原，酒香而不腻，味醇而绵长，族人饮用可助酒兴、强身体。四夷饮用可亲和睦，去隐忧，真是待人之道啊。我以为四物之中以奶酒最平常也最珍贵。"于是成吉思汗便立窝阔台为继承人，御封窝阔台进献的奶酒为"御膳酒"，用以庆典或款待外国使节。

意大利旅行家，曾经在元朝为官的马可·波罗在一次宫廷御宴上，得饮元世祖忽必烈亲赐的宫廷秘制奶酒，视为天下至味，终生引为无上荣耀，对中国奶酒技术衷心叹服。在马可·波罗的《游记》中，第一次将蒙古奶酒的美名传播到蒙古帝国以外的西方世界。

每年七八月份牛肥马壮，是酿制马奶酒的季节。草原上的牧民逢青草茂盛，骒马下驹时，就开始挤马奶和发酵制作"其格"。当入秋草木干枯时，就使马驹合群，停止挤马奶。因此，从伏天至中秋（即农历的八月十五日左右），这一段时间，被称为"其格乃林查嘎"（即饮马奶酒的欢宴季节）。每当这一季节到来时，牧人们家家户户门前都拴马驹、挤马奶。蒙古族妇女们将马奶收贮于皮囊中，加以搅拌，数日后便乳脂分离，发酵成酒。酿成"其格"后，不论是男女老少都要饮，自家没有酿造其格的牧民，可到别人家去饮，都会受到欢迎。尤其是在"那达慕"大会上，草原上的人们更是畅饮"其格"，用以庆贺畜牧生产的大丰收和吉祥如意。

## 马奶节

每年夏季开始挤马奶和中秋停止挤马奶时，牧民们都要举行"马奶节"。主人首先选定吉祥日子，并提前公布于众，到节日那天附近的牧民都来参加"马奶节"。"马奶节"的前两三天主人专请周围的驯马能手，把马群集中起来，然后套抓所有的小马驹并拴在牵绳上，开始挤马奶制作马奶酒。"马奶节"的那一天，在拴马驹的牵绳右上方铺白毡，上面的方桌上有羊背、奶食等食品，桌前放一个装满马奶的木桶，系一个哈达，木桶两耳上各旁边摆放木勺和套马杆等。"马奶节"仪式由九位骑白马的骑士和主人共同完成，首先九位骑士从牵绳骑上马来到蒙古包门前，主人用银碗献鲜奶于骑士，骑士品尝鲜奶之后顺时针方向绕蒙古包一周后再次来到拴马驹牵绳旁，抬起装满马奶的木桶，边行边用木勺进行"萨察礼"（把马奶向空中抛洒），祭祀天地神灵，主人高声朗诵马奶"萨察礼"赞词，众人骑马随从绕场三周结束仪式，还要给种公马和头驹系哈达

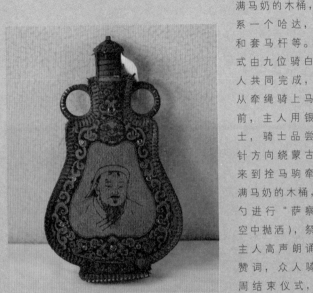

进行选"拉礼"。然后众人聚会畅饮马奶酒，庆贺"马奶节"，祝福风调雨顺，水草肥美，五畜兴旺，奶食丰收。

马奶营养最为丰富，马奶制作的"其格"（马奶酒）有很好的保健作用，对胃肠心肺疾病也有一定的疗效，所以蒙古牧民自古都非常重视和喜欢饮用马奶。挤马奶又是一件劳动强度大的工作，马群为远食性牲畜，其活动半径为几十里至几百里范围内，挤马奶从早到晚进行三至四次，所以往往需要牧户们相互协作才能完成此项工作。这样"马奶节"不但隆重而且成为群众性的集会。

草原上的食物中除了肉类以外，大部分营养都来自这种马奶酒。传统的蒙医将马奶酒用于治疗高血压、糖尿病、肠胃病，有意想不到的疗效。

马奶酒不仅是蒙古族人民的酷爱，同时也是哈萨克、柯尔克孜等族人夏季招待客人的消暑饮料，清凉适口，沁人心脾。元代诗人许有壬形容马奶酒："味似融甘露，香疑酿醴泉。"清代词人肖雄说它"其性温补，久饮不间，能返少颜。"

# "草原白"酒的由来
"CAOYUANBA" JIU DE YOULA

"一年四季常饮马奶酒。"草原上的蒙古人最为好客。客至必饮酒。在内蒙古的饮食业界里，要说最能体现蒙古民族粗犷豪爽性情的，那还得说是酒，还不能是蒙古王之类的低度酒，必须得是来自草原纯牧区"草原白"酒，俗称"闷倒驴"，就像北京的"二锅头"一样有名，一般50多度，最高有60多度的。没有杂味，非常过瘾，醉的也舒服。普通的马奶酒和"草原白"酒相比，只能当作饮料了。

以前，内蒙古草原上比较有名的酒有套马竿、草原白、马奶酒。好一点的高度酒要数"草原白"了。据说那时候草原白酒厂的厂长姓吕，那时候酒厂叫太仆寺旗酒厂，其实"草原白"不是酒的名字，"草原白"酒的意思就是草原上产的白酒，吕厂长在太仆寺旗喝酒是出了名的能喝，而且脾气又很倔，有名的驴脾气。蒙古人都是这样，好客，直爽，有什么事从不憋在心里。蒙古人喝酒从来都是不醉不行，不多不行的。吕厂长喝自己厂子出的酒那是经常的多，经常的醉，一醉自然就床上一躺呼呼大睡去了，时间久了朋友们就给这个草原白酒起了个绰号——"闷倒驴"。其实真正的"闷倒驴"倒并不一定是"草原白"，虽说是无据可考，却也有传说为证，要知道"闷倒驴"这个名字在草原上来说，那可是人尽皆知的。相传明万历年中，蒙古草原有一酒坊，名曰"百里香"。坊主酒叟也，寿七十余，生平酿酒，酒如其名，香飘百里。一日，坊中出新酒二坛，酒叟以驴荷之，欲市而沽。及市，酒叟见日上三竿，觅树荫而寐。酒香幽幽，驴不禁盗饮半坛。待酒叟醒转，却闻人声嘈杂，但见驴已卧醉不起，驴酣大作也。众而围观，老幼皆笑为绝倒。一书生前而谑之曰：驰誉草原百里香，香飘至此闷倒驴，酒叟亦谐，不日，百里香遂得戏称——"闷倒驴"！自此，"闷倒驴"酒被排为草原人民的烈性酒之首而名扬天下。

# 牛奶酒
NIUNAIJIU

蒙古酒是蒙古族人的主要饮料之一，除了马奶酒之外，草原上最常见的蒙古酒也有从牛奶中提炼而成，故称"牛奶酒"。蒙古酒绵厚醇香，无色透明，少饮延年健体、活血补气，男女老幼皆可饮之。除了"马奶酒"、"草原白"酒之外，笔者还曾经在草原上听说过有一种酒叫作"闷倒牛"，关于此酒还有一段趣闻。传说公元1219年，成吉思汗亲自带领十五万草原铁骑西征，征服了强大的花剌子模国（现在的乌兹别克斯坦一带）后，设宴犒劳有功将士。开宴时，大汗对众将士说："我说过踏平了撒马尔罕（花剌子模国的首都），请你们喝好酒，上酒——"话音刚落，正妻勃儿贴夫人便

命人将自己亲手在内地草原酿造的一坛老酒抬到将士们面前，大家齐呼万岁。当刚打开御封盖后，一股醉人的香气扑面而来，将士们齐呼"好酒——好酒——"酒香飘出蒙古包大帐，飘向草原。这时一群牛正从帐前经过，闻到扑鼻的香气，个个停下了脚步，当帐里舞乐奏起时，尝足了酒香的牛群，个个东倒西歪。不饮自醉、摇摇晃晃、如仙如痴，好似给大汗助兴献舞，酒兴正酣的大汗见状大喜，脱口而说："美酒助我称霸业，醉仙醉人闷倒牛。"随即鼓乐齐鸣，三军上下一醉方休。从此把此酒带当作"宫廷御酒"犒劳三军。

# 蒙古族的茶具和酒具

草原牧人所创造的茶文化和酒文化不仅体现在奶茶与奶酒的制作上，而且体现在其独特的茶具和酒具上。

## 搅茶臼及木槌

搅茶臼呈倒圆锥形，木制。元耶律楚材《西域从王君玉乞茶》中云："玉杵和云春素月，金刀带雨剪春芽"，所言玉杵即为搅茶用具。

各种卷草图案和莲花图案，壶嘴与壶把处亦雕以龙，装饰纹样和实际功能达到和谐的统一。

## 茶壶

茶壶多为铜制，造型各异。大多为圆形或椭圆形，比农耕地区所用的稍大。

## 錾花东布

铜壶锃光发亮，结实耐用。茶壶亦有银制的。清代龙纹银壶十分精致，造型优美。中心部分设有团形图案，图案的主体部分为一巨龙，栩栩如生，上下配以

即高筒壶，盛茶或奶。为圆锥形，高 1～1.5 尺左右。有以木制，上面有四道或五道金属制成的箍。多以铜制，结实耐用。

## 酒局与酒海

"酒局"一词，见于《蒙古秘史》中："成吉思汗又把王汗所居住的金帐，所用的金酒局、碗具和他收集的百姓以及王汗身边的随从客列亦惕等人完全赐给了巴歹·乞失里黑。"酒局，乃放置帐门的巨大的盛酒器皿。其形状大小如何，尚待考证。据当代学者韩儒林在《元秘史之酒局》中披露：冯云鹏金石索金索三杂器之属收录，元至正辛丑（1361 年），朱碧山曾制银槎杯图，并附朱竹垞银查歌一首。据云："杯以银为之，形如槎，空其中，有口，以出入酒……今读鲁不鲁乞纪行所记和林酒树，颇疑所谓银槎杯者，乃朱碧山仿制之蒙古酒局也。"而《鲁不鲁乞东游记》所述之酒局形为一棵大银树，其根部有四只银狮，每一只银狮嘴里有一根管子，每一根管子喷出一种饮料。树顶上有一手持喇叭的天使，宫殿外另一房间的仆人听到天使吹喇叭，就把饮料输入。此酒局造型之新颖，容积之巨大，装潢之富丽，可以想象。酒海与酒局都为元宫廷之酒器，二者是否为一物，尚需考证。

滋养 "红食" 种源

# 红食浅说

**HONGSHI QIANSHUO**

是肉质食品的统称，蒙语称为"乌兰伊得干"。蒙古族的日常肉食主要是牛、绵羊肉，其次为山羊肉、少量的马肉，在狩猎季节也捕猎黄羊。羊肉常见的传统食用方法就有全羊宴、嫩皮整羊宴、燎毛整羊宴、烤羊、烤羊心、炒羊肚、羊脑烩菜等70多种，最具特色的是蒙古族烤全羊（剥皮烤）、炉烤带皮整羊或称阿拉善烤全羊，最常见的是手把羊肉。

蒙古人在过年过节或招待来客时，最时兴的就是吃"手把羊肉"了。所谓的"手把羊肉"，就是用手拿着吃的羊肉。是蒙古人传统的食品方法之一，也是蒙古族日常生活中肉食的主要吃法。做法是将肥嫩的绵羊开膛破肚，剥皮去内脏洗净，去头去蹄，洗净，卸成若干块，放入白水中清煮，待水滚肉熟即取出，置于大盘中上桌，大家手拿蒙古刀大块大块地割着吃。因不用筷子，用手抓食而得此名。在烹调这种羊肉时，不放盐，也不用调味品，保持原汁原味，同时也很讲究烹调的火候，一般表面熟了就行，这样的"手把羊肉"鲜嫩味美。不过，身居内蒙古的"吃货们"也并不是经常能够吃到手把肉、烤全羊的，随着市场经济的发展，在旅游业的推动下，如今，这些极具民族特色的珍馐佳肴也是价格不菲。现在一只烤全羊随随便便就是上千或是几千元，对于工薪阶层的"吃货们"来说，若是嘴馋了想要来一次大快朵颐，那也是相当奢侈的一件事情。

牧民的宰杀是有季节性的，每年农历五月以后，牛羊渐肥，但天气炎热，不利于贮藏，故只能随吃随杀，一般不会大量宰杀牲畜；而要是到了小雪前后，天气寒冷，易于贮藏，牧民便会在牛羊还没有减膘时就大量屠宰，备好冬春之需。

# 传说中的 "诈马宴"

CHUANSHUOZHONG DE "ZHAMAYAN"

至高苍天之上，

统领万物众生，

光辉普照瞻洲，恩赐十方百官千职。

圣哉！可汗创建的诺颜们之宴，

崇福二岁不毛,全羊诈马宴，

呈祥瑞举献矣！

这是一首"诈马宴"的赞词，从中我们可以看出蒙古族诈马宴的规模。"诈

外。元朝皇帝在每年的四月至八月间都要到元上都驻夏，期间要举行各种活动

马宴"作为正式宴会，起源于蒙古汗国时期。诈马宴的举行地点一般是在克鲁伦河上游的曲雕阿兰与哈拉和林附近的山林中，元朝中晚期地点就在上都城郊

和宴会。其中规格最高、规模最大、最为隆重而奢华的当属"诈马宴"。

"诈马宴"也叫"质孙宴、只孙宴、诈马筵、奢马宴、济逊宴"等。据考证："质

孙"蒙语意为"颜色";而"诈马"是波斯语,意为"衣服"。"诈马宴"有以下特点:一是时间选在阴历六月的良辰吉日中,宴会连续举办三日,此时正值金莲川水草丰美、百花争艳、气候宜人之际。二是地点选在北苑(皇城北复仁门外的高岗之上,北苑也是皇家苑囿)大汗的金帐——棕毛殿,它是皇帝到上都避暑的行宫,也称"凉殿"或"昔刺斡耳朵"(蒙古语),是用棕毛制成,排列成阵,每座殿的四周都镶嵌着美丽的翡翠宝石,在阳光下绚丽夺目,五彩纷呈。殿内可容纳两三千人,棕毛殿两旁还坐落有慈仁殿、龙光殿等。三是赴宴者主要是宗王、戚里、宿卫、大臣等要员。四是赴宴的人们须穿皇帝颁赐的金织纹衣,包括皇帝在内每天每人都要换上颜色一致的服装,称质孙服,身份不同质孙服面料和款式的档次也不同,皇帝冬服有11等、夏服有15等;百官冬服有9等、夏服有14等。是以织金工艺高超的"纳石失"(波斯语)为主要面料,镶嵌珠宝,华贵异常,是政治地位的象征,五品以上的官员皇帝才赐之。五是参会者骑乘的马匹都要打扮得非常漂亮,称之为"盛装的马",就是用五彩斑斓的雉鸡尾毛和精致的鞍辔佩戴于马身。使"盛装的马"与"百官的服"相互辉映、相互衬托。六是宴席餐饮品特别丰盛。有所谓的"迤北八珍",即醍醐、麆沆、野驼蹄、鹿唇、驼乳糜、天鹅炙、紫玉浆、玄玉浆。有主打食品牛、羊、马肉,当然是宰后用热水退掉全毛再除去内脏的整畜。有万瓮葡萄酒、马奶酒、驼峰、熊掌、烤

肉及冰盘冷饮。有黑龙江哈八都鱼、南方的名茶(凤髓)和草原的黄羊。还有皇帝率兵在大围猎时捕获的其他飞禽走兽。调制肉食品的佐料当然也是纯天然料品,如石盐(井盐)、野山椒、野茴香、野韭菜、回回豆子、哈昔泥、咱夫阑、白蘑等香料。七是负责炊厨和端菜的侍者们,口鼻均用丝绸面料包着。八是开宴前,首先由负责操办管理宴会的大臣宣布成吉思汗的法令,使与会者知所畏惧,遵守规则。

"诈马宴"的内容丰富多彩,除饮美酒、品佳肴、相互交流外,还有许多仪式,气氛分外热闹。在开宴日的清晨,各宗王和达官显贵都要穿上皇帝赐给的同色服装、佩戴珠翠宝石和腰带,手持各色的仪仗彩旗,雄赳赳地进入上都城内,皇帝也与各大臣、亲王们衣冠楚楚,在一片欢呼声中来到北苑的御殿(棕毛殿)。这时鼓乐奏响,鞭炮齐鸣。盛装的武士们在御殿前要进行角力(摔跤)、射箭、放走(长跑比赛)和表演百戏陈杂、兽戏等竞技活动来邀功。十六位舞蹈少女头戴象牙佛冠、身穿大红的长裙、云肩鹤袖、锦带凤鞋、手执各种乐器,边奏边舞,仿佛如翩翩仙女。宴会上,时有乐手、舞蹈家和摔跤手们表演助兴;时有群臣齐唱颂歌;时有人们敬酒互相祝福;时有礼宾官献赞美词等。一些重大的政务、国家大事也要在宴会上商讨或决定。这一盛大场面一直延续三天才结束。如果说元上都是元代给我们留下的重要物质文化遗产的话,那么"诈马宴"就是在元上都这块土地上孕育出的又一份宝贵的非物质文化遗产。

# 历史上的"诈马宴"
LISHISHANG DE "ZHAMAYAN"

史书记载窝阔台汗曾命"诸妇人制质孙宴服"（《元史·太宗纪》）。经过发展，于元朝初期基本定形，"凡诸侯王及外番来朝，（皇帝）必赐宴以见之，国语谓之质孙宴"（元、柯九思《宫词》）。元朝实行大都（今北京）、上都（今内蒙古正蓝旗境内）两都制，从元世祖忽必烈开始，元朝皇帝每年三四月至八九月，都要在上都"避暑理政"，并于每年六月选定吉日，举行诈马宴。在元朝两都举行的各种诈马宴中，此宴是规格最高、规模最大、时间最长、民族特色最浓，并完整荟萃蒙元礼仪、美食、音乐、舞蹈、竞技、服饰等方面的最高等级国宴，堪称"元代蒙古族饮

食文化皇冠上的明珠"。

据罗布桑却丹《蒙古风俗录》中记载，蒙古食谱中最为贵重的膳食是整牛、整羊宴席，蒙古人统称"诈马宴"。举行诈马宴的重要意义是成吉思汗黄金家族借此笼络宗亲。其中最重要的项目是宣读祖训《成吉思汗大札撒》（札撒是蒙语，意为汗典），主要内容是宗藩、诸王、百官要同心同德拥戴大汗，弘扬列祖列宗的功德，永保祖宗基业等。根据《历史上蒙古族的诈马宴》一文记述："诈马宴"是古代蒙古民族最为隆重的宫廷宴会，是宫廷最高规格的食飨，是融宴饮、歌舞、游戏和竞技于一体的娱乐形式。"诈马宴"

## 04

的宗旨是：纵情娱乐，增强最高统治集团的凝聚力。它有适宜的地点、固定的场所，对赴宴者的身份、服饰均有严格的规定。

这种大宴展示出蒙古王公重武备、重衣饰、重宴飨的习俗，较之宋朝皇帝的寿筵气派更大，欢宴三日，不醉不休。赴宴者穿的"质孙服"每年都由工匠专制，皇帝还常给大臣赏赐，得到者莫大光荣。有时在筵宴上也商议军国大事。

据《蒙古食谱》一书记载，在蒙古族历史上，喜庆大典或者隆重祭祀，都要摆"诈马宴"，它是蒙古全羊席之一种，全称叫"绵羯羊整羊诈马宴"。又说，制作"诈马宴"时，以蒙古族人宰杀羊的传统方法为好，把整羊用开水煺毛，剖开胸膛部位，去掉内脏，清理干净，用盐和五香调料腌制腹腔内，然后将开膛处缝好，放入有盖的大海锅或者特制的烤炉中蒸制或者烤制。上席前要弃其角、直肠、四蹄，再用大木盘或者大铜盘把整羊做成站立式或者卧式上席摆宴。羊头朝主客位（一般是年高的长者）献于席面上。以内蒙古克什克腾旗的习俗，尚要在"诈马"四蹄上穿银制蹄子，头上饰以银制字形印牌，以示喜庆吉祥。

# 外国人眼里的"诈马宴"
WAIGUOREN YANLI DE "ZHAMAYAN"

加宾尼在《蒙古史》里记载了他参加推选贵由汗的大聚会时，所看到的一色衣的情况："在那里正在举行庄严的大会。在我们到那里时，已经树立了一座用白天鹅绒制成的大帐幕，照我的估计，它是如此巨大，足可容两千多人。在帐幕四周树立了一道木栅，在木栅上画了各种各样的图案……所有的首领都集合在那里，每一个首领骑着马，带着他的随行人员，这些人分布在帐幕周围的小山和平地上，排成一个圆圈。第一天，他们都穿白天鹅绒衣服。第二天穿红天鹅绒的衣服。第三天，他们都穿蓝天鹅绒的衣服。第四天，穿最好的织锦衣服。""据我估计，有许多马匹的马衔、胸带、马鞍、马鞭上所饰黄金，约值二十马克。首领们在帐幕里面开会，我相信是在进行选举。所有其余的人都在上述木栅外面很远的地方。他们留在

那里，直至中午前后，这时他们开始喝马奶，一直喝到傍晚，他们喝得如此之多，看了是令人吃惊的。""在此期间进行了选举，虽然选举结果在那时还没有宣布。我作这样的推测的主要根据是，当贵由走出帐幕时，他们在他面前唱歌，当他留在帐幕外面时他们手拿顶端有数簇红羊毛的美丽旗杆，略略放下，复又扬起，向他致敬，对于任何其他首领，他们都没有这样做。他们称这座开会的帐幕为昔剌斡耳朵。"

鲁布鲁乞《东游记》记载蒙哥可汗在哈剌和林的宴会中"蒙哥汗回到哈剌和林，并自圣灵降临节后第八天（6月7日）起举行大朝会，他希望所有的使者都参加最后一天的朝会……在这四天中，每一天他们都换衣服，这些衣服是赏赐给他们的，每天从鞋到头巾，全都是一种颜色。"

# "诈马宴"的礼献仪式

把"诈马"献于宴席前,"保儿赤"(伙夫)右手持银制蒙古刀,左手拿洁白的餐巾,单腿跪立,敬候祝颂人贺词。当最后听到祝颂人说全羊上席,"保儿赤"才把全羊"诈马"献于席上。此时席间专职"诈马师"(能够切割分解"诈马"肉,使之厚薄均等、大小相同、外形美观,并且能够善词祭洒"诈马"肉、尊九礼仪者)将献盘(木制或者铜制大盘)举过头顶,使蒙古刀刃朝向自己,准备切割"诈马"。再听一段祝颂人赞词,当祝颂人说:"现在开始举献全羊!""诈马"师又一次举盘于头顶,将"诈马"头朝主宾客席摆好。

# "诈马"礼仪程序

"ZHAMA" LIYI CHENGXU

第一，在"诈马"头上刻画吉祥符号，然后把"诈马"头仰起，成举献姿态；

第二，先将"诈马"两肢前臂内关节切割少许，把"诈马"做成跪式姿态；

第三，将"诈马"后颈（第一颈骨）切割少许，把"诈马"做成低头叩拜姿态；

第四，将"诈马"后两肢跟骨关节切割少许，把"诈马"做成卧式姿态；

第五，再一次举献，把"诈马"扶起，成站立姿态；

第六，再把"诈马"做成跪拜姿态；

第七，取"诈马"左腰脊肉羊尾以及全身之德吉，祭洒九方位；

第八，向至尊的圆形大酒局献酒34块肋骨、24块腰脊肉、28块前肢肉，向尊严的十六衙门等一律以尊九数献洒各方；

第九，以最美好的祝词开始，把"诈马"做成各种举献姿态。

以上这9种礼仪均有特定的吉祥含义。

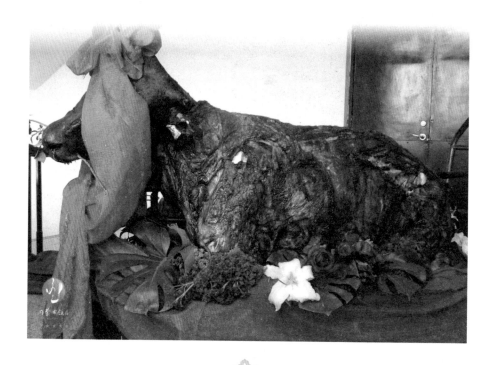

# 时光穿越中的"诈马宴"

历史上的"诈马宴"规模宏大，内容丰富，宣读祖训，商议国家大事，宴饮歌舞，百戏竞技，通宵达旦。元代一的要在庆典、朝会之后随即举行；是为增强最高统治者集权，增强统治集团团结的盛大宴会，一般在夏末秋初召开。

年之中多次举行"诈马宴"，马可·波罗说达到十三次之多。其实元初并无准确的次数，但是每年夏天，大汗巡幸上都（现内蒙古自治区锡林郭勒盟正蓝旗境内），都要举行盛大的"诈马宴"，这成了元代的定制。"质孙宴"因目的不同而举行的时间和地点都不同，娱乐性据元代文献记载，有"六月吉日"、"六月三日"、"六月二十一日"、"六月二十八日"等不同说法，但是都是在公历的七八月，正是草原水草丰美，牛羊肥壮，气候宜人的季节举行。元朝中晚期，每年只能举行一次，地点就在上都城郊外。

宴席中，羊肉是主要食品，一次宴会能够用两千多只羊。奶食品是仅次于羊肉的骨干食品。宴会上菜肴繁多、名贵，而且具有地方风味。烤全牛、烤全羊、羊背子、手扒肉、烤羊腿、牛蹄筋、白油、黄油、奶皮子、奶豆腐、奶酪、奶果子、奶茶、酸奶、奶酒一应俱全。据了解，诈马宴的菜分六大道，第一道叫天赐乳香，主要是奶制品；第二道叫那颜朝会，吃的是羊腿肉；第三道叫可汗赐福，指的是烤全牛；第四道叫蒙古八珍，用草原上生长的绿色无污染的草原蘑菇、沙

葱、枸杞、黄花、山野菜等原料制作而成；第五道叫塞外三宝，主要是黄金炸糕、莜面饺饺等；第六道是盛宴惜别，喝黄金茶。

在元朝之后，"诈马宴"也有流传。据托忒蒙古文资料记载，约18世纪初，远在伏尔加河流域的卫拉特蒙古土尔扈特部首领阿玉奇，就曾设盛宴款待彼得大帝，宴会的饮食、娱乐就酷似"诈马宴"。与"满汉全席"相比，"诈马宴"的文化气息、历史气息更为浓重。满蒙文化在某种角度看来也有很多相同之处，

"满汉全席"中有一席为蒙古"亲藩宴"，此宴是清朝皇帝为招待与皇室联姻的蒙古亲族所设的御宴。由此看来，"满汉全席"的文化与"诈马宴"的文化在某种意义上也有着一丝联系。现在深受民众喜爱的蒙餐，可以说是"诈马宴"的浓缩，是"诈马宴"的简化，所以蒙餐文化推广起来相对容易一些。而现在的蒙餐店受欢迎的原因，一是因为蒙餐独特的风味，二是因为蒙餐中蕴涵的蒙元文化，"诈马宴"的推出更是将饮食中的蒙元文化挖掘出来。

现代"诈马宴"在野外进行烤全牛时，烤制的材料不是用煤炭，而是用最高级的香木、果木等木材来烤制。与传统"诈马宴"比较，现代"诈马宴"有了很大改进。现代"诈马宴"在烹制方法上融入了很多现代因素。如史书记载，烤全牛是将剥过皮的全牛放入烤窑里，烘烤两天两夜才能出窑。而今天的烤制过程也是在保留了其原有的形式后进行了现代的改良。烤全牛用烤箱烘烤八个小时就能上桌。将整只牛或羊分成几个部分，逐部烤制后，再拼回原来样子，放在古时的战车上，由十几个壮汉将放着烤全牛或羊的战车拉入宴会中，场面令人惊叹。

在"诈马宴"中，敬酒仪式也是非常隆重的，极具蒙古族特色。在人们品尝"诈马宴"时，蒙古族姑娘们会手捧哈达和银碗美酒载歌载舞的向贵宾们献礼，接受献礼的嘉宾先接过银碗，按照蒙古族的饮酒方法敬天、敬地、敬朋友，而后将碗中酒一饮而尽，此后姑娘们会将哈达献到嘉宾手中。有趣的是，在敬酒的碗里，有容量达一丈多长的牛角碗，此情此景，使得外地游客不得不佩服蒙古族人过人的酒量！

"诈马宴"在古时是要进行两三天的时间，总的来说就是欢宴三日，不醉不休。现在的人们当然不会有这样的时间用来娱乐，所以现在的"诈马宴"多数在两个小时左右，再加上歌舞表演，有时也会一直进行到深夜。我们知道蒙古族自古能歌善舞，"诈马宴"也总是伴随着歌舞进行的，在"诈马宴"中载歌载舞的蒙古族姑娘的衣服非常的漂亮，让每一个看到的人都觉得心旷神怡。宴会中还会给宾客展示堪称"人类音乐的活化石"之称的，蒙古族为之骄傲的"呼麦"。晚会的高潮部分就是由一位蒙古壮汉手持盛满奶酒的银碗，嘴里唱着蒙古语的颂歌，这个人就是传统"诈马宴"中的重要角色——祝颂人，他在宴席间要祈福求祥，展示成吉思汗酒礼。紧随祝颂人身后，庞大的烤全牛被推进宴席，多位身着蒙古武士服的勇士护卫着全牛。这场盛宴让很多人身临其境的感受了蒙古族第一宴的奢华。

"诈马宴"可以说是集民族文化仪式、宗教文化仪式、军事文化仪式、饮食文化仪式于一体的盛礼，蕴含着文化、历史、军事的深厚底蕴，而全世界都没有像"诈马宴"这么让人观之动容的宴会，在某种程度上，"诈马宴"也是蒙古族的骄傲。

内蒙古自治区成立60多年来，蒙古族的生活方式已经融入城市。市场的需求使蒙餐走出牧民的蒙古包，一步步走

进大都市，成为城市风景。现在，很多从事蒙餐的有识之士又开始恢复"诈马宴"。与现代其他的餐饮相比，蒙餐的食品都是绿色的食品。有趣的是，蒙古人的餐饮是地道的分餐制，"诈马宴"里的"烤全羊、烤全牛"都是整只烤好的，吃的时候还要分别切好，分到每个人面前，按现在的餐饮理念，这是科学卫生的饮食习惯。民俗专家认为，越来越多的蒙餐从业者注重突出蒙元文化，形成

"文化蒙餐"，这是一种餐饮产品与独特文化的较好结合，文化增加了餐饮的附加值，餐饮也宣传了文化。很多没有见识过"诈马宴"的人也许很难想象其真正的规模是什么样子，就从元代诗人杨允孚的诗里体会一下当时元朝的"诈马宴"吧："千官万骑到山椒，个个金鞍雉尾高，下马一齐催入宴，玉阑干外换官袍。"

# 全羊席

QUANYANGXI

在《史集》、《多桑蒙古史》、《蒙古黄金史》、《马可波罗游记》里都有大型豪华宫廷宴会的生动描述。有元以来，其宫廷膳食更为丰富考究。我国最早的一部营养学与饮食学的专著《饮膳正要》在元代问世，此书集民间智慧之大成。有清一代，具有独特的草原风味的饮食得到清统治者的赞誉，清圣祖玄烨曾为外藩王公举行过"全羊席"。近代蒙古族传统的节日礼宴一直在流传。

全羊席以羊体之物，烹调出上百种菜肴。据《黑龙江志稿》中云："最隆重者为全羊筵席，可制为百种，需羊数只，始成一席。甜席则用炸羊尾，鲜汤则用烂羊头，小炒则有羊肝、羊腰、羊肚头，红烧则有羊肘，干炸则有羊排，点心则包羊油，清蒸则有羊胎，腌腊有羊腊，盘碟则有羊舌、羊耳，此外不杂他物，味多燔炙。"另一说法"全羊席"为七十六道菜。《蒙古族风俗志》中载："全羊七十六菜，每菜都不露'羊'字。如以羊眼睛做的菜名叫'烩凤髓'，以羊百叶做的菜名叫'素菊花'，以蹄筋、骨髓合烧的菜名为'蜜汁髓筋'；以不同部位的羊肉做成的菜有各种不同的名称，如'樱桃红腐'、'清炖百合'、'酥烧枇杷'、'锅烧腐竹'、'五香兰肘'等，还有'吉祥如意'、'满堂五福'等吉祥菜名。"以羊制席始于元宫廷，至清又有所发展，清人袁枚撰写的《随园食单》有"全羊法"72种的记载。至民国初年，"全羊席"的菜单，已包括28道菜。如果说，这是中国饮食文化登峰造极的重要标志的话，蒙古民族做出了突出的贡献。

# 烤全羊

KAOQUANYANG

内蒙古自治区山脉蜿蜒数千里，河流湖泊星罗棋布，有著名的沙漠旅游风景和平原美景。到内蒙古旅游的人们不仅随处可以欣赏到如画的美景，感受少数民族不一样的风情，更可以随处品尝到当地特色的美食。而其中最著名的就是内蒙古"烤全羊"。

"烤全羊"，蒙语"昭木好日西日那"，和云南、新疆等地烤全羊相比，内蒙古"烤全羊"更有其独特之处。首先，内蒙古"烤全羊"是带皮烤制，外酥里嫩，香而不腻，味道鲜美。其次，内蒙古"烤全羊"的烘烤一般不接触明火。"烤全羊"要选择膘肥体壮的1～2周岁左右的绵羊做原料，制作出来的"烤全羊"是公认味道最美的，肉不仅嫩而且营养

价值高，嚼在嘴里满口香，用较老的羊做材料是不适合的。近些年来，内蒙古推行小尾寒羊与大尾羊（乌珠穆沁大尾羊、阿勒泰大尾羊）进行杂交，肉质肥瘦适宜（小尾寒羊肉质瘦，大尾羊肉质肥，杂交后肥瘦合适），是制作烤羊肉的好原料。

"烤全羊"在旧时只供蒙古贵族享用，是上层人士在逢年过节、庆祝寿辰、喜事来临时烤全羊是招待尊贵客人的珍馐佳肴，一般牧民根本吃不到。如今，随着旅游业、交通业、商业的发展，人们的交往更加便捷，"烤全羊"已成为内蒙古人民招待外宾和贵客的传统名肴，已成为内蒙古草原饮食文化中一颗璀璨绚烂的明珠。

"烤全羊的"食材和烤制方式

内蒙古的"烤全羊"之所以是最正宗也是味道最香的，在于蒙古人杀羊和烤羊的方法。蒙古人特别爱惜自己的牲畜，所以在杀羊的时候不愿意看到自己的羊儿那么痛苦，总结了一套好办法，

不觉中安详地死去，这就是蒙古杀羊法的前两个特点——杀羊不见血而且速度快。第三个特点就是扒皮速度快，而且不用刀，过去是用指甲，用指甲一划皮和肉就分开了，现在为了讲求卫生就改为用刀，1分钟的功夫从头到脚皮就下

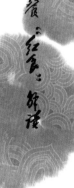

第一就是杀羊速度快。在蒙古人制作烤全羊之前要先让羊吃下大量的草药和调味汤料，然后让小羊急速的奔跑10来分钟，让味道和营养先渗透到血液和肉质当中。然后在羊的嘴上抹上黄油，让羊儿双眼望着苍天，意思是希望羊儿的灵魂能升天。杀羊的时候要在羊的腹部开一个10厘米的小口，然后把手伸到羊的胸腔里面用食指拔断羊的大动脉，让羊的血液流到腹腔里面，一是为了不污染环境，二是为了让血液进一步地滋养羊肉，大约3分钟后小羊就在不知

来了。把内脏掏出来把羊洗刷干净后，要在羊的全身涂满调料，在羊的腹腔里填满各种调味料和10多种中药。最后把羊放在一个密闭的烤炉里至少要烤制4到5个小时。烤出的全羊外焦里嫩，鲜香可口！

"烤全羊"所用的材料主要是"绵羊骨碌"、烤炉和燃料。杀了绵羊以后，不扒皮，在皮肉之间吹进一些气去，在开水锅里蘸一下捞出，把毛去掉。割去四蹄，胸口上开个八寸长的口子，把内脏和肠子取出，洗净胸腹腔，装进二

斤葱五头蒜去，再将二两干姜、一两半大料、五钱花椒、半斤盐捣碎拌匀，大部分撒进胸腹腔中。在前腿、后腿、脖颈等肉厚之处，划成一寸宽、五寸长的口子，将所剩的混合调料撒进去。将二两红糖和七八两酱油搅在一起，滚开以后，均匀地浇在煺洗干净的羊皮上。待其稍干，嫩嫩地再涂一层植物油，将铁链子从胸膛穿入，一头钩住气管，一头钩住羧斗骨，吊进炉子备烤。烤炉高一百八十厘米，下面直径一百五十厘米，用砖砌成。外面用六根铁条托住，用铁丝圈围起来，用泥抹住。烤炉的里面，要抹上掺和着毛和沙子的红泥。开炉以前，要将火力旺盛的梭梭树根或其他硬柴准备充分。

　　烤羊的时候，用铁板把炉口堵住，燃烧梭梭，使里面的温度高达120℃。等烤炉的温度下降到80℃左右时，要将炉里的羊脖子稍向下倾斜起来，使上面的油掉下来以后，可以落到下面盛有一半水的盆子里，不致直接掉到火上激起满炉的油烟。最后，在灶火上面的口子上，扣上一个大铜锅，锅沿上的缝隙要用泥巴封闭。烤上半小时以后，要检查一下火和温度，适当地加一些梭梭木炭，使温度保持在一定范围。如此这般，大一些的羊烤四个钟头，小一些的羊烤三个半钟头就行了。

　　把烤好的羊拿出来，使其四肢站立，放在大盘子里。向客人"亮相"以后，再拿回厨房里，把带皮的肉切开，放在盘子里，与酱和葱一起放到宴席上，然后把里脊上的瘦肉切下来，放在盘里端上去。最后把带骨头的肉端上去，接着才能上饭。

# 烤全羊仪式

内蒙古的"烤全羊"不仅是一款美味大餐，更重要的是吃"烤全羊"时的仪式，充分体现了蒙古族的风俗和文化特点，那就是热闹、红火、庄重和好客，其实在草原上吃烤全羊是一件相当有面子的事情，而且现在的仪式还在原基础上加以改进，增加了娱乐性和趣味性。

仪式开始前，宾客围坐在蒙古餐包里，好多身穿华丽蒙古袍的优秀蒙古族歌手会手捧哈达，右手端着银碗围站在贵宾的周围。接着有两个蒙古族壮小伙用一只大木盘子把"烤全羊"端到客人的面前。"烤全羊"的样子非常漂亮而且让人看了就特别有食欲。羊跪木盘子里，全身通红透亮，头微微仰起，头顶蓝色的哈达，因为蓝色哈达代表天空，是蒙古族最高礼仪的表达。在羊的嘴里还衔着羊儿最爱吃的一捆沙葱。神态逼真地展现在贵宾面前。身着民族服装的礼仪小姐，双手捧着哈达，唱着甜美的祝酒歌，敬献哈达并用银碗向尊贵的客人敬酒，歌声不停，敬酒不断。一银碗酒约有一两多，而且必须喝完，如果不想多喝一定要等唱完歌再干杯，否则还

会继续倒酒。

喝酒时也是有礼仪讲究的。接酒时要左手捧杯，用右手的无名指蘸一滴酒弹向头上方，表示先祭天；第二滴酒弹向地，表示祭地；第三滴酒弹向额头，表示祭祖先；随后就把酒一饮而尽。然后要进行一个"烤全羊"的仪式。

首先，由一位就餐中年龄较大，资力最深的老者充当王爷，由王爷给"烤全羊"剪彩，剪彩过后由制作烤全羊的一位主厨，还有两位身着蒙古盛装的少数民族歌手演唱一首颂歌，蒙古族长调民歌，高亢而悠长，内容是为死去的羊超脱和祝福。颂歌过后，主厨将全羊身上最肥的一块肉割下拿到户外敬天，蒙古族是一个信仰自然的民族，他们认为苍天是世界万物的主宰，赐给了我们肥壮的牛羊，所以要把羊身上最肥的肉献给老天爷，然后在割一块最好吃的肉给王爷。后进行蒙古族烤全羊的分餐仪式，技艺娴熟的主厨将一只全羊游刃有余的平均分割到十几个盘子上，视客人身份依次奉递，最后把带骨头的肉端上去，接着才能上饭。这便是"烤全羊"待客的全过程。

### "烤全羊的三大席面"

烤全羊的三大席面有"整牛、珠玛、整羊"三种，主要取其完整、齐全之意。"礼献整牛"：除了祭祀牺牲，一般只取牛的某一部位，比如说，为65岁以上老年人祝寿，仅象征性地献上"牛乌查"（蒙古族叫乌古查，即牛羊软肋脊肉）。

"珠玛"：也就是最讲究的整羊，其特点是褪毛、带皮、烤制。

"整羊席"：不像珠玛那样精制，其特点是去皮、煮制。"礼献整羊"也像献整牛一样，根据不同需要和对象，采取不同方式。有时献上完整的羊，有时献羊的某一部分。春节时招待亲朋好友和贵宾时，把熟羊头放在大方木盘中间，周围摆满各种奶食品和点心端上，是隆重礼仪。

"整牛、珠玛、整羊"的加工方法，各地也不尽一致，但必须保证食品的完整，避免损坏皮肉。

整羊的摆法：羊头必须向着主宾。在宴会上用整羊招待客人时，一般要唱赞歌敬酒三巡，当宾客们开始唱和时，再斟一杯酒，诵献整羊的祝辞。专门向执刀割肉、招待客人的人敬酒一杯之后，主人请席间长者先动刀。那位执刀招待，蒙古语称"浑都格其"。长者接过蒙古刀，在羊头的前额划个"十"字，从羊的脑后、嘴角两边、两个耳朵、两个眼眶、脖颈、硬腭上割下几块肉，再把羊头转向主宾。主宾端起羊头回赠主人。主人端过一个空盘，接过羊头和长者割下的部位肉，摆在佛龛前敬佛。接着用专用的蒙古刀，从羊乌查的右侧、左侧切出长条薄片，左右交换放置。割羊乌查前半部时，刀刃向外。如此切割三次之后，分节卸下其他骨头（过席的羊乌查只能切一刀），由阳面转圈后，退回去放入肉汤里热，然后上桌进餐。退下整羊后，上肉汤。礼献整羊时，通常安排专人献祝辞。诵祝前，要向祝辞人敬酒一杯。祝辞人用无名指蘸酒弹醇，然后举杯祝辞。诵祝辞的姿势：老年人坐着，中年人单腿跪着，年轻人站着。祝辞内容因人、因事、因地区不同而各异。比如有一则祝辞唱道："博格多成吉思可汗，迎娶花容月貌的孛尔贴只斤夫人。宰一只花脸的羯绵羊，装在水晶盘里招待贵宾是成吉思汗定下的礼制，是蒙古人待客的传统，是忠厚和贞洁的标志，是至诚心意的象征。" 大家斟一杯酒互相唱和 。诵祝辞人说一声"结！"（请用刀）。并举杯继续祝福唱道："按着老规矩敬献，请各位都来品尝。遵循旧风俗奉献，请各位都来举觞。"再斟一杯，众人回敬唱和。之后，祝辞人接着说："结！" 于是，餐杯齐举，众宾客开始大快朵颐。

# 术 斯

ZHUSI

蒙古民族的节日礼宴是蒙古民族饮食文化的精粹。"术斯"是蒙古民族非常重要的节日礼宴,一般译为"五叉"、"羊背子"、"全羊",都不甚确切。"术斯"是古代流传下来的食品的精华,也是最尊贵的食品。《蒙古秘史》就记载着成吉思汗用全羊祭天或在喜宴上待客的风俗。过去除了祭敖包、祭神佛、供奉成吉思汗和那达慕会才向王爷、仕官、活佛喇嘛们放"全羊术斯"以外,普通人还享受不了这种待遇。如今成了待客的最高礼节,广泛流行在草原。

蒙古人自古以来就有吃"术斯"、喝奶酒和给远征之人携带绵羊羔、熟肉条的习惯。据《消光金珠》记载,1260年,神明大帝忽必烈可汗登基坐殿时,建造几座白色蒙古包。设大宴,用"全羊术斯"招待来宾和祭祀祭神,从那个时候起定下了这个礼制。起初,每当招待贵宾、祭祀祭神、举行盛会之时,主持人按照等级、礼仪,郑重献上"全羊术斯"或"珠玛术斯"用以祭祀或待客。以后仪式愈发隆重,发展到用"全牛术斯"祭祀或招待贵宾。

# 珠玛术斯

"珠玛术斯"，也叫"珠鲁玛术斯"，是"术斯"中的特殊品种，根据做法、摆法和原料不同，可分为"裸珠玛"、"烤珠玛"、"站式珠玛"、"卧式珠玛"、"绵羊珠玛"、"山羊珠玛"等。

"珠玛术斯"跟一般"术斯"不同的地方，在于除了肠、肚、内脏，其他的部分都可使用。杀羊以后，剥下皮子(也有燎毛的)，把内脏、肠、肚掏出来，直接下锅去煮，这就是"珠玛术斯"。在供奉成吉思汗、祭敖包和寺庙祭奠中都要用它。参见皇帝或者给皇帝敬贡都要献"珠玛术斯"。鄂尔多斯黄金家族的王爷仕官，就曾给清朝皇帝献过"珠玛术斯"。各旗王爷筹办喜庆宴会也要用它。达尔扈特人新郎娶亲的时候，也要带上"珠玛术斯"去岳父家，把它放在禄马跟前。普通百姓和一般台吉忌用"珠玛"。

献"珠玛术斯"的礼节跟一般"术斯"不同，它要作为一个完整的牲畜放在盘子里，像活着的时候一样站着(或卧着)，"烤珠玛术斯"的献法跟"珠玛术斯"一样，只是不剥皮子，放在火上烤熟就成。烤的方法跟"烤术斯"一样。

台吉：台吉是蒙古贵族的一种爵位。有执政的台吉，有闲散（不执政）的台吉，有世袭的台吉，也有不世袭的台吉。内、外札萨克蒙古的博尔济吉特氏的闲散汗、王、贝勒、贝子、公等均为台吉。在内札萨克蒙古四十九个旗中唯有土默特左旗（今辽宁省阜新蒙古族自治县，非今呼和浩特市的土默特左旗，今呼和浩特市的土默特左旗为内属蒙古诸旗之一，清代时称为归化城土默特或土默特都统旗）和喀喇沁两旗的札萨克称之为"塔布囊"，而非台吉，因为他们不是博尔济吉特氏，而是者勒蔑的后代——乌梁海氏，其祖先也一直享有此称号。部分卫拉特的绰罗斯氏札萨克或贵族，也有台吉称号。1661年（顺治十八年）将台吉衔升至相当于一品至四品的官员地位。

# 烤术斯

KAOZHUSI

"烤术斯"在各类"术斯"中算是高等的，一般把它献给尊贵的客人。"烤术斯"分为"直接烤术斯"和"煮熟烤术斯"两种。

直接烤术斯：把食盐等需要的调料撒到全羊里面，以一定的距离吊在木炭火上，翻来覆去地烘烤。烤时要特别注意不要染上灰尘，不要窜进烟去。有的地方在大铁锅里放一个篦子，把术斯放到篦子上面，下面用猛火适当地烤。铁锅烧红以后，利用它的热量把肉煮熟。这样烤成的"术斯"，味道比直接放在火上烤的要差一些。

煮熟烤术斯：是先把"术斯"煮熟，再放在火上烤干。这种方式比直接"烤术斯"来得迅速和简便，但味道不及后者。

# 全羊术斯

QUANYANGZHUS.

　　"全羊术斯",即平常人们所说的"五叉"或"羊背子",将绵羊宰杀剥皮后,按照头、脖子、胸椎、腰椎、四肢、五叉、胸茬等部位卸开,能进入"术斯"的部分是:肩胛两块、前臂骨(哈日图)两块、桡骨两块、胫骨两块、髋骨两块、股骨两块,共十二部位。骶骨、荐椎、胸椎共六节椎体进入"术斯"。脊椎两侧的二十根肋骨、腰侧的六根肋骨共二十六根肋骨都要进入"术斯"。

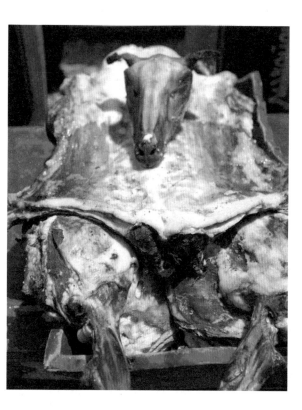

胸椎的第一节叫"黑胸椎",不能进入"术斯"。脖颈除了婚礼以外,别的"术斯"不能进入。进入"术斯"的羊头没有下颌骨。解剖以后才这样区分,煮的时候各个部位都是整煮的。

　　在大锅里倒进冷水,将"术斯"的各个部位分成六七件整放进去,放进适量的盐或少量"查嘎",用温火慢煮。频频翻动,什么时候不生了(不能煮得太烂),捞出来放到盘子里。肠肚、内脏、肝、肾等都要别锅另煮,否则杂碎的味道就会钻进肉里,使肉不香汤不美。羊头更不能煮在一起。

　　"半羊术斯":如客人不多,用不着摆一只全羊,用"半羊术斯"即可。"半羊术斯"包括左前腿、右后腿、五叉、胸椎和头。煮法与献法同"全羊术斯"无异。

"截羊术斯"：由左前腿、右后腿、胸椎和头组成。也是在人少的情况下摆放的，意义与"全羊术斯"相同。

"肩胛术斯"：由左前腿、胸椎和头组成，也叫"前腿术斯"。

"胸茬术斯"：只由一个胸茬骨组成。据说是给专给女性摆的。出嫁的姑娘回门的时候，父母要给女儿摆"胸茬术斯。"别类"术斯"中不用胸茬。

"羊头术斯"：带下颌骨的绵羊头，可以代替整个"绵羊术斯"使用，这是一种祭祀敖包、翁衮、苏鲁德等神物用的简化了的"术斯"。比如正月初一向玉皇大帝或成吉思汗献的"术斯"就是"羊头术斯"。将煮好的羊头放在一盘饼子上，上面再配上黄油、红枣、果品之类，作为供物奉祭。有的人家还把这份供物和饼子并排放在一起，在大年初一让前来拜年的人品尝。

献"术斯"时根据据不同的需要和不同的对象，有不同的方式和不同的"术斯"。一般用来招待客人的有"全牛"、"珠玛"和"全羊"术斯三种，主要取其完整、吉祥、齐全、隆重之意。

# 礼献全牛术斯

LIXIAN QUANNIU ZHUSI

　　除了祭祀，一般席面上用全牛的某一部分，比如说为 85 岁以上的老年人祝寿，仅象征性地献上"牛乌查"（蒙古语称为乌古查，即牛羊软肋以下肋脊肉），向贵宾献"珠玛"时，在四只蹄子上镶银蹄子，前额上挂银制的图案的铭牌。这是招待客人的头等席。

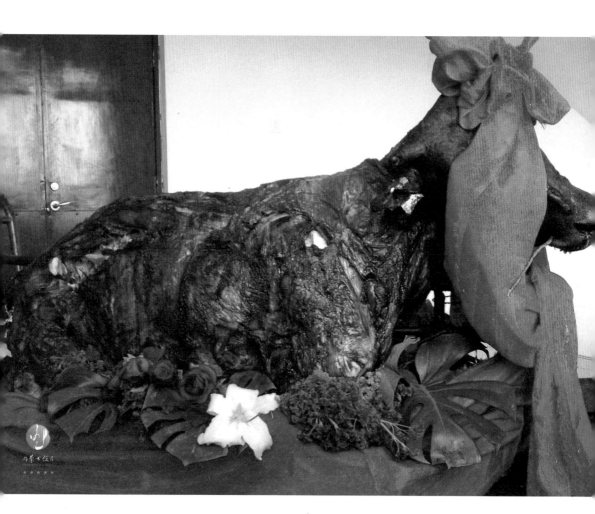

# 礼献全羊术斯

LIXIAN QUANYANG ZHUSI

在春节招待亲朋好友和贵宾时，把熟羊头放在大方木盘中间，周围摆满各种奶食品和点心端上桌，请客人品尝，盘子用柳木或榆木制成，长方形，里面正好放一只仿佛卧着的绵羊肉。往盘里摆"术斯"的时候，先把两条前腿分左

这叫献羊头，属于小型招待，礼献"全羊术斯"属隆重礼仪。大多是为61岁到73岁的老人祝寿，招待贵宾，或设大型喜庆婚宴的时候，每张桌都上一只"全羊术斯"；为48岁到60岁的长辈祝寿时，设小型家宴，只上胸椎；为47岁的长辈过生日时，上带三根肋条的腰背和胸柱，同时用这只羊的手把肉招待女客人；为25岁的人过生日、招待女客人以及为新郎举行茶会时，只上卸下胸骨叉的胸脯。

献"术斯"要用专门的盘子。这种

右放好，肋骨朝里扣过，桡骨朝里弯曲。两条后腿分左右摆在两条前腿的后面，把胫骨提起朝里弯曲。将胸椎朝前放在两条前腿中间，将五叉的脊椎面朝前扣过，上面把羊头朝前放上。羊额头上要画一个月牙形。在摆放术斯的当儿，要由总管（婚宴）或主人（家宴）让来宾品尝鲜奶，并给他们唱歌敬酒：

金杯里的美酒芳香流溢，赛啦尔白咚赛，朋友们哟，

让我们在一起娱乐欢聚，嗨，赛啦

尔白咚赛。

绵羊的五叉摆上桌来，赛啦尔白咚赛，亲家哟，

让我们在一起同餐共聚，嗨，赛啦尔白咚赛……

在激动人心的歌声中，"解羊者"（及分割羊肉的侍者）高举木盘破门而入，恭恭敬敬放在主婚人或正面的最长者面前，羊头要冲着客人："扎，大家请用'术斯'！"很熟悉地行一个屈膝礼。随后从"术斯"的各个部位，象征性地割取少许，沾上一点儿酒放在杯子里，高举着走到门外，将杯里的酒肉泼散出去，高声喊道："德吉献到了！"屋里的人接着他的话音喊道："献到了！"那人又转身回到屋里，又像刚才那样割取少许向火里泼散一番。然后从胸椎上割取少量的肉，放在羊额头上，用右手拇指轻轻压住，从正面的最长者开始，象征性地让大家品尝一下，这个礼节叫"尝份子"。尝过份子以后，"解羊者"把木盘顺时针转过来，使羊头冲着自己。再将羊头和胸椎放在盘子的一侧，用麻利的动作把"术斯"卸成便于食用的小块。其做法是，把左面的胫骨卸开，将肥尾从末梢开始割取三或五节，献在成吉思汗或佛像面前，这叫作佛爷的口福。尔后再把四根大肋和肩胛、胸椎等分出来给主人留下，这叫主人的口福。因为有时人多，主人忙于招待大家，来不及自己吃喝，而"术斯"又是珍贵的食品，所以一定要给主人留一份。接着从五叉开始，将一个脊椎卸开，刀刃朝里，把左腰侧卸开，带肉分成四块，放到左边。

而后将刀朝上，刀刃向着自己，把右面腰侧卸开，也是四块，放在右边。接着继续从左边开始，向左边转边卸，把所有的关节都卸开，很快按既定的规矩摆好，大体上像一只羊卧在盘子里。肩胛要胛峰朝上，肩胛盂朝客人的最长者放置。髋骨平的一面朝着最长者。股骨转子要朝着最长者，胫骨的踝侧向着最长者（踝骨的马面朝上）。胸椎一般不卸，脖颈的一侧向着最长者。肋骨的面侧朝上放置，肋骨头一侧朝向最长者。

如此卸开摆好以后，"解羊者"将所有蒙古刀放在盘子两侧的桌子上（柄朝客人刃朝自己），将羊头跟原来一样放上去，将木盘翻转过来，使羊头冲着客人。这样准备好以后，"解羊者"要面朝正面的最长者跪下，或者双手一摊，头一点，说声"扎，请用'术斯'"，倒退着走了出去（始终面朝宴席）。这时最长者先把羊头放到一边，说一声"大家用膳"，于是在座的所有宾客，就可以按自己的所好，自由地从木盘里拿上肉来吃了。

"术斯"上面的羊头不能啃。五叉的其他关节卸开以后也不吃。吃"术斯"的时候，不能直接用嘴来啃，一般是用刀子割食，或用手撕上送到嘴里。可以吃不了放回盘里，却不能把骨头上的肉全部啃尽，露出森森白骨，否则便是侮辱主人。

吃过"术斯"以后，要把"术斯"撤下去。撤的时候，仍由"解羊者"来完成。他进来以后，要面对最长者，行屈膝礼说道："大家请用'术斯'！"如果从最长者开始，大家一齐回答："用过了！"

就可以把木盘端下去。如果某一个人还在吃肉，或最长者默而不答，那就表示没有吃好，木盘还不能撤下去。撤时要从最长者头上开始，把木盘顺时针转一下，面朝客人倒退着走出去。

"术斯"撤走以后，来客一定要吃主人的汤饭，不吃汤饭就等于没吃"术斯"。汤饭就是在煮"术斯"的汤中，加入大米糜米，跟"查嘎"一起煮成的稀饭。这种稀饭称为"蒙古饭"，大家在观念上看得很重。来宾不吃也要尝一尝，否则就按失礼对待。

# "术斯" 的卸法和献法

"ZHUSI" DE XIEFA HE XIANFA

　　主人端着"术斯"走进来的时候，要将羊头的面朝着坐在正中的长者，放在饭桌上，接着要给每个客人敬一杯酒，踝骨和肩胛的脆骨等割下收起来，将四肢放到荐骨的下面，之后从荐骨的右腰侧开始，将两面的肋骨一对一地解开，

说《全羊祝词》。按规矩把全羊解开，从尾巴上截取一点薄片，放在羊头上，供奉到佛爷面前。再从右前腿开始肢解，接着左后腿，而后左前腿、右后腿。如此解开之后，将短肋、波棱盖、跟骨、搭在荐骨的脊柱上，说一声"大家请用'术斯'"。主人正要走出去的时候，客人中有一位站起来，把从腰侧割下来的两条肉放在胸椎骨上，献给主人。主人把它接过来，再回头照规矩放回原处，

同时又说一句"大家随意享用！"这才能退出屋去。如果主人年高德隆的话，要请别人代替卸羊。卸时，首先要把一条整前腿（这里指带肋骨的前腿，俗称前件子）割下来，送给主人。主人把那条前腿接过来，将它卸开，留下两条肋骨，其余仍要送回宴席上，放到"术斯"的下面，再客套一番才走出去。然后由客人中的年长者动手吃"五叉"，随后大家便一起跟着吃起来。

客人用完"术斯"的时候，尚有一个"肩胛骨，大家吃"的习惯：将肩胛骨啃干净以后，把一长条绵羊尾巴和一杯酒放在上面，献给祝颂人，请他吟唱《肩胛祝词》。吟唱完毕以后，要一口气把那一长条肥羊尾巴吸进肚里，把那杯酒一饮而尽。而后把剩下的绵羊尾巴切成许多长条，最长的一尺左右，论大排小献给每一个人。

客人用过"术斯"以后，其中一位年轻点儿的要站起来，把吃剩的"术斯"收拾一下，把啃过的肩胛和四肢等摆回原位放好，连盘子举起来从右腋下转过去，使羊头冲着门的方向，端出去交给主人。主人将木盘接过去，再端着走回

宴席上，把木盘放到饭桌上，双手一摊鞠一躬："大家请随意用餐！"大家说："我们用过了！"这样客套一番以后，主人才能真正把"术斯"拿出去。

巴尔虎、布里雅特蒙古族的"术斯"各有自己的特点。"全羊术斯"主要用在婚宴上，同时要把全羊分开摆在四个盘子里。第一个盘子里放羊头：将燎过再煮出来的羊头上，剜一个三角形。耳后、嘴唇两侧都要对称地割下一点肉来，上面放上一根肋条。这一盘要献给最上首的客人。第二盘要放五叉（荐骨）。第三盘要放肩胛。第四盘放胫骨。同时四盘都要分别用其他肉作为铺垫放满，之后待客者脱帽鞠躬，摊开两手说一声："拿上吃吧！"于是最尊者把羊头上三角形的皮撕掉，把耳后割下的肉献进火里，嘴唇两边的肉自己吃掉，把头和肋骨一起双手献给主人。第二盘献给亲家母。亲家母仍将荐骨两边的肉各取少许献祭，将一块献进火里，再请客人一起吃，以后盘子全按这个规矩进行。巴尔虎、布里雅特蒙古族在待客或公事交往中，一般不放羊头。

## 牲畜的屠宰

蒙古民族屠宰牲畜是严格遵照其传统规范的。其过程是：使牲畜仰卧，然后沿其前胸下部破开，再按手伸进的方向摸去，将其动脉扯断。然后掐紧动脉的断裂口，用这种方法可以使血液留在体内。这种传统的宰杀方法可在《史集》中得到佐证，在窝阔台汗时期，曾颁布过一项法令："谁也不得割破羊和其他食用牲畜的喉咙，而要按他们的习俗剖开其胸和肩胛骨。""他曾命令木速蛮和尊奉圣经的人，今后不得以断喉法宰羊，而要按蒙古人的习俗剖开它们的胸膛，凡是以断喉法者，就以同样的方法把他杀死……" 蒙古族传统的宰杀方法是严禁牲畜的血液流出体外。这种观念与古老遥远的萨满教有关。他们认为："血液中包含着生物时灵魂，保留血液就是保留其完整的存在，生物之死就像睡觉一样，以后还可再转生，如果血液排出，肉体离开了灵魂，就不可再转生。"

屠宰后肌体的分割也是有顺序的，先剥羊皮，从后腿开始，然后把动物的肌体放在皮上，其次扯下其前腿，剖开腹腔，取出内脏。第三步，用刀子在胸腹交界处开一小口子，将后腿挪过来别在其中，然后清除存在前腔中的血块，再把后腿截下，清除后腔的血块，第四步，截开肌体前后两部分同时把脊椎分解下来，再沿下颌把头部割下，最后分开上下颚，清除口腔内杂物。屠宰牲畜一般是在秋季，秋季是牛羊肥壮的季节。《蒙古秘史》中载："把美好的羊，放牧得肥壮，把成群的羊，繁殖得满野……宰杀好羯羊，给你准备好饮汤。"可见羯羊的肉质肥美。

# 烤羊腿

KAOYANGTUI

"烤羊腿"是从"烤全羊"演变而来。相传，生活在中国北方广阔大地上的狩猎和游牧的民族，常在篝火旁烘烤整只的猎物和整羊。人们逐渐发现整羊最好吃的部位是羊后腿，便经常割下羊后腿烘烤。单独烘烤的羊后腿不但比烤全羊时间短，而且更加味道鲜美，食用方便，"烤羊腿"遂逐渐代替了"烤全羊"。经过长期的发展，在羊腿烘烤过程中逐步增加了各种配料和调味品，使其形、色、味、鲜集一体，色美、肉香、外焦、内嫩、干酥不腻，被人们赞为"眼未见其物，香味已扑鼻"。

据传，"烤羊腿"曾是成吉思汗喜食的一道名菜。成吉思汗东征西伐期间，掌管伙食的官员，为了缩短成吉思汗的吃饭时间，以便让他稍事休息，并未征得成吉思汗同意就把成吉思汗经常吃的"烤全羊"改为切块烧烤了。当时，成吉思汗战事繁忙，并没有留意这些事。而侍从却天天向给他端一盘"烤羊腿"让他吃。由于"烤羊腿"肉质酥香、焦脆、不膻不腻，他非常爱吃。以后，他每天必食，逢人还对"烤羊腿"赞赏一番。从此，牧民们的餐桌上便多了一道名菜。

随着时间的流逝，居住在城市里的厨师，吸取民间烤羊腿的精华，实行科学烹调，它就逐步成为当今宾馆、饭店的名肴。

"烤羊腿"菜形美观，颜色褐红，肉质酥烂，味道香醇，色美肉嫩，浓香外溢，佐酒下饭，老少皆宜。成菜羊腿形整，颜色红润，酥烂醇香，滋味鲜美，回味悠长。

### 羊肉的保健功效

羊肉在我国北方地区，是人们冬令时节餐桌上常见的食品，每年大约7个月的时间人们经常食用。

俗话讲："美食要配美器，药疗不如食疗。"羊肉性温热、补气滋阴、暖中补虚、开胃健力，在《本草纲目》被称为补元阳益血气的温热补品。温热对人体而言就是温补，比如冬季老年人比较怕冷，适时的吃些羊肉就会感到暖和，这一点在张琼之的《伤寒论》里及唐朝的《千金书》中都有记载，可见羊肉是人们冬令进补的最佳食品。羊天性耐寒，在我国主要产于较寒冷的高原地区，如：青海、西藏、内蒙古地区，其中又以内蒙古地区羊的品种为最佳。内蒙古地区昼夜温差较大，水草茂盛，特别适合羊的生长。这里的人们多是游牧民族，生活不稳定，但个个体态强悍，在零下30多度的严寒里仍能策马扬鞭，放牧牛羊，其身体的强壮及耐寒性与常年吃羊肉的饮食结构是分不开的。同样，在我国南方地区，羊肉也将会有广大的市场，只是南方羊少，人们对羊肉的特点不了解，对羊肉独有的膻味一开始不能适应，且当地的穆斯林的人数比北方少，食用羊肉的人不是很多，如单论气候与地理条件，在南方食用羊肉更应该有必要性。我国南方属亚热带气候，尤其是长江、珠江流域一年四季多雨少风、潮湿，到了冬季更是阴冷难耐，受地区格局的影响，冬季居民又没有取暖设备，人在屋里从心里感觉到往外冷，使人在很长一段时间不能适应，特别是一些北

方去的人更是不适应。在这种气候下，时间久了人容易患上风湿病、脊椎病、中枢神经等疾病，危害人的身体健康，影响人的寿命，所以在南方广大地区，不论是冬季、夏季，人们适时的多吃羊肉可以去湿气、避寒冷、暖心胃，是有百利无一害的。

羊肉肉质细嫩，含有很高的蛋白质和丰富的维生素。羊的脂肪溶点为47度，因人的体温为37度，就是吃了也不会被身体吸收，不会发胖。羊肉肉质细嫩，容易被消化，多吃羊肉只能提高身体素质，提高抗疾病能力，而不会有其他副作用，所以现在人们常说："要想长寿、常吃羊肉"。

据报纸刊登，日前，瑞士科学家发现在牛和羊的体内存在着一种抗癌物质，这种被称为CLA的脂肪酸对治疗癌症有明显效果。位于瑞士福莱堡的一家动物研究所的科学家们经过多年研究，发现了CLA的独特性质。通过对老鼠和人体细胞所做的试验，科学家们发现，在CLA的作用下，癌细胞生长得到抑制并逐渐减少，这种作用对于治疗皮肤癌、结肠癌以及乳腺癌有着明显的效果。

# 手扒肉
SHOUBAROU

亦称"手把肉"，蒙古语称"布和力麻哈"，是蒙古族、鄂温克、达翰尔、鄂伦春等游牧、狩猎民族千百年来的传

统食品。"手扒肉"即用手扒着吃肉之意。羊、牛、马、骆驼等牲畜及狍兽类的肉均可烹制手扒肉吃，但通常所讲的"手扒肉"多指"手把羊肉"而言。

"手扒肉"是草原牧民最常用和最喜欢的餐食，也是他们招待客人必不可少的食品。常年似乎已形成这样一种概念，即到草原观光旅游不吃一顿"手扒肉"就算没完全领略草原食俗风味和情趣，

虚此一行。牧民不用"手扒肉"招待客人，就不能完全表达自己的心意。因此，用"手扒羊肉"款待远方客人，在蒙古族几乎已成为一种定规，"手扒肉"的制作和吃法也别具一格。

近代民俗资料《蒙旗概观》中云："食肉在半熟略熟之际，即刀割而食。蒙古人之通常之食量颇巨，每日饮茶十数碗，餐肉十数斤，饥甚颇有食全羊之事，然偶值三、五日不食，亦无关也。"蒙古民族常把干肉或鲜肉用来煮食。"手把肉"即把羊按关节带骨分割成数块置于凉水

中去煮。煮的不要太老，不加任何调料，加少许盐和乳酪。用大火保持原汁原味，适当控制火候。只要肉已变色，即可食用。肉鲜而不膻，肥而不腻，易于消化。一手抓肉，一手持刀，边割边吃。

这种牧业民族的传统吃法可以追溯到古代。明《夷俗记·食用》中云："其肉类皆半熟，以半熟者耐饥且养人也。"用现代营养学观点看来，煮至半熟，可以尽可能保存动物从青草中吸收的维生素及其他营养成分。

"手扒肉"的做法是把调选好的牛、羊肉，切成若干块（头、蹄、下水除外）白水下锅，原汁清煮，不加调味品。蒙古民族食肉主要是煮食。手扒肉是蒙古民族千百年来最喜欢、最常用的传统食品。牧民们认为牛和羊吃着草原上的五香草，调味齐全，只要掌握清煮技术，就能做出美味爽口的肉来。"手扒肉"是手扒着吃，不用其他餐具。但按照蒙古族习俗，吃手扒肉有一定的规矩，较多见的就是用一条琵琶骨肉配四条长肋肉进餐。牛肉则用一只脊椎骨肉配半截肋及小段肥肠敬客。小孩子不能吃羊、牛骨髓、尾巴肉等。

通常"手扒肉"以在平原草场上放牧的、经常吃野韭、野葱的小口羯羊，肉味最为鲜美。将全羊带骨制成数十块，放入不加盐和其他佐料的白水锅内，用大火保持原汁原味，适当控制火候。只要肉一变色，用刀割开，肉里微有血丝即捞出，装盘上席。大家围坐一起，一

手握刀，一手拿肉，用刀割、卡、挖、剔。手扒肉鲜而不膻，肥而不腻。这是牧民的常用食法。

如今在城市的宾馆餐厅、饭店，会用芝麻酱、香油、韭菜花、辣椒油、腐乳汁、青酱油、味精等调成调味料，装入碗中，采用割肉蘸调味料，这种草原、城市结合起来的手扒羊肉的食法也颇具风味。如果你头一次在餐桌上看到人们（包括自己）用刀割下自己所看中的羊肉，用手一块块送入口中的时候，除了感到

肉的鲜嫩味美之外，还会感到新奇有趣。

现在，"手扒肉"已不单是蒙古族的一种传统饮食了，在外界人眼里，手扒肉还是蒙古人豪爽的象征，当你置身蒙古包内，身穿盛装的蒙古族姑娘向你唱起敬酒歌，然后用蒙古刀割一块鲜嫩味美的手扒肉放进嘴里，鲜肉加美酒，轻舞伴歌声，使人不由自主和歌者一起唱起："金杯银杯斟满酒，双手举过头，炒米奶酒手扒肉，今天喝个够……"

# 涮羊肉

SHUANYANGROU

冬天里涮羊肉是我们大众喜爱食物之一，那么中国什么时候就有涮羊肉了呢？从考古资料看，内蒙古昭乌达盟敖汉旗出土的辽早期壁画中描述了

诗加以形容，诗曰："浪涌晴江雪，风翻照彩霞。"这是由于兔肉片在热汤中的色泽如晚霞一般，故有此诗句。林洪也因此将"涮兔肉"命名为"拨霞供"。

一千一百年前契丹人吃涮羊肉的情景：3个契丹人围火锅而坐。有的正用筷子在锅中涮羊肉，火锅前的方桌上有盛着羊肉的铁桶和盛着配料的盘子。这是目前所知描绘涮羊肉的最早资料。比辽壁画时间稍晚一些的南宋人林洪，在其所著《山家清供》中也涉及涮羊肉。他原本是对所吃"涮兔肉"极为赞美，不仅详细记载兔肉的涮法、调料的种类，还写

还需注意的是，他在讲完涮兔肉后又说"猪、羊皆可"，笔者想来这或许是"涮羊肉"的最早文字记载了。按照林洪的记载，当时是把肉切成薄片后，先用酒、酱、辣椒浸泡，使肉入味，然后才在沸水中烫熟，这同今天的涮法还有些不一样。

显然，目前关于"涮羊肉"历史渊源一般讲的都是辽、宋时期，可是个人

认为，人们吃"涮羊肉"和火锅的出现应该是同时代的，只是最初没有什么调料可言。后人相传元世祖忽必烈御驾南征时，在一次激战过后体虚无力、人困马乏、饥肠辘辘。于是喝令大军止步于山林之中杀羊烧火，以解饥渴。正值此时忽有探马来报，敌军大队人马寻踪而至，距此地不足十里之遥。世祖闻之大惊变色，诏令元军立时开拔，当值御厨见情势危急，烘烤羊肉已然不及，急中生智，立时将羊肉切成薄片，置于沸水清锅中搅拌，待肉色一变即捞于碗中，佐以盐面、葱花、姜末等入味，恭请世祖品鉴，忽必烈食后神清气爽、龙颜大悦，遂率部迎敌，此战大破敌军而名动天下、威震四夷，至此逐金灭宋，一统中原、号令欧亚。

战后犒赏三军，世祖钦点战前所食之羊肉薄片。御厨为此效仿上法精细而作，并配以腐乳、辣椒等多味佐料。三军将士食后赞不绝口，世祖当即赐名为"涮羊肉"。从此，涮羊肉即为宫廷佳肴，并于大清光绪年间始流传于民间。

也有人考证历史上"涮羊肉"的真正发明者是拔都。成吉思汗大儿子是术赤，拔都是术赤的儿子。在西部汗国成立之时，拔都接替了术赤的权力，指挥蒙古铁骑蹂躏了欧洲。蒙古铁骑很强悍，但是吃粮食不抗饿，所以要大量吃肉。蒙古兵一般是大块煮羊肉吃。拔都发现大块煮肉慢，他要求蒙古兵把肉切薄了煮，然后蘸盐吃，这样的吃法很适合于行军打仗。

还有另外一种说法，认为涮羊肉又称"羊肉火锅"，始于清初。在18世纪，康熙、乾隆二帝举办几次规模宏大的"千叟宴"，其中就有羊肉火锅。后流传至市肆，由清真馆经营。《旧都百话》云："羊肉锅子，为岁寒时，元世祖忽必烈最普通之美味，须于羊肉馆食之。此等吃法，乃北方游牧遗风加以研究进化，而成为特别风味。"

"涮羊肉"的铜锅，把锅子盖上的

时候，看到的是一个完整的蒙古包，而锅子盖拿掉，看到的是蒙古骑兵的军盔。现在蒙古族姑娘的帽子，都是锅子的形状。据说《马可·波罗游记》里写到，他在元大都皇宫里吃到了蒙古火锅，所以英文、法文对涮羊肉的翻译就是"Mongolia"；而日本和韩国人则把涮羊肉直接说成"吃忽必烈"、"吃成吉思汗"。

据说光绪年间，北京"东来顺"羊肉馆的老掌柜买通了太监，从宫中偷出了"涮羊肉"的佐料配方，使这道美食传至民间，得以在都市名菜馆中出售，为普通百姓享用。

1854年，北京前门外正阳楼开业，

是汉民馆出售"涮羊肉"的首创。其切出的肉是"片薄如纸，无一不完整"，使这一美味更加驰名。1914年，北京东来顺羊肉馆重金礼聘正阳楼的切肉师傅，专营"涮羊肉"。历经数十年，从羊肉的选择到切肉的技术，从调味品的配制到火锅的改良，都进行了研究，赢得了"涮肉何处好，东来顺最佳"的美誉。

内蒙古"涮羊肉"多选用大尾绵羊

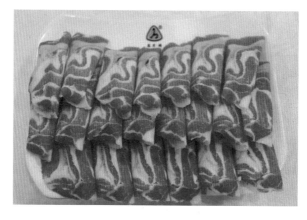

的外脊、后腿、羊尾等部位，切成薄片，放在火锅沸汤中轻涮；再取备好的麻酱、腐乳、韭菜花、葱花、姜丝、虾油等作佐料，肉片鲜嫩可口，不膻不腻，边涮边吃。《本草纲目》记载，羊肉有益精气、疗虚劳、补肺肾气、养心肺、解热毒、润皮肤之效。唐代虚诜的《本草食疗》中，记载"凡味与羊肉同煮，皆可补也"。

最常见的涮羊肉吃法：

将羊肉洗净去骨去皮，剔除板筋，切成12厘米长、2厘米宽的大薄片，放在盆里待用。把酱油、卤虾油、芝麻酱、辣椒油等分别放在小碗内，腐乳汁、韭菜花放在小碟内。食用时，在火锅内添上鸡汤或水，待锅内汤烧开时用筷子夹着羊肉在锅内烫涮（约需一二分钟），见肉片呈灰白色时，即夹出，蘸着各种调味料吃。肉片要随涮随吃。最后把菠菜、汤粉丝放在锅内，待菠菜熟时，放入精盐、味精，然后连菜带汤一起食用。

# 灌 肠
## GUANCHANG

《马可波罗游记》中记叙："当情况紧急时，有一种紧急探马，这些探马，能够马不停蹄地连续奔驰十昼夜，既不举火也不进餐，只用马血维持生命，他们割断自己坐骑的一根血管，吮吸马的血充饥。"从医学观点看来，血有高味觉性等益处。但不到紧急的时候，人们通常不会吸用活血。蒙古民族一般把羊血浆灌入大肠，做成灌肠。食用时一般在肉汤里煮10~15分钟，刀切食之。

# 烤肉
## KAOROU

在漫长的渔猎游牧时代，猎者曾以烧红的石块置于动物体内，将之烤熟。至文明社会，这种烧烤的方法仍旧存在。《元史》记载十二世纪时期蒙古人"掘地为坎以燎肉"。《蒙古秘史》中载有成吉思汗令其部下烧食野山羊。相传成吉思汗的"锄烧"和"铁饭烧"就是"燎肉"的两种方法。"锄烧"即于铁制三脚架上成石灰盆上，架起一锄形的铁丝网，把整羊放在其上烤熟。"铁饭烧"相传成吉思汗曾把帽盔倒扣在篝火上烤肉。

另有传说，蒙古民族在中世纪就制作烤肉，有个直观的称呼叫作"烤筒子"。其制法是将獭皮成筒剥下，去内脏，将肉和骨切成小块，放些野葱等调料，然后将之与炽热的鹅卵石一起放入筒子皮中，这时，起热把毛皮刮净，再将筒子中的肉烘烤，然后注入冷水，挑出卵石，喷香的烤肉即可食用。

# 成吉思汗铁板烧

CHENGJISIHAN TIEBANSHAO

蒙古族久居草原，以畜牧为生，所以在羊肉的食用上，有着悠久的历史。他们制作的烤全羊、手把肉都是非常美味的羊肉食品。而其中的一道叫"成吉思汗铁板烧"的菜，是用蒙古古代传统烧烤方法制作的，也叫"成吉思汗火锅"，俗称"成吉思汗铁板烧"。

说起这道菜，还得从成吉思汗时代说起。相传，成吉思汗在一次围猎宿营时，看见士兵们的架在篝火上的肉被熏得焦黑。他忽然灵机一动，取一个士兵的铁盔放到篝火上，拔出腰刀，把猎来的黄羊肉片切成薄片，贴在"锅上"烤成外焦内嫩的炙肉片，然后食用，士兵们如法炮制，果然醇香味美。这就是"成吉思汗铁板烧"的雏形。以后在蒙古大军西征的时候，这种食法随军传到了欧洲、东南亚和日本，一时间风靡世界。可惜，国内却没有流行起来，不久就失传了。直到近几年，随着各国之间文化交流的日益广泛，在国内才日益流行起来。

据说在日本的札幌，有一个内设几百张餐桌的大饭庄，饭庄的大牌匾上印着一个古代士兵头盔似的锅，反扣在古色古香的雕龙镂凤的炭火盆上。就餐的人们围坐在餐桌前，当锅中间的烟囱散发出缕缕清香的时候，人们便用筷子夹起锅子边上的肉片，蘸着香油、糖、醋、芝麻、胡椒等各种调料便可以吃了，有点像今天人们非常热衷的"韩国烧烤"的食法，只不过韩国的烧烤不是在锅上烤，而是在一个形如栅栏的铁片上，下面是烤肉专用的无烟煤，其所需肉片也已经不局限于羊肉片了，牛肉片、鸡片、鱼片，都可以烤制。客人们坐在一起，边说边烤，感觉甚是不错。但对于成吉思汗铁板烧来说，食羊肉片比较正宗，因为它不但是一种食品，而且代表了一段历史和文化。

# 金刀烤羊背

JINDAO KAOYANGBEI

这道菜也是蒙古族人在非常隆重喜庆的场合才会制作的一道美食，按照草原牧民的话来说，一头羊除了羊腿，肉就都在羊背上了，所以烤羊背也是一道庞然大菜。制作时选用草原牧场上最肥美的白条羊背，用当归等三十余种中草药和天然调味品腌制24～36个小时，腌好的羊背要在特制烤炉中度过2个小时左右的烘烤，还一定得是野杏、桃、李、桦木和生长在沙漠中的"扎格木"等木炭作为燃料，只有这样烤出的羊背才原汁原味，饱具了草原的百草香，毫无腥膻之感，可谓色美肉香、外焦内嫩、干酥不腻，正应了

那句话，"六月鲜羊肉，神仙也想吃一口"。

看过《射雕英雄传》的朋友都知道，托雷是成吉思汗的四子，成吉思汗亡故后，他帮助三哥窝阔台统治了俄罗斯与中东地区，而后窝阔台在上京继承大统。为了奖励托雷的卓越功勋，新皇帝窝阔台就把喀尔喀地区（今内蒙古境）分封给四弟，并允许他食之"皇礼（烤羊背）"，并赐予他只有天子才可佩戴的金刀。自此以后，吃烤羊背之前都要手持金刀举行仪式。大块吃着羊肉、大口喝着美酒，一种释放自我、舍我其谁的豪气感油然而生。

"羊背子"是传统的名贵菜肴。一般在祭祀、婚嫁、老人过寿或欢迎亲朋贵宾的宴席上才能见到。做法是：把全

远方来客人时也都要摆上"羊背子"，每逢婚礼和盛大的节日也都会摆上"羊背子"，表示庆祝。吃"羊背子"有很

羊卸成七大件（除去胸叉），带尾入锅，加盐煮熟。用大盘先摆四肢、羊背颈胛，羊头放在羊背上，似羊的趴卧姿势。吃时，每人先用蒙古刀从羊尾巴上割取一条吃后就可以各取所需。

蒙古族从成吉思汗开始在祭天、祭祖、祭成吉思汗时都会摆上"羊背子"，

多种讲究，每个地方都不一样，一般来说：十多个人摆上"全羊背子"，三五个人就上半只羊，有肋骨、羊腿、羊的不同部位，最小的还有羊头，根据人的多少来决定，分十几种"羊背子"，总之在蒙古族为了表示尊敬和吉祥才会摆羊背子，它是蒙古族待客的最高礼仪。

其实"羊背子"就是煮整羊，蒙古语称"秀斯"或"乌查"，制作方法和吃法比较讲究。吃全羊的"乌查"之宴，起源于成吉思汗时期。据《蒙古秘史》记载："成吉思汗定天下，大宴功臣，设全羊宴款待将士们，由此食全羊也称'乌查之宴'"。直到今天，"乌查宴"仍然保留着那个时期的制作方法。现在鄂尔多斯蒙古族在宴请贵宾、婚宴、寿宴、祭祀大典时都举行"乌查"宴，它是鄂尔多斯最为讲究的民族传统佳肴。

蒙古族的饮食习惯中，十分讲究新鲜，即使家里有羊肉的情况下，还是要在羊群中选一只最好的羊来献给尊贵的宾客。选好羊后，在羊的头部、颈部、胸部和尾部各拔下一小撮羊毛，捻在一起，然后念祭词，祭词的意思是把羊的福地留下来。

"羊背子"的做法与传统方法基本相同，全羊由脊上第七肋骨至尾部割为一段，在割四肢、头、颈、胸、背等八块带尾入锅来煮，白水下锅后放盐、葱、姜、根据主人的口味有的地方放一些奶酪，有的地方放一些花椒、辣椒。煮"羊背子"的火候，当地的习俗以能食为准，以达到脆嫩为好，煮过了则肉老不好吃。

传统的摆"羊背子"，宴请客人时邀请当地的民间歌手，拉起马头琴，用蒙古族歌舞来增加气氛，而且还要穿上盛装，表示对主人的尊重。蒙古包内也摆上了乳制品。宴请开始，贵宾和长辈依次入席，客人们在左边，主人家在右边。

蒙古族的饮食习惯是先白后红。蒙古人以白为尊，视乳为高贵吉祥之物。蒙古语称"查干伊德"，意思是纯洁、崇高的奶食品。通常在吃"全羊宴"之

前，客人们要先吃乳制品，喝奶茶、白酒。待酒喝到兴致上，主人才会摆上"羊背子"。

"羊背子"要放在特制的漆盘中，将羊的各件拼成盘腿卧羊式，头放在羊背之上，羊背的烹饪摆设不仅讲究，而且吃法还有一套特殊的民族礼节。

司仪双手端来"羊背子"，羊头朝着尊敬的客人摆在桌子上，又手捧装满鲜奶的银碗，向客人逐一敬献。用右手无名指蘸些鲜奶向天、向地各弹洒一次，最后自己尝一尝。表示对主人的感谢。取羊身上不同部位的肉放入白酒中，

敬天、地、神，在用鲜嫩的羊肉放在羊头上请客人们依次的品尝。然后开始分割羊肉。在蒙古族的传统饮食中，十分讲究分餐制，为了让客品尝到不同部位的羊肉，司仪要将羊肉按骨节切割成53块、羊肉12块之后按羊的卧式原状摆好。

按照传统习惯，还要把羊脖颈分给来迎亲的女婿，表示永远相爱，羊的胸部分给即将出嫁的女儿，表示家人对她的关怀。一曲"全羊赞"唱过之后，大家开始喝酒食肉，尽情领略草原主人的盛情款待，宴会的气氛随之推向高潮。

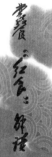

**别具特色的草原蒙餐文化——**

中国的饮食文化源远流长。作为中华民族一分子的蒙古民族，不仅创造了代表中华文化之一的草原文化，同时也创造出了别具风格的饮食文化，那就是草原蒙餐文化。

草原蒙餐，顾名思义，是草原蒙古民族在长期的生产、生活中形成的饮食品类，以及由此衍生的饮食文化、饮食习惯、饮食传统及礼俗等。草原蒙餐经过几千年的演变，以及在传承草原悠久文明的基础上，已经逐步发展形成了一整套特有的体系。

蒙古民族是一个赋有诗意的民族，他们精于畜牧之道，这成为他们饮食习俗的"基因"，创造出了独具一格的饮食文化。有专家考证，名扬天下的韩国烧烤就是源自中国元代的蒙式烧烤，至今在日本札幌和中国香港的繁华闹市区都有"成吉思汗铁板烧饭庄"。蒙古人很早就知道如何科学膳食，如何自我保健。独特的饮食文化，造就了蒙古人强悍的体格。

草原蒙餐文化博大精深，具有草原风格和游牧文化特点，其充分体现了敬畏自然、顺应自然、保护自然、和谐处理人与自然的关系，强调自由更注重集体力量，继承传统更注重创新的独立的饮食文化特点。

草原蒙餐文化的特点取之自然，保护自然，拒绝污染。蒙古族食物来自大草原，肉食、奶食是在天然大草原上放牧畜群从家畜身上获得的。他们在捕杀利用的同时更注重保护，以永续利用。

野菜，是草原上自然生长的可食用的野生植物，有的含生物碱，有的含特殊蛋白质，很多植物还有药用价值，对于野生植物，用时取之，保护其再生，从不挖光灭绝。

重视食疗和自我调理。牧民都知道，山羊肉属凉性，牛肉属温性，绵羊肉属热性，根据自己身体状况选择牛羊肉进行调理。如果呼吸系统有毛病喝酸马奶，消化系统有疾病喝酸牛奶，身体缺乏维生素喝砖茶，还采集野生植物，调节食品花样，又可治疗某些疾病。

随季节调节食谱。季节不同，身体需求营养不同，食谱也不同，牧民一般在冷季以牛羊肉为主食；而在暖季，以奶食为主，该季节水草充足，母畜奶水丰富，喝酸牛奶，尤其喝酸马奶，不仅解渴，也能充饥，而且有很好的保健作用。

佐料少，讲究原汁原味。蒙古族菜系使用调味品较少，不过度蒸、煮、炒，讲求鲜、嫩，保持食品原来的营养成分，也能真实地享受自然。

快餐式和分餐制特点。草原上的牧民为适应经常搬迁的游牧生活，茶点、肉松、肉干、涮羊肉、手扒肉等食品，制作速度快，茶开肉熟，端上来就可食用。这种快餐特点，稍加完善，完全适应了市场经济快节奏。同时，牧民在进餐时，把食品分成若干相等的份子，每人一份，同时进餐。这种分餐式，既杜绝浪费，又充分体现了人人平等的思想。

蒙古族的传统饮食分为两大系列，"白食"和"红食"。其中"白食"就是乳及乳制品，"红食"就是肉及肉制品。这种称呼极富色彩感和生态性。蒙古族的饮食习惯为先"白"后"红"，无论大小宴席或邻里之间的日常往来招待客人，蒙古族人都以白色食品为先导，如果直接端上"红"食招待客人，会被认为主人不太尊重来客。草原蒙古族的传统饮食文化以奶食为多，肉食次之，粮食更次之，最富有特点的是茶饮。

蒙古奶食文化。奶食是蒙古民族的主要食物之一。奶食品在蒙古的饮食中被尊为上品。作为奉献和敬供的食品"德吉"（首份）就由奶食品充当，所以奶食品被称为"百食之长"。如果蒙古族人夸你心地像乳汁一样洁白，你就得到了最高的奖赏。古籍上记载蒙古人很久以前就制作奶食品。《蒙古秘史》中有关于"捣酸奶"、"挤马奶"、"饮酸奶"的记载。著名的《马可·波罗游记》中也有关于制作和使用奶制品的记载。因此，蒙古族的奶食品早在13世纪就已享誉海内外。蒙古奶食大体分食品和饮品。食品有奶豆腐、奶酪、奶皮、奶油、卓克、奶干、奶饼、奶渣等；饮品有鲜奶、马奶、酸奶、奶酒等。

蒙古肉食文化。据史料记载，从11世纪以后蒙古饮食品种得到进一步发展，已形成食用肉食、奶食、粮食三大种类的饮食习俗。

蒙古族肉食中以羊肉为主，烹制方法有多种。其中名肴有全羊席、烤全羊、烤羊腿、手扒肉、羊背子、油煎羊尾、羊肉火锅、肉肠、肉饼等。"秀司"（全羊）中"蒙古烤全羊"、"白羔羊秀司宴"享誉四海。

蒙古茶文化。蒙古族的茶饮品主要是指砖茶、红茶以及其他植物制作的饮料。所有茶饮料中，奶茶是蒙古人饮用最普遍的日常饮品。蒙古族的茶饮品奶茶不但有提神、开胃、助消化、解渴作用，还有充饥的功效，是具有民族特色的上等饮品。茶是蒙古人的面子，又是蒙古人的主食。凡走入草地的人，不论蒙汉生熟，主人必先双手给你捧上茶水，这就是给你脸面："有好茶喝，有好脸看"。探访携茶块为盛礼，可以代替"全羊"之礼品，可见蒙古族人对"茶"的重视。

蒙古民族利用草原纯天然、无污染的肉、奶等原料，发展了独具风格的饮食文化，使人在品尝美味佳肴的同时，感受草原民族粗犷、豪放的性格，领略草原文化深厚的底蕴。

**地方特色餐饮——**

　　内蒙古地处西北边陲，饮食业虽然还算不上十分发达，但地方风味独特，品类众多。除呼和浩特、包头、赤峰、通辽等一些较大的城市能够品尝到兼有南北风味的菜肴以外，像中东部的呼伦贝尔地区、中部的土默川地区、中西部的巴彦淖尔地区以及西部的阿拉善等地区的一些地级市县，许多原生态纯自然风味的美食品种，也是极为丰富的。

吃在呼和浩特

# 吃在呼和浩特

CHIZAI HUHEHAOTE

呼和浩特的饮食基本以北方饮食为主,饮食文化中吸收了蒙古族和回族的做法、吃法,极具代表性的是蒙餐,如格日勒阿妈蒙餐厅。回民小吃在市内也

和林炖羊肉等也闻名于呼市地区。

还有不得不说的是,由于呼和浩特市也是走西口的目的地,所以也同样吸收了山西、陕西的一些特色,在大召附

很流行,伊斯兰风情街路东有一条回民小吃街,里面有烤羊肉串、烧麦、羊杂碎等等,绝对让你一饱口福,流连忘返。

呼和浩特地区的特色饮食主要有羊背子、烤全羊、涮羊肉、手把羊肉、烤羊腿、血肠、肉肠、羊杂碎汤、稍麦(烧麦)、莜面、马奶酒、奶茶、奶皮子、奶豆腐、奶酪、油香、麻花、馓子等,还有地方特色与传统风味完美结合的托县炖鱼、

近有美味的刀削面、饸饹面、剔鱼子、煮鱼等等。

呼和浩特市位于京包铁路线上,近年来城市经济和城市建设发展较快,加之有着鲜明特色旅游业的快速增长,呼和浩特服务业的发展也非常迅猛,市区内餐饮场所众多,可以吃到南北各地不同的美味佳肴。

# 烧麦（或"稍美"）

SHAOMA (HUO "SHAOME")

一种约有小笼包子大小的主食。又称"稍美"或"烧麦"，是内蒙古自治区首府呼和浩特市的一种流传很久，至今仍长盛不衰的传统风味食品。

说来也是惭愧，笔者在参加工作以前，对"烧麦"的认识还是十分的空白，二十世纪七八十年代，呼市的"烧麦"馆还远远不如现今这样普及和随处可见，那时的"烧麦"馆仿佛都集中在旧城一代，而在那个尚不知城市改造为何物的年代，呼市的旧城，对于我们新城长大的这般半大孩子们来讲，不啻是个十分遥远而且危险的神秘所在。更别说在那样一个物资匮乏的年代，肚子里的那个油水少啊，一餐令人垂涎的美食，兴许就会引发出"犯罪"的念头也亦未可知，当然，这是笑话，是做不得真的。只是在成人后，还是因为"口腹之欲"闹出了个不大不小的笑话。

那还是刚刚参加工作，有一个月刚刚发了工资，就被一帮朋友和同学"裹挟"着要去吃"烧麦"，进了一家"烧卖"馆，一位年岁较大的女服务员问我们要点多少"烧麦"？这帮"愣头青"不加思索的一人叫了一斤，服务员翻眼睛，说要这么多你们这帮孩子吃不了，哪曾想这下可捅了"马蜂窝"，刚刚走入社会的"毛头小伙子们"最不能忍的就是在成人世界里不被认可，于是吵吵嚷嚷，闹个不休，一副闹事儿的架势，引得"烧麦"馆里的其他食客纷纷侧目，最后还是老板出来打了个圆场，对那服务员说："他们要多少便上多少，能不能吃的完是他们自己的事，你操那么多闲心干甚？"于是服务员不再说话，摇摇头进了厨房，等不多一会，在我们围坐着的圆桌上便堆起了像小山一般高的一笼笼蒸屉，每一笼打开的蒸屉里都"匀溜溜"的摆着八个长得跟小包子大小、热气腾腾的"烧麦"，这下我们可傻了眼，要知道，在

那样的年代里，家家生活条件都差不太多，别说我长那么大没吃过此等"美食"，就是当时全部在座的伙伴们也都没见识过这等阵势。正当大家面面相觑，不知如何下箸的时候，只见老板一脸阳光地走到我们桌前，笑容特别甜蜜地对我们说："上齐了，各位请慢用。"于是在老板貌似是"和蔼可亲"的眼神里，我真心读出了四个字——"眼大肚小"！

后果很严重，已经吃撑了的我们，在充分发扬了当年的"女排精神"全力拼搏之后，依然剩有将近一半的"烧麦"安安稳稳的坐在笼屉里，每一个"烧麦"顶端的褶子都以无比如花的笑靥冲着我们微微笑着，仿佛在说："小样儿！接着来啊——"

经历过那一次"烧麦囧"之后，我们才都知道，烧麦是1两8个，"烧麦"馆子的标准是以烧麦皮的重量为计，不

将羊肉馅计算在内，所以1两烧麦皮包出的烧麦远重于1两。能吃光2两烧麦，就能算作好汉一条。而我们这帮"愣头青"们没搞清楚状况，以至于的闹了那样一场笑话，没面子不说，几乎是把我一个月的工资全干进去了，我的那个悔呀——

说过我们的笑话，我们就再接着说说"烧麦"，呼和浩特在历史上还被叫作"归化城"的时候，我们的"烧麦"就已经"走出内蒙古，载誉满京师"了。那时北京、天津等地的饭馆都以"归化城烧麦"、"正宗归化城烧麦"的金字招牌来吸引顾客。

乾隆年间，有位叫杨米仁的诗人在《都门竹枝词》中有"稍麦馄饨列满盘，新添挂粉好汤圆"的诗句。据《绥远通志稿》中记载："惟市内所售捎卖一种，则为食品中之特色，因茶肆附带卖之。俗语谓'附带'为捎，故称"捎卖"。且归化(呼和浩特)烧麦，自昔驰名远近。外县或外埠亦有仿制以为业者。而风味稍逊矣。"外地人来青城，如果不吃上一顿美味"烧麦"就走的话，就像是去天津不吃"狗不理包子"一样令人遗憾。

关于"烧麦"的来历，在呼市的老辈的人里面有一种流传相当广泛的说法——

话说当年，在归化城旧城大十字的路东，有一家饭庄叫"月明楼"，掌柜安三泰来自天津。掌柜的小舅子叫刘三，帮着姐夫卖包子。刘三十分聪明，无论什么活都干得又好又快。但是他给姐夫帮忙，是不拿工钱的。只是在每屉包子出笼后，下屉包子还没上笼之前，捎带

着卖几笼自己做的包子。

　　没想到，刘三的包子皮薄馅精，一下子抓住了人们的胃口。于是姐夫嫉妒了，就不给他用擀面杖。刘三只好用碗

来擀皮儿。时间长了，皮儿擀得薄如玻璃纸，他用新鲜的羊肉做馅，不肥不瘦，再加上大葱鲜姜，用鸡汤一搅和，包好后用急火一蒸，满街飘香。这么好吃的包子总得起个堂堂正正的名字呀！刘三说："这包子原来是捎带着卖的，就叫它'捎卖'吧！"

　　后来康熙皇帝在征伐噶尔丹期间，驻跸归化城，一次微服私访，到"月明楼"吃饭，酒饭用毕，店主安三泰索要饭钱白银八两三钱。康熙知是敲诈勒索，故称没有这么多银子，付不起账。安三泰哪里肯让！当即唆使家奴上前威逼，扬言拿不出八两三钱银子，就剥下衣衫，扣下坐骑。就在康熙危难之际，正在休息的刘三，听到姐夫敲诈外地客人，内心不平，就分开众人来到康熙跟前，手

拉康熙上前讲理，安三泰哪里肯听！实在无法可想，刘三就将自己一年的工钱代为付账，替康熙解了围。后来，康熙下旨严惩了恶霸安三泰，并且降旨召刘三到北京，封赏了官禄。以后，刘三发明的"烧麦"就逐渐风行起来了。

　　在民间，关于"烧麦"一词的来历，也流传着许多种说法。一种说法是：早年呼市的烧麦都在茶馆出售，食客一边喝着浓酽酽的砖茶或各种小叶茶，吃着糕点，一边就着吃热腾腾的"烧麦"，故"烧麦"又称"捎卖"，意即"捎带着卖"之意；也有人说因为烧麦的边稍皱折如花，故又称之为"稍美"，意即"边稍美丽"之意。现今"烧麦"已成了美味可口的主食，所以一般人约定俗成叫"烧麦"了。还有说，北京的"烧麦"传到山东、浙江、安徽和广东等地后，因"麦"与"卖"京音相谐，传来传去传讹了，还有说，因为北京的"烧麦"大都是早晨卖得多，早晨称"晓"，故而得名"晓卖"，南方人"晓"和"烧"发音相近，后来就又传成了"烧卖"。

05

吃在呼和浩特

# "烧麦"的影视版穿越

"SHAOMAI" DE YINGSHIBAN CHUANYUE

由内蒙古电影制片厂出品的影片《大盛魁》中，也曾对"烧麦"做了一段颇为有趣的演绎。据该剧导演王新民介绍说，他们在创作《大盛魁》剧本时，就决定把康熙帝与"烧麦"的故事融入剧情。按照《大盛魁》剧本的描述，康熙皇帝西征噶尔丹，到达归绥城内大召寺外时，已经是深夜时分。康熙皇帝感到饥饿难耐，就敲开路边"马回回包子铺"，让包子铺的马掌柜赶紧蒸包子。马掌柜见皇上驾到，不敢怠慢，急忙张罗起来。可是，此时铺子里剩下的白面已经不多了，深更半夜的又到哪里去找白面呢？焦急万分的马掌柜突然灵机一动，就把淀粉和白面掺在一起做成面皮，加上羊肉馅后，包成一个个小包子，蒸熟后给康熙皇帝端了上去。康熙皇帝吃了这个既像包子又不是包子的食品后，赞不绝口，连问这是什么东西。马掌柜顺口说了句，这是"捎卖"。康熙皇帝问，为何叫"捎卖"？马掌柜解释说，就是我们包子铺捎带着卖的，所以叫"捎卖"。正在此时，有士兵前来禀报，清军打败

噶尔丹已经归来。马掌柜见状，就跪请康熙皇帝题写店名。康熙皇帝稍加思索，写下了"庆凯轩"3个字。后来，马掌柜就用"庆凯轩"这个金字招牌，开起了"烧卖"馆。

在剧中，大盛魁的创始人王相卿、史大学、张杰等当时的塞外名流也经常到"庆凯轩"吃"烧麦"。王新民说："我本人也特别爱吃'烧麦'。此次把'烧麦'融入剧情，就是想通过电视剧，大力宣传'烧麦'这种极具特色的美食。"

"烧麦"到底源于何时？已经很难说的清楚了。最早有关"烧麦"记载的史料《朴事通谚解》（元代高丽出版的汉语教科书）上就有提及"元大都出售素酸馅稍麦"。该书关于"稍麦"的注说是以麦面做成薄片包肉蒸熟，与汤食之，方言谓之稍麦。麦亦作卖。又云："皮薄肉实切碎肉，当顶撮细似线稍系，故曰稍麦。""以面作皮，以肉为馅当顶做花蕊，方言谓之烧卖。"如果把这里"稍麦"的制法和今天的烧麦作一番比较，可知两者是同一样东西。

# 吃"烧麦"的讲究

CHI "SHAOMAI" DE JIANGJIU

吃"烧麦"必须佐以沏得酽酽的砖茶，这种茶产自两湖等地，被压成砖头形状，故名"砖茶"。它具有解油腻、促消化的作用，草原上的牧民由于肉类摄入太

倒水的，称作"开水的"；还有专为茶客递茶点、端"烧麦"的，称作"跑堂的"。栏柜的账户先生身着长袍马褂专管收款。茶馆将不同档次的茶叶放在不同的茶具

多，尤其钟情于这种茶，据说，国家还专门设立了砖茶储备库，供牧民饮用。

旧时"烧麦"馆一般是上午营业，下午关门烧制糕点、擀"烧麦"皮儿及做第二天开业的准备工作。在"烧麦"馆工作的堂倌分工明确，有专为茶客拿茶具的，称作"撒碗的"；有专为茶客

里，糕点和"烧麦"的盘子也不一样，"烧麦"一般是放在瓷盘子里，而糕点则盛在木制盘子里。食客习惯是先喝茶、吃糕点，最后才上"烧麦"，由于糕点制作精细，一般价格也比"烧麦"贵，所以也有的茶客只吃"烧麦"不要糕点。

# 时光旧影里的经典"烧麦"

SHIGUANG JIUYING LIDE JINGDIAN "SHAOMAI"

新中国成立前后,呼和浩特的"烧麦"以"德顺源茶馆"的最为著名。"德顺源"的前身是糕点铺,1931年时改为茶馆。

顶超过,正好倒在扣碗内。堂倌为了显示自己的本领,故意分三股水倒满,水不外溅,茶不外溢,被茶客称作"凤凰

"德顺源"位于旧城大西街,该茶馆以品茶点为主,对水质、沏茶、倒茶和茶具都有独特的讲究,上好的茶必须以大召前玉泉井的井水来冲泡;糕点更是以品种繁多,制作精细而闻名。"德顺源"用煤泥烧火,铜壶滚水。茶具有扣碗、小茶盅、瓷壶、茶碗等。铜壶的嘴细长,堂倌给茶客倒水时,远离饭桌,将铜壶高高举起,一缕细丝般的热水从茶客头

三点头"。还有的堂倌在倒水时,水不中断,左右手却换了个,叫作"鹦哥倒架"。"德顺源"的倒茶技巧,被人们传为佳话。

"德顺源"的"烧麦"以风味独特而闻名遐迩。该茶馆对做"烧麦"的羊肉、面粉、大葱等原料都要求很严格,不合要求的坚决不要。据说这个茶馆的"烧麦"师傅切肉馅时,下垫一块包花布,飞快地切起来,肉馅切好后,用下面的包花

布把馅兜起来，倒在盆子里，肉碎而包花布完整不破。"德顺源"经常是茶客盈门，客满时多达200多人。那时，到"德顺源"品茶点吃"烧麦"就像现在到北京全聚德吃烤鸭一样时髦。每当一屉"烧麦"出笼，顿时鲜香四溢。观其形，晶莹透明，皮薄如蝉翼，柔韧而不破；用筷子挟起来垂垂如细囊，置

于盘中团团如小饼，人称是"玻璃饺子"。因为内蒙古大草原的羊多以沙葱为食，自然去膻味，所以，呼和浩特的"烧麦"吃起来清香爽口，油而不腻。

"烧麦"虽然味道鲜美，但旧时不是普通市民天天可以消费得起的，只有在重大的喜庆日子时才偶然"潇洒"一回。常来吃的人绝大多数是有钱人和一些来茶馆一边喝茶一边谈生意的商人。还有一些无所事事的有闲阶层和公子哥儿们，把茶馆当作消磨时光的场所，他们慢腾腾地喝茶、品糕点、吃"烧麦"，海阔天空地穷聊、乱侃，一坐就是一上午。这种人茶馆称之为"座底害"，意思是吃喝不多，占用的座位时间却很长，影响了茶馆的生意。

如今，"烧麦"已成为呼和浩特地区人民的大众风味食品，老百姓吃"烧麦"再也不是逢年过节或为了解馋才偶尔的吃了。"烧麦"已成为人们的主食。"烧麦"馆也演变为由茶馆经营到饭馆经营了。许多呼和浩特人更习惯于以"烧麦"为早点。早上吃上一二两"烧麦"，喝着热气腾腾的砖茶，其怡然自得之态不令人垂涎三尺才怪呢！如今，呼和浩特最时髦的烧麦是手挫羊肉馅烧麦，这种烧麦的肉馅由传统铰碎的肉泥变成了挫碎的肉块，油放得更少，口感更清爽。

　　"烧麦"的做法：用特制的擀面锤，把和好、揉到的面垫淀粉擀成薄薄的皮，再碾成荷叶状；新鲜羊肉配葱姜等佐料拌成馅，再勾以熟淀粉，成为干湿适度，红、白、绿相间，香味扑鼻的"烧麦"馅；把馅放在"烧麦"皮子里轻轻捏成石榴状，上笼蒸七至八分钟即熟。

# 羊杂碎

YANGZASUI

说起"羊杂碎"，笔者倒是并不陌生，"羊杂碎"是纯粹的普罗大众美食，也是区内一道著名的传统小吃，自治区境内各地均有制作，呼和浩特的制作因风味独特、历史悠久而素负盛名。其实在我儿时最初体验"羊杂碎"的感觉时并不很好。或许是源于那个年代肉类供应

屋子的空气里总是弥漫着一股形容不上来的味道，令我很没胃口。参加工作以后，与单位一墙之隔，有一家铁皮棚子，专卖"羊杂碎"，名字叫作"道北羊杂碎"。同事们经常会在早上翻墙而过，去喝一碗热气腾腾的"羊杂碎"，然后一嘴油光光再翻墙回来上班，乐此不疲。终

紧张的缘故，父亲每隔月余，总会弄回一副羊下水来缓解一下家人对于肉类食品长时间的想象和渴望。那时的我，每每看到父亲将一堆形状各异，散发着古怪气味的各种脏器洗了又洗，刷了又刷，最后在案板上把这堆不规则的物事细细地切成条条块块状的时候，喉头间总会有一种莫名其妙的紧张感。

家里吃"羊杂碎"的时候，我是从不吃的，因为"羊杂碎"在煮熟之后，

于有一回，碍不过撺掇，我也终于翻墙而过，令我感到诧异的是，一坐进拥挤的铁皮棚子里，一股浓郁的香气竟长驱直入的窜进我的鼻腔，令我的肠胃悸动不已。不一会儿，一碗上好的羊杂碎端上来，猩红的辣油飘浮在碗里，满满的，中间零星的点缀着几片暗绿色的香菜叶儿，仿佛香山满山的红叶中钻出几株苍绿的松柏，又犹如铺了一地的红玛瑙上撒了几颗晶莹剔透的绿猫眼儿，让人真

心不忍破坏了这丰满细腻的艺术品。

于是，我竟在刹那间恍惚了，这难道……难道真是我儿时曾经体验到过的"羊杂碎"吗？

吃一口白焙子。刻意地吹上一口气，那红，那绿，浮萍似的游荡起来。"相看万里客，同是一浮萍"。杜甫感叹了人生的颠沛流离，漂泊不定，就似眼前这红，这绿，竟仿佛也通了灵性，轻轻地游荡，淡淡地哀鸣。

言犹未尽地拿起筷子在汤中一搅，颜色登时大变，红的、绿的、略显苍白的，揉在了一起，仿佛毕加索的抽象画。红的，绿的，白的，上下雀跃，迸发出生命般的光泽，热辣青春般的活力……

就着碗边轻轻地"嘬"一口，热辣辣的汤在嘴里来回滚动，热气不从嘴里腾出，眼泪都出来了，很不容易地将这一口咽下，一股浓烈的美味在胸腔间升腾，仿佛喝了烈酒一般，生活的炽热立刻会在众生的脸上呈现出来，浓浓的香味在身体里的每一个角落回荡……这一次体验过后，我竟一不小心成了"道北羊杂碎"的忠实粉丝，隔一段时间不吃，就仿佛是缺了点什么似的。甚至偶尔回想起儿时父亲做的"羊杂碎"，竟也觉得香的可以，却浑然记不起，家人围坐吃"羊杂碎"的时候，我在家的角落里，一边捂着鼻子皱着眉头端着碗，一边大口吞咽着剥了皮的煮土豆蘸酱油的光景。

青城的羊杂碎吃起来除了要配以主食发面焙子，还一定要有一壶浓酽酽的砖茶。制作时选用新鲜的，刚宰杀完的羊身上各部脏器，包括羊肚、羊肠、羊肝、羊肺、羊心、羊蹄、羊头，用火烧去残毛，洗净残渣，下锅煮熟，拆去骨头，分别切成条或段。下锅煮熟，切成长条，将切好后的各种熟料放在羊肉汤里略煮片刻，撒上葱花、姜末、蒜苗、香菜，滴上红油盛碗即成。具有红润油亮，肉烂汤辣的特点。

老中医认为，这肥而不腻，多味合一，富有营养的"羊杂碎"，普罗大众吃了，可补五脏，提神气，开脾暖胃，健筋骨，延年益寿。冬天吃暖心暖胃，夏天吃痛快淋漓。

说着羊杂碎，就不得不说一下呼和浩特的另一个特色小吃——"焙子"，就像是喝咖啡必须要放咖啡伴侣或是加奶、加糖一样，吃羊杂碎，也一定要配上最适合它的黄金拍档——"焙子"。

"焙子"这个名字起的实在，起的憨厚，甚至一点也不像是能入口的食品名字。其实，"焙子"就是先在平锅上定型，然后放在立炉里，经过烘、焙、烤熟的发面饼子。"焙子"有咸有甜，也有原味的。甜（咸）焙子中因为揉进了胡麻油、咸盐（或糖）和干面混合在一起，所以会变了口味，油酥鲜香；白焙子则什么也不放，完全是面的原来味道，不过，配上羊杂碎，正好中和了口味，成了大多数人们的最爱。很多人吃羊杂碎时都要就着咸焙子或白焙子一起吃，或是将焙子掰成小块，堆在碗里，蘸上碗里的汤和辣油吃，这一吃法很有些像陕西的羊肉泡馍。

# 吃"羊杂碎"的讲究
CHI "YANGZASUI" DE JIANGJIU

　　呼和浩特的羊杂碎很讲究,有"三料、三汤、三味"之说,从用料、制作和食用搭配都有严格的标准。

　　"杂碎三料":分为主料和副料,正宗的全羊杂碎之主料,又叫三红,是心、肝、肺,下锅的时候切成碎丁或薄片;三副料又叫三白,是肠、肚、头蹄肉,下锅时要切成细丝和长条。一碗羊杂碎,看的就是主、副料全不全。

　　"杂碎三汤":青城老辈儿的住户,居家过日子的,都会隔三岔五地买上一副羊五脏,下锅煮好,连汤带水热热吃起来,这叫吃"原汤杂碎",味道体现在鲜美清淡上。怕杂碎有膻味的人,先是将洗好的羊杂碎在锅里氽一下,把汤倒掉,再将杂碎蒸熟切好,重新入锅、添水,放调料煮一下,盛到碗里,这叫吃"清汤杂碎"。由于是蒸熟的,味没入汤,味道全从对杂碎的细嚼慢咽中体会。相较而言在街巷铺点、车站、路口小摊上的,则多是把杂碎不断地往

一个大锅里续,一锅汤用文火常熬不换,甚至是这锅汤经营者叫卖几年就熬上几年,汤稠如油,色酽如酱,过往食客买上一碗吃,这叫吃"老汤杂碎"。杂碎酥烂绵软,醇香美味存于汤中,一般这样的经营者是舍不得给食客多加汤的。

　　"杂碎三味":这个说起来就比较简单了,专卖羊杂碎的饭桌上都有这佐餐三味,即一盘春意葱茏的香菜末儿,一盘红灿灼眼的辣椒面儿和一盘洁白晶莹的食盐。这是吃羊杂碎万万不能少的的三味调料。食者坐下来,或爱清香爽口的,或喜辛辣热麻,或好咸中得味。总之,可根据自己的口味自行调兑碗中的汤。

　　目前,呼和浩特地区的羊杂碎也有好几种口味,按口味分,有清真的、纯肚的;按地域分,有乌兰花的、巴彦淖尔的等。制作过程大同小异,口感略有不同,像乌兰花羊杂碎里面就加入了土豆条、羊肠和羊肝,其他的则没有这些。

# 羊杂碎的传说

羊杂碎是呼和浩特的一道正宗的美食，如同北京的"砂锅爆肚"，沈阳的"老边饺子"，西安的"羊肉泡馍"。羊杂碎何时出现在呼和浩特，无人知晓。据说，满族有个传统风味小吃叫"阿玛尊肉"，亦俗称"努尔哈赤黄金肉"，已有400年的历史。据清代《竹叶亭杂记》中记载，清太祖努尔哈赤凡用兵及大事必以此祭。"煮豕既熟，按豕之首、尾、肩、肋、肺、心排列于俎，各取少许，切为丁，置大铜碗中，名阿玛尊肉。"传说清代就有人受"阿玛尊肉"的启发，就地取材，在青城选羊的头蹄五脏烹之，用勺连汤舀在大铜碗中，在旧城闹市上叫卖。

其实，呼和浩特的民间流传着很多羊杂碎起源的传说。有关乞丐和财主的故事最为有趣，传说早年间青城有个高门大院的财主，从外地回来，见有个乞丐在他家的院外倚墙盖起个茅屋度日，顿生恼怒，欲羞辱他一番使其离去，便大叫要吃全羊席，命家人杀了一只羊，将羊蹄五脏抛出墙外，一下子砸塌了乞丐的茅屋。乞丐跑出门却心中一喜，正愁没吃的呢，没想到食从天降，便立刻将这羊蹄五脏洗好切罢，投入锅中。熬到肉香醉人时，盛了满满一碗，美美地吃了起来。那财主嗅到香味，上墙看了一眼问道："你吃什么呢？"乞丐回答道："吃全羊呢"，财主十分恼怒："胡说，全羊在我家锅里煮的呢！"乞丐看了财主一眼又说："你吃的是外全羊，就那么一个味，我吃的是内全羊，五脏五味哟！"财主气恼地回到家里，嗅嗅刚开锅的羊肉味，又跑到院外嗅嗅墙那边飘过来的味，猛地吼道："娘的，再杀一只，把羊肚子里杂七杂八的都给我剁碎，今天吃内羊肉。"从那以后，就有了羊杂碎这个美食名，就有了青城的羊杂碎小吃。

155

# 焙子

BEIZI

家住在呼和浩特的市民，每天清早只要一出门，就不时地能嗅到来自大街小巷里烙焙子的香气。信步游荡，四处都能见到许多不起眼的焙子铺。"青城"人把卖焙子的作坊称作焙子铺，加工焙子的师傅则称为"打焙子的"。一个焙子铺的家当极其简单，一座土炉，一张面案，一个窗口。土炉子有讲究，内部全用黄土搅泥制成的，下层很宽大，专门"焙"焙子；上层放铁鏊子，生焙子在铁鏊子上翻两个来回，八成熟时放下层"焙"熟。面案较大，和面、起面、酵面、揉面乃至加工焙子，全靠这个"平台"。一般焙子铺的门前都要摆放一个四角长方的玻璃展柜，里面铺一层圆的、方的、三角的或是椭圆的各种形状和口味的焙子，那些行色匆匆的上班族、打工群，常常是揣着一块焙子就开始了一天的生计。而那些一兜儿买回好几块焙子的，便大都是老人或主妇，买回家作为一家人的早点。无论把焙子作为半晌的垫补，还是辅以小菜粥汤当便餐，"青城"的居民们都把吃焙子当成一种随意，一种享受。焙了喷香耐饥，便于携带，易于消化又经济实惠，不似奶油甜点、"狗不理包子"等食物那般金贵炫目，是为地道的普罗大众食品。

笔者家住早市附近，每当清晨早市刚开，进城赶集卖菜、卖瓜、卖蒜、卖肉、卖土豆的就把一南一北两条各长达百余米的街道挤个水泄不通！小摊小贩见缝插针，吆喝声此起彼伏。但就在这嘈杂声中，位于街口焙子铺的打焙子声却依然清晰动听："当啷啷，当啷啷——呼叭！"声调悠扬，节奏急促。打焙子的师傅把揪下的剂子，用左手举起往案板上一剟（音 duo），右手举起擀面杖在案子上一敲，"当啷啷""当啷啷"地连续敲打；同时快速擀面剂子，直到擀成饼形时，左手掌将面饼整个托起成凹形，然后猛一翻掌凌空将面饼"呼叭"一声扣到面案上，随之一擀，焙子成形，放在铁鏊子上微火烤制。这就是焙子铺日复一日，重复不停地制作白焙子的全过程。成品有白焙子、牛舌头、

油旋、千层、油酥、豆沙焙子、糖焙子、咸焙子等，形状各异，口味有别。

呼市的焙子虽然没有新疆的馕名气大，但从其历史渊源和现实意义来看，丝毫不逊色于馕。焙子对于呼市人来讲，已经远远超出了饱腹的原始概念。焙子让呼市人体会出一种精神，这种精神融入了呼市人的日常生活，融入了呼市人的性格气质，也融入了呼市人的血液之中。

如果有谁到呼和浩特来，即使你不提及焙子，也会有人不经意地把各种焙子为你准备好。就好像很久以来你跟呼市人一样熟悉焙子，喜欢焙子，以至于喜欢得不露一点痕迹！

说来也是奇怪，焙子一旦离开呼和浩特，便失去了它原有的意味，哪怕离开得并不远。东边不远到集宁，西边不远到包头，总有招牌上写着有"呼市焙子"卖，但就连当地人都说，比起在呼市吃的那个焙子来差远了。不仅是口味，就连形状、分量都有很大区别。

旧城的焙子铺似乎都集中在了宽巷子一带。那里的干货店一家挨一家，终日里生意兴旺得仿佛过年一样。你三十个，他五十个，甚至于开小车装上个百八十个也是很平

常的事儿。据说这里的焙子还漂洋过海呢。你信不？反正我信！

旧城的焙子酥，不爱干，能放得住，冷吃热吃各有滋味，当然作为礼物送给亲朋好友也是拿得出手的。而且绝对比时髦的西点还要受欢迎得多。再看新城的焙子，排着整齐的队伍站在点了灯泡的玻璃橱柜中，立在马路牙子上，眼巴巴瞅着食客们来挑选。起先有一股热气

儿撑着还算体面，可过不了多会儿就成了泄了气的焙子，想掰一块下来还得连拉带扯的，极不利索，单这一点就跟旧

欢把热焙子从中间剖开后夹上两个热气腾腾的羊肉烧麦，并美其名曰"蛤蟆含蛋"。

在早年间，"大白焙子，一毛俩！"是当时焙子铺最为流行的商业用语。一般人们买焙子也不用什么包装，捏在指间便吃开了。若买得多，5个以上，卖焙子的便用一根粗铁丝，将焙子扎个孔，然后穿上细麻绳，绺成一串，买焙子的一提，走了，很是方便。

当时进城的、城里的，买上白焙子就只有

城的焙子没法比。当然，说这话并不是看不起新城的"焙子们"，实在是它们自身"素质"有问题。

旧城的焙子铺都相当上规模，一堆堆，一盘盘，货源充足，现做现卖，品种齐全得让你眼花缭乱，应接不暇，初来乍到者便五花八门样样来点儿，说尝尝看哪个更可口，老板兴许会直接甩过一句告诉你："甚的都不赖！"

多少年来，焙子一直是呼和浩特市早点中的主力军，时间进入20世纪80年代后，焙子也是与时俱进，花样迭出，什么"油炸焙子"、"麻辣焙子"、"豆沙焙子"、"大白焙子"、"牛舌饼"，还有一种居然叫"炕板子"。焙子就咸菜更是大多数人的早点选择，原因是它没有异味，经济实惠。后来甚至有人喜

两个去处：一是回家，二是进茶馆喝茶。归化城人早晨打招呼，问："喝了没？"就是问你吃过早点没有，绝无"吃了没"的问法。人们吃早点进的茶馆里都有卖烧麦的，农民、桥牙子、打工的，早晨这一顿茶可得喝好，有时能顶过午饭，甚至可以撑到吃晚饭！吃早点的，先要上二两酱牛肉，掌柜的用一长刀片，切开白焙子，将肉夹在白焙子中间，放在盘里端上来。然后，吃早点的还得要一两烧麦，专门夹进白焙子吃。他们一边喝着免费砖茶，一边与熟人聊天，聊聊今儿的各路行情，聊聊今儿的焙子是碱大了还是碱小了，抑或是嚼出白焙子里掺的小米面儿，毫无恶意的笑骂着损上几句。他们大声说话，开怀大笑，乐在其中。

莜面，恐怕是我们 60 后、70 后这一代人最为熟悉的吃食了，记得儿时，白面大米都很金贵，白面还好说，大米却恐怕只有在过年过节的时候才见得到。即便是取消口粮计划分配之后，大米也还是家

里的奢侈品。那时候，白面往往不够吃，莜面便成了比较重要的主食。那时节最熟悉的场景，就是我姥姥常常的盘腿坐在炕上，在炕桌上铺好案板，嘴里一边哼着我长大以后都听不明白的调子，一边手里很是神奇的搓着，捻着，捏着……半晌的功夫，一条条的、一片片的或是一团团的形状各异的莜面"制品"便分类摆放进了不同的大笼屉里，然后颠着

小脚下了炕，进到厨房里的灶台跟前，把灶上的大铁锅填上七八分满的清水，将三四层的大笼屉稳在大铁锅上，顺手拿火铲子往灶里填几铲子煤，于是这个时候我便有工作了，搬一小板凳，坐在锅灶的风箱前双手拉起风箱，"呼塔塔、呼塔塔、呼塔塔、呼塔塔——"不一会，锅里的水便烧开了，接着水蒸气开始从锅边儿冒出来，渐渐的，小小的厨房就被白色的水蒸气填满，于是，空气中，便弥漫着一股青涩的甜香——

莜麦，亦称"燕麦"，是一种成熟期短、耐寒、耐盐碱的低产作物。早在南北朝时期，呼和浩特一带就有农民种

植莜麦。到清代初期已大面积耕种，享有"阴山莜麦甲天下"的美称。现在仍为当地人民的上等主食。莜麦加工方法特殊。加工时先要将莜麦淘净，晾干后上锅焖炒。莜面吃法颇多，风味各有千秋。可以加工成窝窝、鱼鱼、拿糕、饺饺、搋类（kui lei）、丸丸、饨饨、拨面、山药扁鱼子等，吃时可按各人的口味不同和季节的不同，佐料以羊肉汤、盐菜汤、时令蔬菜等，再加一些辣椒、蒜蓉、更觉可口，深受当地人喜爱。在内蒙古中西部，民间经常盛传："冷调校面捣烧酒，山珍海味都不如。一口莜面一口酒，香得人们口水流"的顺口溜。莜面还可以加工成烙饼、煮鱼、炒面、糊糊、燕麦片、方便面等，不仅成为当地人的一种主要食品，而且也是出口外销的名牌产品。

莜麦所含蛋白质和脂肪量为五谷之首，还含有磷、铁、钙和维生素等多种营养成分。《健康导报》"蒙医饮食疗法"一文称："在蒙医饮食疗法中，有许多塞外特产的粮食作物，如莜麦、山药等等。"莜麦在我国西北、华北等地均有栽培。呼和浩特地区莜麦的栽培历史约有1100年左右（见《内蒙古农牧业资源》）。杨升《丹铅总录》称："阴山南北皆有之，土人以为朝夕常食。"素有"阴山莜麦甲天下"之誉。成吉思汗跃马横跨欧亚大陆，其丰功伟业，令后人惊叹。有关专家考证：成吉思汗和他的子孙们之所以跃马扬鞭，从波罗的海到太平洋，从西伯利亚至波斯，横跨欧亚大陆，就是因为他们的战马饲料大多数为燕麦，马吃饱后跑得快，且耐饿长久。

有资料称：英国前首相撒切尔夫人胆固醇高，不吃药，每天坚持吃一个燕麦面包。据说，在德国和美国的一次总统会晤中，由于两位总统都喜欢吃燕麦食品，因此在西方把燕麦食品称作"总统食品"。也许这是西方人对燕麦的营养、保健、医疗、美容等功能的最好标榜。

19世纪50年代，朱德总司令曾两次来到内蒙古视察，曾点名要吃莜面。他说当年在晋西北转战，曾多次在老乡家的热炕头上吃过莜面，就是这筋道又耐饿的莜面，曾支持晋、察、绥、陕革命根据地的将士开展英勇而坚强的战斗。朱德总司令在后来回忆录中说："我一直很怀念塞北的莜面窝窝、莜面鱼鱼。"1973年9月，周恩来总理陪同访华的法国总统蓬皮杜品尝了"色、香、味、形"俱佳的莜面美食后，蓬皮杜连连称道。我国著名学者马寅初先生，每天坚持吃燕麦粥，年过百岁。

# "青城"莜面

喜吃莜面是呼和浩特当地人几百年的饮食习惯，因为地域环境和气候的原因，一年四季的吃法不同，各有风味。

春天的时候，基本上没有什么新鲜蔬菜上市，而北方地区自古就有冬储大白菜和腌制酸菜的习惯。当吃莜面的时候，从腌菜的缸中将酸白菜取出来浸泡，洗净，切碎了用猪肉或猪油、粉条、山药（即土豆）、豆腐等烩出一锅烩酸菜，把蒸熟的莜面窝

窝、莜面鱼鱼、莜面饸饹放进烩酸菜碗内，再放一些油炸辣椒调拌着吃，一两碗进肚，身上头上都出汗。等到夏天的新鲜蔬菜多了，蒸出莜面窝窝或鱼鱼，用醋、酱油加水加盐，调和成"凉汤（冷汤）"，汤内加放蒸山药荞荞（类似于土豆丝做成的丸子）、烧茄子、黄瓜、水萝卜丝、韭菜和香菜段，再加一些大

蒜块或末，冷汤调莜面，几碗下肚，格外爽口！秋天的时候，农村自种的山药、倭瓜、白菜、圆菜等都可以自食自用了，冷调莜面和热调莜面皆宜。吃冷调莜面，与夏天的吃法大体相同，也可以在凉汤内置入剥皮后碾碎的煮山药与莜面一起冷调着吃。热调莜面，就是以新山药、新倭瓜、新白菜（或圆菜）为主要材料，烩上一锅大烩菜，调上热腾腾的蒸莜面，吃上几碗，特别的可口！寒冬腊月，天寒地冻。或以大烩菜，或以加土豆条的羊肉汤、猪肉汤热调莜面，再加上一些油炸辣椒末，一两碗下肚，大汗淋漓，真是痛快，怎一个"爽"字了得！至于莜面饺饺、囤囤、煮鱼子、炒面、蒸山药莜面鱼子、丸丸、蒸搂类、油搂类、莜面方便面等，而今早已登堂入室，成为呼和浩特市一些高档饭店的招牌特色。

# 有关莜面的民俗
### YOUGUAN YOUMIAN DE MINSU

农历正月初十，称为"石头节"，亦称"老鼠娶亲日"，俗称"十指节"。这是内蒙古中西部地区一个重要节日，按照传统习惯，这天妇女们忌针线，家里的男女老少一起搓莜面，家家户户都要吃莜面。正月初十吃莜面原是晋北风俗，根据民间传统，这一天也被称为"老鼠娶亲日"，吃莜面是为了讨好鼠爷，祈求新年交好运。

"十"与"石"同音，又因为墙基用石头垒砌，老鼠又多生活在墙角窟窿里，所以正月初十是为石头节，是民间传统老鼠娶媳妇的日子。晋东南地区，习惯用谷物做蒸食，夜晚放置于墙角土穴，供老鼠享用；晋南地区在墙根置放面饼，以庆祝老鼠娶媳妇；忻州地区这天要搓面鱼，捏花轿，蒸熟后放置墙角瓮底，以备鼠郎娶亲……

在清水河县，靠近晋北的一些地方，初十晚上还忌点灯，忌说话，生怕惊扰了老鼠娶亲，惹下鼠神，一年为患。小孩子不明事理，往往想看个明白。大人们便接过祖辈的传说，对孩子们说："要嘴里含着驴粪蛋蛋，耳朵里塞上羊粪蛋蛋，眼皮上夹着鸡屎片片，在满天星星的时候趴在磨眼里，才能看到老鼠娶亲的热闹场面，听到鼓乐声。"这样的事情，孩子们当然不愿干了，也就只好睡觉。这个民俗充分反映了历史上民间既恶鼠，又怕鼠的传统心理。

# 武川莜面

WUCHUAN YOUMIAN

随着时代的发展，特别是随着旅游业的蓬勃兴起，武川县，这个通往大草原旅游景区的必经之地，"观草原风光，吃武川莜面"，已成为众多旅游者的首选。被当地人认为很普通的莜面农家饭，近年来随着旅游市场的兴起，名声大噪，异常火爆。

着红高粱。高粱虽是土生土长，可是常常抱怨天气凉：春来迟，冬来早，腊月里冻得没处藏。川底气候温暖，平滩里最数莜麦长势旺。遇上雨水调匀的年头，莜麦只顾跟花草竞争往高长，竟然忘了结果实，因此被人称做"冒青货"。

俗称大青山的北面为"后山"，南面为"川底"。因为武川在后山，所以武川与后山两个称谓往往相互代用。相传古时候，后山地面百草茂盛，到处长

有一年，"莜麦王"和"高粱王"碰在了一起。"高粱王"又提起后山天气冷、自己怕挨冻的话来，"莜麦王"也说川底虽然天气热，但是自己常常遭

人怨骂，因此也觉得不自在，于是双方就谈起了"对调"的事儿。"莜麦王"说："为了驱寒，你给我喝四两酒，咱就换老窝"。"高粱王"听了哈哈一笑，满口应承。就这样，他们各自率领家族子孙调换了地方。

打那以后，莜麦在后山、高粱在川底安了家。千百年来，人们每年种莜麦时，给每亩地的莜麦籽"喝"四两高粱酒——拌种，莜麦就长得壮实、旺盛，不同凡响，因此，莜面也就分外香。一家蒸熟了莜面，四邻都可闻到香味。老辈子人津津乐道归化城（今呼和浩特）大召里、牛桥上的莜面馆；当今的人们则在呼和浩特、包头、集宁等地大开"武川莜面馆"，其大字招牌赫赫然与"北京烤鸭"、"兰州拉面"并立。

武川县位于阴山山脉的大青山北侧，黑黄交错的沙土、集中的雨水，长时间的日照，是莜麦生长的最佳条件。武川莜麦没有病虫害，也不需要施化肥，是纯正的绿色食品。相传，汉武帝时期战事不断，北方地区的游牧民族——匈奴经常袭击汉地，汉武帝随即命大军前去征讨。可是游牧地区的匈奴大军忽东忽西，作战不定，给汉军造成极大损失。军队屡战屡败，加上汉军的补给全靠长安从内地及各郡征调，补给环节薄弱，很容易遭到打击。而游牧民族的骑兵，靠掳掠为主，随军自带干粮，不仅没有被消灭，反而越战越勇，令汉军十分头痛。于是武帝采纳了大将军卫青的建议，命随军驻地垦荒，以供军需，并从各郡征调大批劳力调往当时的河套地区，使汉军的实力大增。当时别的农作物在当地产量有限，军粮还是难以为继，后有一名出生在本地，名字叫作莜司的随军小吏，向卫青献上莜麦种子并大量种植，不想此种一经播下，生长迅速，产量极高。汉军食后，军力大增、抗饥寒，耐酷暑，最后大获全胜。汉武帝非常高兴，亲自率众到河套地区，犒劳三军，并封敬献谷物的大臣莜司为大将军。从此这种谷物在中华大地扎下了根。人们为了纪念这次胜利，便称这种谷物为莜面。

其实说起莜面，在多年前还是绝对的民间食品，在当地算是粗粮，是最平民的食物，价钱也是相当的便宜。所谓"莜面、山药蛋，庄户人的好茶饭"。也不知道从什么时候起，野鸡变成了凤凰，莜面变成了绿色食品、保健食品，身价大涨。笔者曾听在北京生活的朋友讲，在京城吃一顿莜面的花费不亚于一顿大餐，心里总觉怪怪的，要知道在武川当地，

去皮煮熟、捣碎成泥状，拌以适量莜面，和好，捏成半个拳头大小的面块，上笼蒸熟，出笼后再揉匀，切块蘸汤而食；山药鱼子做法同山药糕基本相似，只是在上笼前搓成小鱼状，蒸熟后直接蘸汤而食。和土豆组合的莜面系列品种还有莜面搓类、莜面饺饺、莜面丸丸……莜面宴就是将传统莜面吃法推陈出新，做成十几种系列食品，外加炖羊肉全部摆上一桌，集莜面之精华，融色、香、味于一体。莜面宴展示出了武川地方食品之特色，实谓莜面之大全。

两个人要是吃一顿莜面，就算是往海了吃，也不过十几二十几块，还保不齐得剩点儿。

武川莜面和武川当地产的土豆是一对"好兄弟"，将二者搭配在一起，有好几种吃法。莜面饨饨就是将土豆去皮后切成碎块或擦成丝丝，加上花椒等调味品，铺在莜面擀成的薄片上，卷成铺盖卷状的小卷，蒸熟后蘸着汤吃，别有一番风味。还如山药（土豆）糕、山药鱼子更是莜面土豆组合后的佳作。把土豆

窝窝、鱼鱼、囤囤、含财、金棍、圪团、耳朵、条条、丸丸、二莜面、玻璃饺子、莜面饺子、插花片片、山药鱼子、螺丝卷卷、凉拌莜面、素炒莜面、炒搓类、回勺莜面、煮馀子、莜面拿糕，这些都是内蒙古武川莜面的特色吃法。早年间，武川人（前后山）娶媳妇，首先要看她的手巧不巧，评判标准就是看她的莜面做得好不好，据传说，手巧的媳妇左右手能同时搓，一手五根莜面，匀、细、长，神乎其技。至于懒汉、光棍就只好自己做"饨饨"了。

# 托县莜面

TUOXIAN YOUMIAN

托县莜面名闻遐迩。托县人对莜面情有独钟,当地土话讲:"三天不吃莜面,思谋见就香。""后山莜面白又筋,吃在嘴里香喷喷,咽进肚里饱狠狠,干活有劲快如风。"莜面这东西,不是本地人吃不惯。一方面是由于莜面口感较粗,且有一股较为特殊的面腥气。

莜面不易消化,晚上最好不要吃,也不要着凉,吃完莜面着了凉容易拉肚子。

托县的莜面吃起来也是很有特色,大体上有蒸、氽、炒三种做法和凉汤、热汤之分。

先说和莜面。民间串儿话里有"一半莜面一半水,圪代代滚水圪搅起,双手手揣得放了'屁',趁热做造放笼屉,窝窝推得薄又齐,鱼鱼搓得长又细,揭笼莜面香十里,山药开花烤皮皮,趁热与汤调拌起,吃到嘴里更有味"之说。

这段串话中的意思是是说和莜面的水与莜面的比例是一比一,这样和起的莜面不软不硬,配置得当,还要用温度极高的开水将莜面烫熟,同时双手要尽快使劲将莜面搓揉,"屁"不是放屁的屁,而是指将莜面搓揉的发出像放屁一样的响声才算到位,最后还一定要把山药煮得破了肚再烤焦皮,这样的山药更沙、更醇香。和莜面的讲究有三光:面光、手光、盆光。

再有就是制作。有搓鱼鱼、推窝窝、压饸饹等做法。巧媳妇们用双手搓,看得人眼花缭乱。两只手能搓十几根,其细如龙须。蒸熟以后,入口筋道,极有嚼头。最简单的是压饸饹。下好了剂子(小面团),在饸饹床(一种木制厨房用具)上压出火柴棍细的条条。推窝窝是在石板上或切菜刀上,右手食指和中指之间

夹一段莜面，用手托推薄，左手食指卷起，把莜面推卷成薄薄的筒状，置于蒸笼。立于笼屉之上，薄如蝉翼。蒸熟后

芹菜叶、韭菜等，卷起来，切成一块一块，蒸熟了吃。老百姓根据其形状，取了个有趣的名字，叫"讨吃子行李"。"讨吃子"，乞丐也，那卷起来的莜面菜卷，可不就像是一卷乱七八糟的行李吗？莜面置入锅中，边放边搅匀，最后成黏稠糊状，待水分将干之时起锅，谓之"拿糕（音）"。与煮熟的土豆泥相拌和匀成小疙瘩状，上笼蒸熟，谓之"傀儡（音）"，也做"搂类（音）"我觉得后一个叫法更确切些。

佐以咸菜汤即可食用，殷实人家则常以羊肉汤相佐，这有个学名叫"莜面栲栳栳"，据说当年唐王李世民打了胜仗，用莜面犒赏三军，叫作犒劳，后人以讹传讹，写作了"栲栳"。还可以把莜面擀开，铺上土豆丝、地皮菜（一种菌，春天雨后舒展于地皮）、

这都是庄户人的做法，现在的饭店里也都有了莜面，只是做得太精到，少了莜面原有的风味，并不好吃。

凉汤的制作极有考究。黄瓜，水萝卜，辣辣换（心里美萝卜）。切得碎粉粉、红腾腾、绿莹莹、花生生。加醋、酱油、盐、芫荽、葱花、韭菜、香油、鸡精。根据口味调制凉汤的多少。然后用勺子盛胡麻油炝葱、扎蒙蒙花儿和芝麻。炝好的胡麻油，须放的凉了才能加入菜中，否则胡麻油的热度影响了菜的脆度。喜欢吃西红柿、茄子蔬菜的，可以上茏蒸熟，蘸盐汤就莜面。当地人有串儿话赞道："鱼鱼搓得细针针儿，窝窝推得薄凌凌儿，山药煮得沙腾腾儿，茄子烧得绵镦镦儿，

黄瓜调得脆铮铮儿，芫荽、韭菜切得碎粉粉儿，葱花、扎蒙、芝麻炝得黄冲冲儿，盐汤兑得酸茵茵儿，辣椒子拌得红彤彤儿，吃在嘴里香喷喷儿。”

热汤的做法，是用新鲜的猪、羊肉切成丁状或细条，加盐、鲜姜用慢火熬熟。出锅时佐以芫荽、葱花、韭菜、鸡精，滴少许香油。莜面蘸热汤吃，让你吃得香油辣水，满头冒汗。正所谓“莜面蒸汤汤，庄户人上排场”。

“汆莜面”是把和好的莜面搓成筷子粗细，一寸左右长短的“鱼鱼”，蒸熟以后，加入熬好的热汤中，既汤汤水水，又不失莜面的精气。

炒莜面更是做法简单好吃。莜面蒸熟以后，切碎，用胡麻油佐葱花、姜、花椒、盐炒制。用慢火炒得莜面“出了汗”，才味香好吃。

蒸莜面极有学问。看好了火候，待皮山药煮得快熟了，水也恰到好处，然后急火蒸莜面八分钟，锅里的水正好蒸发了，铁锅烤的山药焦黄。满家莜面香、山药香，揭笼莜面三口香，让你大饱口福。有俗话为证：“莜面捣烧酒，越吃越有。”托县莜面是寻常百姓家的饮食，如今又以其浓浓乡土风味享誉四方。

# 草原上的莜面饭

在过去，莜面饭是寻常百姓的家常便饭，如今则是截然相反，吃一顿莜面饭形同过去过年吃水饺一般新鲜。现在，求花样繁多，重质量特色。下饭馆，已经成了今天人们时尚的生活方式。过去能在家里安排招待亲朋好友一桌，已经

人们家里除了白面，就是大米，而且是精加工，精制作的食品。长此以往，难免有些显得单调。特别是上了年纪的老人，对过去的粗粮还是热衷，留恋不舍，不时改善一顿。这是近几年社会饮食文化的一种变迁，也是时代发展的象征。

随着社会经济的繁荣发展壮大，家庭生活普遍有了质的飞跃，经济宽裕，文化需求越来越高，不仅要吃好，还要

是相当的阔气了。但今天则是不会有人再在家里招待客人，不管大事小情，随时大家到饭店撮一顿，满桌的山珍海味，稀奇小吃成为今天餐桌上的美味佳肴。这不能不说，是人们经济条件提升的一个主要表现之一。

莜面是粗粮，而且营养丰富，具有降糖调节身体的作用，是一种难得的佳肴。莜面的原料莜麦，生长周期长，产

量低，农户一般不愿种植。但是，随着市场经济的拉动，莜麦作物价格高于小

麦，即使产量低，农户愿意种植，莜面在市场上供应日趋充沛起来。现在城乡市场上，以粗粮为主的餐馆越来越多，生意也不错，特别是农家饭菜深受游客的喜爱，不时去吃一顿，感受一下特殊风味，让人回味无穷。现在请客时，有的也是上粗粮饭店去尝尝鲜，来一个别有洞天的特殊感受。

中华饮食文化的底蕴是深厚的，而且是源远流长，堪称一绝。不管我们身置何处，都会有地方独特风味的享受。内蒙古地区的莜面饭也不例外，是少数民族地区饮食文化中的历史悠久的风景线。在过去，老人曾经这样说，内蒙古三宗宝：山药（土豆）、莜面、大皮袄。可以与关东的三宗宝：人参、貂皮、乌拉草相媲美。莜面的制作方法很多，每种吃法都让人叫绝。其实，莜面的加工是比较麻烦的，工序多，经过多次加工后，才能上餐桌。例如，莜麦

初期加工时，要把莜麦放在大锅里煮熟，然后上炒锅炒，把水汽炒干，成为黄色的膨胀起来的大颗粒莜麦，这时就能吃了，莜麦的清香味马上体现出来。那个时代，农户家里加工制作莜面时，特意给小孩炒点莜麦粒，当小食品吃，孩子们高兴的会露出欣慰的笑容。莜麦炒干后，要到磨坊加工成面粉，进行储藏，供随时食用。那个时代，吃

供应粮的也是供应莜面的，但一般不如农户自己加工的精细，蒸出来的莜面饭会有些发黑的感觉。但莜面的清香气味是不会改变的。

在过去，一个家庭妇女必须会做莜面饭，否则人家会小看你的。要吃莜面饭，主妇先要把莜面盛到面盆里，烧开水，一次注入，趁热劲马上把莜面揉合起来。那种热度平常人是无法承受的，滚烫的

莜面一次到位揉合好，需要人的一定耐力的。莜面饭上讲究的是推窝窝、撮莜面鱼子……打搅类，是莜面中最痛快的

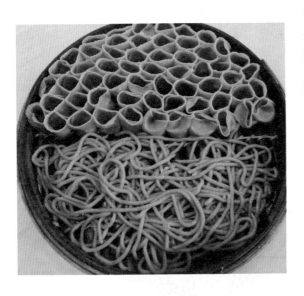

制作法。烧开水，把莜面放入锅内煮一会，然后用专用叉子进行搅拌，把块状的莜面，打碎成一般大小的颗粒，盖好锅闷十来分钟，就成了。清香的莜面搅类扑鼻的香，盛上一碗，就着咸菜饱饱吃一顿，一天不会饿的。撮鱼子、推窝子，这是女人们展示厨艺的大好机会，技术高超者，两只一起撮，每只手五六根不等，粗细均匀莜面鱼子，可以说是一门艺术，可以与兰州拉面相媲美。不会撮的话，那几个莜面团，总是往一起粘，分不开家的。推窝窝，也是一样，一般高，薄如纸，一个细如指头的莜面窝子瞬间成功。这些独特的莜面饭加上羊肉汤，或者蘑菇汤吃起来的话，可谓是一种无法形容的美食享受，让你赞不绝口，赞美莜面饭的清香，厨师的高超技艺，将成为一顿永久的难忘美食大餐。

# 油炸糕
## YOUZHAGAO

是用胡麻油炸的黄米黏糕。土默川地区盛产胡麻和黍子，尤其以托县伍什家乡和清水河县的黍子最为有名。黍子的素糕剂子和馅包成大饺子形状，用滚热的胡麻油炸过就可食用。黄米油炸糕做好后，色泽金黄，外脆里粘，米香浓厚，

剥了壳后就是黄米，黏性较大，用水淘洗后磨面，再用温水拌成豆腐渣状，饧上半个小时，让水充分渗透到面中，均匀撒在笼屉里，上锅急火蒸熟后倒在面板上，趁热用双手蘸凉水揉成素糕面团。油炸糕的馅是用煮烂后的红豆加白糖搅拌而成，还有土豆韭菜馅、粉条豆腐馅和红糖绿豆馅。吃的时候，将鸡蛋大小口感筋软，是呼和浩特城乡百姓特别爱吃的一种面食品。和林油炸糕更是一绝。素糕纯黄，油糕金黄，又精又软，吃到嘴里，黏而不粘。坊间曾有一则趣闻：说是一村妇蒸熟了素糕，出门望丈夫收工回家用饭。她没有带门，自家黄狗乘机入室，叼得素糕跑向门外。因素糕太过筋道，一头粘在盆里，一头粘住狗嘴，

拉扯不断。女主人回头看见，打狗，狗不松口，情急之下，操起切刀向门槛一砍，素糕半截缩回盆里，半截跑向狗嘴。你说这糕好呀不好！有时候，本地的食客还会唱起小曲儿："今天你吃了妹妹的糕，明天哥哥你步步高"，那真是别具一格的和林饮食文化。

油炸糕的"糕"与"高"谐音，因此，土默川的农村人家过了腊月二十三就将糕炸出来。冻储在凉房的大缸里，预备过年食用，正月里吃隔年糕还有"年年高升"的意思。平时呼和浩特的人们操办红白"事宴"时，都要吃糕以图吉利，尤其是乔迁之喜必要吃糕，而且有"搬家不吃糕，一年搬三遭"的讲究。油炸糕最大的特点是耐饥饿，土默川地区流行的说法是："三十里的莜面四十里的糕，十里的荞面饿断了腰"，所以，过去人们出远门走长路，都要香香地吃上一顿大烩菜和油炸糕。

# 清水河的油炸糕
QINGSHUIHE DE YOUZHAGAO

内蒙古清水河的油炸糕以"软溜溜"、"黄澄澄"闻名四里，清水河糕的原生态是黍子。黍子耐干旱、抗盐碱、适宜贫瘠土地耕种，是内蒙古南部一带重要的粮食作物之一，清水河地区就盛产优质黍子。黍子上碾去壳成黄米，黄米再磨成面俗称黄米面，清水河油炸糕就是黄米磨成面后做成的。黄米面做成糕后黄、软、筋、香、口感好、抗饿，过去就有着："三十里的莜面，二十里的糕，十里的豆面饿断腰"的说法。又因糕与高同音，取高兴、高升、高中之意，所以，清水河人每逢过时过节，红白喜事都要吃糕，一直流传至今。

糕在《现代汉语词典》中解释是："用米粉、面粉等制成的食品，种类很多，如年糕、蜂糕、蛋糕等。"清水河的糕特指用黍子面或黍子去皮后的黄米面做成的块状食品。到过清水河的人，一定

会对那里的油炸糕印象深刻，每每想起，也会被勾得直流口水。人们通常用"软溜溜"、"黄澄澄"这两个词常被人用来形容清水河油炸糕，因为也唯有清水河的油炸糕同时具备了这两个要素。

清水河地区盛产优质黍子，黍子上碾去壳成黄米，磨成面后做成糕，软糯醇香。杀猪菜、炖羊肉蘸上素糕，醇香的糕面味和着鲜嫩的肉味，堪称当地的一道风味。素糕再加上一道工序就做成了油炸糕。

"糕"者"高"也，取谐音是祝愿人们步步高升、喜庆、吉祥之意，所以，好客的清水河人喜欢用油炸糕款待客人。如果你到清水河，吃到了主人家香喷喷的油炸糕，那一定是被视为上宾了。清水河人不仅招待客人、逢年过节要吃油炸糕，婚丧嫁娶、过生日、喝满月酒也绝少不了。只要是能说得上的纪念日，清水河人的餐桌上绝少不了油炸糕。

清水河油炸糕，让每个吃过它的人都口有余香，历久难忘。

传说当年康熙大帝去五台山寻父路过浑源州城南的唐庄村时，一个妙龄女

子正在推碾磨面，女子的善步和容颜打动了这位风流天子。面对眼前情景，康

熙信口念了八句打油诗：

高骄骏马过芫庄，偶见佳人碾米粮。
纤纤玉腕托杠头，碎碎金莲步地忙。
汗流粉面额含露，沉压蛾眉柳带霜。
可惜一代风流女，配与何人作娇娘。

在惊叹小小浑源州竟有如此绝色美女的同时，康熙谦恭地询问女子碾的是啥面？制作何食？女子不卑不亢地言道："碾面是黄米面，准备做的是让皇帝都想吃的油炸糕"。一听小小女子，竟有如此大的口气，心感此女子非比常人，又想这油炸糕是不是真是她所说的那样香，于是命令随行知州，将这女子八抬大轿抬回州衙，为他制作了一顿油炸糕。席间康熙边吃边夸："美哉，好哉，妙哉！"随后康熙将这一女子接进后宫，专门从事油炸糕制作。从此写下一代英雄爱美人，天子好吃油炸糕的趣话。

清水河县油炸糕的做法

清水河县油炸糕以筋道、黄亮而闻名，几乎每个清水河人都会做油炸糕，总结起来，做糕过程可分为擦、蒸、掇、炸四个步骤。

擦，就是擦糕面，需在面里加注温水，将糕面拌成软硬适度的粉状，用手掌用力米回搓，搓的时间越长，做出的糕越精到。糕面擦好后先在笼布上均匀地撒上一薄层，大火蒸几分钟，等里面的面变成了湿漉漉的黄色时，就意味着熟了，然后再撒一层糕面，以此类推。有人算过，蒸糕一般从笼屉上气算起十五到二十分钟即可，短了不熟，长了就不鲜、不筋了。

掇糕是最为关键的环节，也是最能显示技术的节点。糕蒸熟要立即揭开锅盖，趁热气将糕取出放入瓷盆中，马上用手蘸少许凉水来回捣按叠折和掇，使其渐渐变成均匀的一圆块。掇糕时"掇"的次数越多，糕的面越筋道，做出的糕越好吃。现在呼和浩特市好多饭店也卖糕，可大部分糕不是发硬就是发酥，究其原因除了糕面质量差之外，就是搓糕和掇糕不到位。

掇好糕后将圆块翻过来并在表面涂一层麻油，金黄发亮的糕做成了，这是人们常说的素糕。小时候，大人掇好糕后总要揪下一块儿抹着胡麻油的糕给我们吃，当地话叫"油疙卷儿"。听外婆讲，小孩儿吃了"油疙卷儿"能快些长大。

将素糕做成油炸糕的方法是将掇好的糕块儿趁热在面板上搓长揪成一个个"糕剂子"。炸实片糕时，直接搓圆按扁就可以放在油锅里炸。做包馅儿糕时，把一个个糕剂子用手捏开，包上豆馅儿或菜馅儿、糖馅儿等，包成"糕饺子"状或者圆饼状。清水河油炸糕用的油是本地产的胡麻油（这也是清水河油炸糕美味的原因之一）。炸糕是等油温上来后，将捏好的糕下入油锅中炸，每个糕下锅，都会响起嘭嚓声，光滑的表皮立马出起好多泡泡，炸得表面金黄酥软，满呈油泡时便成了油炸糕。现炸的油糕，表皮酥脆，内里精软，吃起来内软外脆香甜适口，看起来金黄灿灿，怎一个美字了得！

# 黍子

SHUZI

黍子是单子叶禾本科作物，一年生草本植物，生长在北方，耐干旱，叶子细长而尖，叶片有平行叶脉。籽实也叫黍子，淡黄色，去皮后俗称黄米，黄米再磨成面俗称黄米面，性黏，常用来做年糕、酿酒。

书上记载：黍米中蛋白质含量相当高，特别是糯性品种，其含量一般在13.6%左右，最高可达17.9%。黍子蛋白质优于小麦、大米及玉米。

黍米中脂肪含量比较高，高于小麦粉和大米的含量。

黍子籽粒中含有多种维生素均高于大米。黍子籽粒中常量元素钙、镁、磷及微量元素铁、锌、铜的含量也高于小麦、大米和玉米。黍子籽粒中食用纤维的含量在4%左右，高于小麦和大米。

黍子不仅具有很高的营养价值，也有一定的药用价值，是我国传统的中草药之一。《内经》《本草纲目》等书中都有记述：黍子性味：甘、平、微寒、无毒。据《名医别录》记载：稷米"入脾、胃经"，功能"和中益气、凉血解暑"。主治气虚乏力、中暑、头晕、口渴等症。煮熟和研末食。黍米"入脾、胃、大肠、肺经"。功能"补中益气、健脾益肺、除热愈疮"。主治脾胃虚弱、肺虚咳嗽、呃逆烦渴、泄泻、胃痛、小儿鹅口疮、烫伤等症。煮粥或淘取泔汁服。

黍子把种子打下来后，还可以把它刨成扫炕的笤帚。清水河几乎每个家庭都有一把黍子笤帚。

黍米中碳水化合物的含量非常高，经过水解能产生大量还原糖，可制造糖浆、麦芽糖。黍子籽粒外层皮壳有褐（黑）红、白、黄、灰等多种颜色，经过化学处理可提取各种色素是食品工业中天然的色素添加剂；黍子还是酿酒的好原料，用黍子酿酒，出酒多且酒味香醇。我国中药中常用的黄酒就是用黍子制成的，它含有多种氨基酸和维生素，营养和药用价值很高。清水河的许多人家都自己酿黄酒，甜丝丝的很好喝。

# 清水河人吃糕的 N 个版本

QINGSHUIHEREN CHIGAO DE N GE BANBEN

"黍子糕"，指用没有脱皮的黍子面蒸成的大块糕。这种粗糙的糕口感硬而涩，也叫"连皮糕"。

"烤糕"，就是将素糕切片后放在火炉烤，烤到表面焦黄的时候就可以吃了。

"素糕"，指用脱皮后的黄米磨成的面蒸熟后不包馅儿，也不用油炸的糕。这种糕颜色金黄，口感筋绵香软。在清水河县，窑沟、小缸房一带有这样一个笑话：说从炕桌上铲一块糕，走到院子里还连着，放手了，糕又绷回到糕盆里。糕的筋道可见一斑。

清水河人吃素糕的方式也很多，"炖羊肉沾素糕"最好吃，还有"煮糕"，就是烩菜的时候将糕煮在锅里。

油糕又可分为两种：没有馅儿的叫"实片糕"，有馅儿的叫"包馅糕"。人们日常吃糕都懒得包馅儿。要是过生日或者婚丧大事中吃的"衬席糕"都讲究包馅儿，糕内可包红糖、豆沙，有的人家也包土豆韭菜甚至肉馅儿。

还有，清水河人把刚炸出锅的糕叫"现糕"。把炸好的现糕一个挨一个码到瓷盆里放到热炕上，捂一两个小时再吃的糕叫"塌糕"。吃剩下的糕叫"旧糕"，可以馏着吃，烤着吃，放进稀饭或烩菜锅里煮着吃。

此外，清水河人也喜欢用黄米做凉糕，用黄米做腊八粥，甚至在焖米饭时也放上少许黄米，要的就是那个筋软劲儿。

把黍子碾成黄米，再把黄米磨成面，即成黄米面，由黄米面做成的黄米糕具有"黄、软、筋、香"四大特点，吃的方法有两种，一是"素糕"，二是"油炸糕"。"素糕"是不经过油炸这一道工序，做好后蘸上肉菜相当可口，即所谓"黄糕泡肉，吃个没够"。

在清水河，糕在百姓生活中起着举足轻重的作用。这当然不仅仅是因为它好吃和好看，更重要的是"糕"与"高"谐音。在清水河家家户户的词典里，"糕"是吉祥的象征，富贵的希望。因此，娶媳妇、嫁闺女吃"喜糕"；生了小孩吃"满月糕"；盖房时吃"上梁糕"；搬家时吃"搬家糕"；老人生日吃"长寿糕"；儿童生日吃"翻身糕"；家中有人去世了，先吃"倒头糕"，再送"爬山糕"；过年要吃"接年糕"，如此等等。清水河还流传着这样一首民谣，可以大体反映

糕在人们生活中的重要性："百岁吃顿糕，日后步步高；生日吃顿糕，办事不发毛；喜事吃顿糕，日子过得好；丧事吃顿糕，阴间饿不着；搬家不吃糕，一年搬三遭；五月端午吃凉糕，包粽子，放红枣；六月六吃素糕，西葫芦羊肉一锅搅。"而在金秋九月重阳节，糕最早是庆祝秋粮丰收、喜尝新粮的用意，清水河民间也有登高吃糕，取步步登高的吉祥之意。

因为糕与生活的关系太密切了，糕系列的俗语也丰富而形象。例如"三十里夜面四十里的糕"，说的是吃糕耐饥的意思。讽刺人待客小气，常用的惯用语是"鸡蛋碰糕"，说的是旧时接待贵客的饭食常常只有炒鸡蛋和炸油糕。盘子里的炒鸡蛋不多，是经不起大口大口吃的，客人一般也以吃糕为主，只拿筷子头儿碰一碰炒鸡蛋，做做样子。后来，人们就用这个惯用语讽刺人吝啬、小气。又如惯用语"吃糕货"指能吃不能干的人，类似于普通话说的"饭桶"。"糕油子"，形容人处世圆滑，八面玲珑。歇后语"二小掇糕——有两下"，夸奖人能干；"鸡肉蘸素糕——再好也没啦"，表示好的程度无以复加等等。

# 清水河的"杀猪糕"

QINGSHUIHE DE "SHAZHUGAO"

　　"小雪杀羊，大雪杀猪"这是清水河的一种习俗。现在人们的生活富裕了，但吃杀猪糕却一点也不潦草。每年腊月里，清水河农村吃"杀猪糕"便到了高峰时期。家家杀年猪，户户请人吃"杀猪糕"，一个个窑洞内的空气中扩散着胡麻油炸糕的袭人香气，夹杂着帮忙人们的嬉笑声，那祥和的气氛真让人感动。

　　杀猪这天，主人会早早起来，烧开满满一锅沸腾的开水，等被请的杀猪师傅和帮忙的人到齐之后就开始杀猪。女主人把辛勤喂养了一年的肥猪赶到院里，杀猪的刽子手和几位帮凶七手八脚便把猪逮住，架到早已准备好的木案之上。

　　随着猪的号叫，杀猪刽子手一刀捅下去，顿时猪脖子处血流如注，溢满一大盆。此时，猪的号叫声更高，挣扎得更快，叫声逐步由高变低，由低即止。转眼间，一个活活的肥猪便被人们结束了性命。尔后一群人手忙脚乱开水褪猪毛，不大一会儿一个赤身裸体的白条猪展现在人们面前。当地人有讲究，吃杀猪糕一定要先吃猪脖颈上的一圈肉。

　　等这边男人们把杀猪的每道工序处理完毕之后，女主人带领的厨师团早就把油炸糕和杀猪菜准备妥当，前来帮忙的各位客人围着饭桌坐下，津津有味地品尝、分享主人家一年的丰收成果。

赵玲·通讯图

# 粉汤

FENTANG

在内蒙古中西部，操办红白喜事早晨喝粉汤吃炸糕算是传统风俗了，可惜现在城里人们为了省事，大多已经取消了这顿饭，唯有农村里还乐此不疲地保

糖、盐、味精，再加淀粉勾芡，撒少许香菜。浓香四溢、口味极好。

每逢婚嫁，男方家里头天晚上吃过晚饭就开始张罗了，一宿不得歇息。待

吃在呼和浩特

留着喝粉汤的习惯，大清早热热乎乎地喝一碗浓稠的粉汤，吃两片刚出锅脆生生的炸糕，暖胃又管饱。

粉汤是猪肉汤，里面放了很多过了油的瘦肉丝，搁着黄花菜、豆腐丝、粉条，有的地方还放些海带丝，煮开后加少许

第二天早晨朋友亲戚和自家底亲上门时，已大功告成。人多，熬的量很大。有时要来几十号人，即便一人一小碗，也要好几大锅才够。狭小的房间里挤挤擦擦、犹如庙会时的佛堂，大多数人站着喝，喝完扭头就走。人多时，楼道里、楼梯

上都有人在排队等候。为的就是喝这一碗粉汤。

喝粉汤要就油炸糕，油炸糕是用大油锅现炸，里面的馅有的是豆沙的，有的是枣泥的，还有的是红糖的。婚宴不准备菜糕，只有过年时候才准备菜糕。

现在的婚庆礼宴千篇一律，酒席吃起来也没什么新鲜，而粉汤正经人人喜好，有些人就为早起喝这口粉汤，不管路有多远也要赶到主人家，暖饱以垫肚，足可以撑到中午一点喜宴正式开始。

元末明初的《水浒传》第三十八回"梁山泊戴宗传假信"，写戴宗下饭馆，酒保道："我这里卖酒饭；又有馒头、粉汤。"戴宗因为使"神行法"必须斋戒，所以说："我却不荤腥。有甚素汤下饭？"酒保道："加料麻辣豆腐，如何？"戴宗道："最好，最好。"

由此可见，这里的"粉汤"是肉汤，与现代粉汤同属"荤腥"，而戴宗却只要吃"素汤"。

写于同一时代的《西游记》多处提到"粉汤"，却属于"素食"。

第四十七回说："先排上素果品菜蔬，然后是面饭、米饭、闲食、粉汤，排得齐齐整整"。这些都是给和尚吃的，自然是素粉汤。

古代粉汤的味道如何？第六十九回说道："色色粉汤香又辣"。可见与现在大致相同，以香辣为主。"色色粉汤"，说明那时粉汤已有各色各样的了，足见"粉汤业"之兴旺。尤其值得一提的是，《西游记》中还描述了粉汤的做法，第八十四回说道："取些木耳、闽笋、豆腐、面筋，园里拔些青菜，做粉汤"。很显然，这种粉汤与上文所说上海一带的粉汤很相像，属于南方风味。

由这两种古籍可以看出，当时的粉汤已分荤素两大类。

# 备受推崇的荞面食品

以荞麦为原料的各种饮食在世界上可谓丰富多彩，在意大利和瑞士，荞麦面条被称作"皮草齐瑞"，法国的荞麦面食品"加勒太"，俄罗斯的"尼煎饼"，德国、奥地利的"荞麦饼"等，都有悠久的历史。我国西安的"荞麦烙饼"，山西的"猫耳朵、灌肠"更是享誉世界。

阴山山地阴湿凉爽，适宜于荞麦生长，且荞麦又属晚秋作物，利于"倒茬歇地"，还可弥补夏田受灾后的损失，所以历来受到山区群众的喜爱。荞面条、荞面饸饹、荞面碪团、荞面揉揉、荞面凉粉等，都是人们钟情的食物，也是具有浓郁的地方特色的食物。

荞麦粉的营养价值高于小麦粉。荞麦粉中含有其他谷类作物所没有的芦丁，苦荞麦粉中的芦丁含量最高，是普通荞麦粉的 2～4 倍。荞麦营养丰富，其面粉蛋白质和脂肪含量均明显高于大米、白面和小米；碳水化合物也高于高粱和玉米。荞麦粉的蛋白质由19 种氨基酸组成，含有人体必需的 8 种氨基酸，比例合理，接近鸡蛋蛋白的组成，

05

吃在阴山河畔

也是一般谷物所不及的。特别是赖氨酸的含量，是白面的 3 倍。

现在市面上有许多以荞面为主要原料的方便面食，选用内蒙古产阴山荞麦、苦荞麦为主料，加入一定量的小麦粉经过特殊磨制成超细面粉，把荞麦、苦荞麦所特有的营养成分完全包容到面条内，形成全营养面条，易熟煮不断，好吃营养全，是难得一见的人间美味。近年来，随着食品营养科学的发展，人类食品营养结构的不断改善，对荞麦生产及其研究利用有了新的发展，"荞麦方便面"、"荞麦挂面"的相继问世就是很好的例证。

三十三颗荞麦是我蛰伏在村庄的三十三个弟兄。

身材矮小，一脸黑焦厮守着辽阔天空，习惯于畅想湛蓝三十三颗荞麦兄弟将干旱植入清贫的身躯仰天发出苍白的拷问，有如我游走的灵魂一束偶尔的闪光露出了闪电的肋骨！

——王占斌《像民歌一样行走》

# 荞面饸饹

QIAOMIAN HELE

"饸饹"，古代称之为"河漏"。元代农学家王祯《农书，荞麦》："北方山后，诸郡多种，治去皮壳，磨而成面或做汤饼"。羊肉饸饹不是作为汤饼（古时称汤面为汤饼），而是用一种特制的饸饹床子，将荞面压成细而长的圆状条面，捞入碗中，再泼入多味调料

的羊肉汤，故称羊肉饸饹。如凉吃，放少许凉粉，再加入油辣、蒜泥、芥末等调味，成为凉粉饸饹，食时不仅带有特异的香味，且对身体大有补益。李时珍《本草纲目》载："荞麦最降气宽肠，故能炼肠胃滓滞，而治浊滞、泻痢、腹痛、上气之疾。"因荞麦性寒，故有俗话说："荞

面凉冶沿，离不开三样好调和，油泼辣子、蒜、芥末。""荞面热缩铝，原汤加调料，羊肉臊子辛辣椒。"

制作时把荞面倒入盆里，用水调拌均匀，再掺入碱水，揉好扎软。将饸饹床放于开水锅上，揪一块面填入饸饹床眼里，用手按住饸饹床把，用力将面压出成条，落入开水锅内，煮熟捞出即成。筋性强，利口，但性寒不易消化。

吃时浇以各种浇头，吃汤面亦可。特别是配以羊肉臊子，肉暖面寒，暖寒调和，味道美，食用最佳。食此面时适宜配辣椒。

# 荞面碗坨

QIAOMIAN WANTUO

制作荞面碗坨的原料是荞面。荞面放在碗里蒸熟，外形呈坨状，故叫碗坨。

荞面碗坨，是比较讲究的一种食品，既卫生，又适应时令。沙漠或半沙化地区的夏天，气候非常燥热，挥汗劳动了一天的农民回到家中，凉阴阴地吃上一两碗荞面碗坨，顿觉神清气爽，疲劳顿消。

# 托县开河鱼

TUOXIAN KAIHEYU

北方人在每年开河期间要吃开河鱼，尤其是黄河流域的人们一般以吃黄河开河鲤鱼为最大口福和追求。

开河鱼中最有名的是内蒙古、山西、

封河时所取则味稍逊。"可以证明，古人早已懂得享受开河鱼。在冬天冰封水面的时候，鱼处于休眠状态，很少进食和活动。经过一冬的净化，鱼体中的一

陕西一带的黄河开河鲤鱼。黄河鲤鱼的特点是嘴大、鳞少、脊背上有一道红线，肉肥味美，独具风味。捕鱼盛期在清明时节。如今的黄河鲤鱼多是人工放养，人们不用等开河，四季俱可吃到鲜美的黄河鲤鱼。

古人云："冬初河水，鱼在冰中不食不动，至来春冰开取之，极肥美，其

些异味物质渐渐溶于水，鱼体内储存的营养物质，尤其是脂肪、肝糖的转化、消耗，让鱼的肉质更加鲜嫩和纯净，所以开河鱼有最纯正的"鱼"味——健康而且鲜美。

黄河鲤鱼在不同的地方有不同的风味。"托县炖鱼"就是一种，它是黄河沿岸、内蒙古中西部的一道名菜。正宗

的"托县炖鱼"是以香而不辣、闻名中外的托县辣椒、八角茴香慢火炖两小时左右而成。整条鱼色泽红艳、香而不辣。全身各处味感均衡，没有不入味之处。细腻鲜嫩的质感在唇齿相碰间渗出淡淡的清香，袭向你跃跃欲试的味蕾，引诱你的口水泛滥，让你欲罢不能。

赵玲·通泰阁

# 沙葱
## SHACONG

说白了就是野葱，它有葱的形状，有葱的辛辣，还有家葱所不具有的独特

葱在草原最简单的吃法，是将采摘来新鲜的沙葱放入罐头瓶内，撒上一点盐，两日后就成了美味小菜。沙葱开的花虽然小，但那略呈粉白色的花却是牧民们离不开的上好调料。人们将葱花采摘回来，用盐腌上或晾晒干，做汤煮肉时往锅里放上一把葱花，那汤那肉就四溢飘香。沙

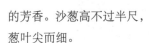

的芳香。沙葱高不过半尺，葱叶尖而细。

乌兰察布草原雨水极少，一年之中能有一至两场大雨那就算不错的了。然而生长在干旱草原的沙葱却神奇般鲜嫩，只要你轻轻地一折葱身，断口处便会流出鲜汁和油花来，折一小段放入口中，似葱、似韭、似香草，同时还夹含有一种油香、一丝微甜，其鲜香嫩美，妙不可言。沙

葱的营养很丰富，含有人体所需的多种维生素，况且它又生长在无任何污染的大漠草原上，因此是绝好的天然绿色食品。

# 大烩菜
DAHUICAI

顾名思义，是一种用烩制方法做出来的菜肴，由于所用原料非常广泛，并且都是当地特产，有荤有素，无所不包，

油烩素菜，将土豆、萝卜、倭瓜或葫芦洗净后，切成元宵大小的滚刀块，把猪油或羊油放入锅中烧热，加入花椒面和

于是人们称其为"大烩菜"。呼和浩特城乡各地蒙汉族人家几乎都会做大烩菜，而且每家每户的风味各异，独具特色。大烩菜还可以根据时令季节、经济条件和口味爱好，随意调配肉类和蔬菜的品种，这更让人们感受到大烩菜的新奇和魅力。

呼和浩特地区最普通的大烩菜是荤

干姜面，再把切好的菜块倒入锅中翻炒，并撒上食盐和酱油，添入适量的水煮到八成熟时，将粉条、豆腐、白菜放在上面，添水把菜淹好，加锅盖焖一会儿，全熟后用铁铲上下翻动，让各处蔬菜充分混合一起，喷香可口的大烩菜就做好了。

稍好一些的大烩菜在用料和煮制方面复杂一点，用烧猪肉代替猪羊荤油，土豆要先用油炸过之后再入锅，豆腐也要用油炸豆腐或冻豆腐，白菜要用腌制好的酸白菜，另外再加些口蘑、黄花、木耳，最好加些肉汤或老汤，用文火慢煮。这样做出来的大烩菜酸咸可口，味道很香。

近年来，巴盟地区的大烩菜也在呼

和浩特流行起来。其做法是选择带皮五花肉切成元宵大小的方块，腌酸白菜切成丝，土豆削皮切成滚刀块，豆腐切成水饺大小的方片。先将猪肉块放入热锅中翻炒，加入葱、姜、蒜、花椒粉、干姜面等佐料，猪肉变色后加入土豆块翻炒，然后加水适量，煮开后加入酸白菜丝，待土豆煮熟后放入豆腐和宽粉条，继续煮至土豆绵软和豆腐粉条入了味，用铁勺将土豆捣成泥状，并与酸菜、豆腐和粉条来回搅拌均匀后就可出锅。巴盟大烩菜的特点是汤油入菜，绵软无汁，

非常适宜老年人食用。

如今，呼和浩特很多饭店将民间传统菜肴精工细做，推出了风味独特、美味合口的精制大烩菜。又称"什锦大烩菜"或"豪华大烩菜"。主要原料除了猪肉、土豆、粉条、豆腐、白菜以外，又加上了老汤鸡肉、猪肉丸子、羊肉丸子以及四季时鲜蔬菜，如夏季有茄子、豆角、蘑菇；秋季有倭瓜、木耳、黄花；冬季除了烩酸菜，还可以加上干豆角丝、干倭瓜条、干黄花菜。"什锦大烩菜"或"豪华大烩菜"烹制的方法更为细致，调料也更加讲究，土豆和豆腐都要用油炸过，这种高档的大烩菜很受大众的喜爱，往往成为饭店宴席的压轴大菜。

大烩菜之所以在呼和浩特地区久盛不衰，一是因为经济实惠，做起来简单方便；二是由于北方的冬季较长，气候寒冷，大烩菜热热乎乎吃起来舒服，不容易得胃病；三是大烩菜荤素搭配，还可以根据不同季节和家人爱好，随意调整和变换肉食和菜品的花样，满足了不同地区、不同年龄、不同民族人们的各种口味和饮食习惯，这是大烩菜不同于其他菜肴的一个显著特点。

# 土默川酸饭
## TUMOCHUAN SUANFAN

土默川农村，糜米酸饭、酸粥是家家户户不可缺少的主食。如今，呼和浩特的一些饭店每到夏天也开始经营糜米

盛夏季节，农民顶着烈日在田间劳作，酸米饭的功用真是不可替代，尖顶一海碗酸捞饭，耐饿不渴，再喝上一罐

赵玲·通泰阁

酸饭、酸粥，引得不少食客趋之若鹜。

所谓酸粥、酸饭，是以糜米之汁盛于罐中，待其发酵变酸后，放入糜米，炊时捞置锅里，焖至半熟取汁不尽则成稠粥，取汁尽则为干饭（俗称捞饭）。此饭米粒晶亮醇香，筋软滑溜，酸香顺口，使人口内生津，具有调味、消暑、开胃和泻火作用；所剩酸米汤加糖，是上等清凉饮料。

子比啤酒、汽水还解渴百倍的酸米汤，那感觉简直是美如神仙。

糜米酸粥有多种吃法，有的搁胡麻盐，酸香可口，开胃泻火；有的搁辣椒粉，酸辣爽口，往往吃的人满头大汗，食之者多数成瘾。河套人有句俗话："烂烂活活的酸粥，把胡麻盐蘸，真是咱庄户人家的扛硬饭。"

# "酸米饭" 的穿越

　　"酸米饭"是黄河两岸特有的特色饮食，因为这里盛产糜子，出皮后的糜米就是做"酸米饭"的原料。"山药芥

渡过黄河，进京路过山西河曲，当地老百姓皆大欢喜，家家户户泡米为大军准备饭菜。谁知情况有变，大军临时改变

芥（方言词，意为条）酸焖饭"的叫卖声此起彼伏。在夏日的中午时分，在内蒙古托克托县的大街上，大嫂子、小媳妇推着脚蹬三轮车在路边吆喝着，下班的人们纷纷凑上前，顺便要带上几份，让人高兴的是还有"酸米汤"免费赠送。说起这"酸米汤"可是好东西，它酸甜可口，消暑止渴，让人百喝不厌，是"酸米饭"的附属品。

　　"酸米饭"由来纯属偶然，有一段传说。据说当年李自成率领农民起义军

路线，绕道而过。而老百姓泡的米多，一时半会儿吃不完，放得时间长了就发酸。老百姓舍不得扔掉，就用发了酸的米煮成的稠粥吃，发现并没有影响其食用价值。后来人们便故意将糜米泡酸做粥食用，慢慢发现这种酸粥能开胃健脾，护肤美容，味道更是妙不可言，姑娘们经常食用，即便不用化妆品，皮肤也白嫩细腻，唇红齿白。有人研究发现"酸米饭"中含有一种乳酸菌，食后可帮助消化，增进食欲，能使人体得到更多的

维生素。

明末清初，"酸米饭"随着晋、陕大批"走西口"移民长途跋涉，渡过黄河上中游分界处最大的水旱码头——河

口埠，辗转传到托克托，受到当地人民的青睐。说"酸米饭"是黄河两岸特有的，因为这里盛产的糜子，出皮后的糜米就是做"酸米饭"的原料，用大米是做不出来"酸米饭"那种独特味道的。几百年来，"酸米饭"养育了一代又一代的黄河儿女，伴随着他们渡过了许多艰难岁月。

制作"酸米饭"的方法很简单，只要将淘洗干净的糜米放入预先准备好的"浆米罐子"里，放在热灶头上，经过一晚上发酵就可以了。如果想换口味也可以煮进一些土豆或红薯，等煮到半熟，就可以把发酵好的米下锅了。焖煮一段时间后，把多余的汤撇出一些来，拿锅铲不停地搅动，这样不容易粘锅，煮出来的粥筋道。等看不见米汤，这样用不了半个钟头，一锅酸粥就熬成了，也不用搞什么复杂的菜，只要拿一盘当地人特制的烂腌菜，再调上点辣椒油，往粥上一抹就可以下箸了，正像托县人所说的"辣子抹粥，真抖！""酸米饭"还就这么个特点，菜越清淡越可口，如果你用大鱼大肉下饭，反而倒没什么意思了。

随着人们生活水平的提高，物资极大丰富，各种美食花样百出，应有尽有，但人们仍然对"酸米饭"情有独钟，它已登上了各家宾馆饭店"大雅之堂"。近年来，人们回归自然，回归田园的情愫日益浓厚，位于黄河上中游分界处托县"一溜湾"一带的农民，依托库布其沙漠、海眼神泉等得天独厚的自然景观，大力发展"黄河人家"民俗村旅游，"酸米饭"与炖黄河鲤鱼、山野菜等纯正的农家风味菜肴，吸引城里人远离都市喧嚣，品味乡村风情。

# 和林炖羊肉

HELIN DUNYANGROU

但凡是来到呼和浩特市旅游的外地人，旅行社的行程单里总会有去和林县蒙牛盛乐经济园区总部参观这一项，那么"和林羊肉"一定就会在第一时间映入你的眼帘，因为有一个地方你要路过——南茶坊，呼和浩特城南一个很久就有名的地方，如今的南茶坊已是

六月六过后，当年的羔羊已是肥美欲滴了，和林的乡亲们就已开始享受新鲜的羊肉了，即到七月十五，更是家家宰羊，户户炖肉了，没有羊肉，节日是没法过的，少也要割点，多也不嫌多，待客送礼是为首选。炖羊肉，是千百年来和林格尔人的传统美食。本地炖羊肉

和林格尔人进驻青城的桥头堡了，在此地，你细细留意，打着"和林羊肉"招牌的饭店就有十几家，有大有小，镶嵌在公路两边，一直延伸到和林格尔。

"和林羊肉"对于和林人来说再熟悉不过了，究其历史源远流长，至于和林人及和林羊或是和林草地等等之纠葛渊源，那是历史学者及考古专家的事了，笔者在这里只是简单介绍几句和林人与和林羊肉那千丝万缕的情结的。

"过了六月六，羊肉飘香顺街溜"，

与各地相比，另有一番风味。因为，制作起来要比各地多一道程序。其方法是：将羊肉剁成三尖块，下开水锅汆透，捞出放在冷清水锅中，然后把洗净的胡萝卜切块，放入羊肉锅中，配上酱油、食盐、葱段、姜片、小茴香、花椒，然后将锅放到旺火上加热，开锅后再改用温水炖，炖至烂熟即成。特点是吃起来软烂香甜，回味无穷。

和林羊肉暖锅做法——

原料：羊肉500克，洋葱半个，土豆1个，西红柿1个，大蒜2瓣，四季豆200克。

调味料：西红柿酱、西班牙辣椒粉、盐、糖、鸡精、料酒各适量。

做法：

1、洋葱切块，土豆切块，西红柿切花瓣，大蒜切片。

2、羊肉切块后焯水洗净浮沫。

3、锅内热油，六成热时，放入洋葱、大蒜煸出香味。

4、放入羊肉煸炒变色后，倒入料酒。

5、放入西红柿酱与西班牙辣椒粉。

6、加开水没过肉，大火烧开后改小火焖四十分钟（这个时间要视你选用的羊肉的部位而定）。

7、加入土豆和四季豆，加盐、糖、鸡精调味烧至软烂。

8、加入西红柿，烧两分钟即成。

## 呼和浩特市美食推荐——

烩菜：健康街人民巷里有个"回民烩菜馆"，还有"蒙专"对面有个"伊盟烩菜"也很赞！

没有菜单，只有三样，炒面、汤、羊肉串，串也很好吃的。人们都说"阿丹炒面"

炒面：回民区卫生局北面有个"阿丹豆芽炒面"，人很多，每次都需要排队，

的炒面是最好吃的，不过在回民医院对面"3000浦"东边的巷子里，有一家"郭文华炒面"，据说他们家是"阿丹炒面"

的师傅，所以味道更正宗，而且他们家除了豆芽炒面，还有过油肉炒面也是相当的赞！

莜面："乡土居"的焖钢丝面很好吃，别家都没有，还有莜面煮鱼子和凉菜里的土豆泥都很好吃，别的菜品味道也很好！

烧麦：强烈推荐呼市一中旁边的"曹忠烧麦"，早上八点，喝着砖茶，沾着呼市自产醋和托县辣椒，这才是呼市人的早餐生活！

羊杂碎：植物园西面有一家"白纪杂碎"，味道棒极了！呼和浩特知名羊杂碎店还有光明路的"乌兰花羊杂碎"、胜利路的"道北羊杂碎"、文化宫街二附院北门的"二牛羊杂碎"、光华街的"贝尔羊杂碎"等。

北二环的柳树湾"杨家小院"，鸡肉特别好吃，还有厚烙饼、莜面也好吃。

大盘鸡：牛街的"永永大盘鸡"，开了很多年。

包子：水竹园斜对面"老崔包子"。

奶茶：除了"格日勒阿妈奶茶馆"外，满都海公园旁边巷子里的"额吉奶茶馆"，他们家的奶茶、果条，都很好吃。

酿皮：分布在呼市各个角落的"馋嘴酿皮"。

肉夹馍：工大西门有一家"陕坝肉夹馍"的味道很正宗。

赤峰对夹：内大东门对面有一家，也是开了好多年了。

拉面：推荐"苏氏拉面"，味道特别正宗。

炒面筋：呼市三十五中巷口的小车，味道很正宗。

鱿鱼虾锅："吉祥斋"的鱿鱼虾锅超好吃！

什锦火锅："奥威洗浴城"附近一家"东东大盘鸡"，他们家的什锦火锅一绝，大盘鸡也不错。

美术馆西巷中段的"天津包子"。

幸福小区里有个"乌兰花烩菜"，原来的杂碎馆，烩菜好吃，还有土豆包子，馒头是自己现蒸的。

火葬场有一家"人肉包子"，每天现宰猪切肉拌馅。

草原明珠北巷里的"大东北"炒菜很好！那里的玉米大碴粥很棒！

草原明珠往北一点的"香溪牛肉粉"味道不错。

"老绥远"的烧卖不错，还有是"清晨源"的，那地方烧卖油不大，再就是"超艺楼"，油很大，咬一口都会喷！不过半夜12点去那吃烧卖很爽！

锡林南路小学斜对面有个"比发餐厅"，招牌菜"尖椒马板肠"。

四千米巷子里"好再来"小饭馆的"平锅带鱼、砂锅烩菜、猪皮炒黄豆"超好吃，还有锅贴。

健康街"清香饭店"的羊骨头。

新体育场的西贝莜面，味道自然不用说！还有就是学府花园西门的联华超市里卖的莜面，很多人都喜欢吃，尤其是师大的老师跟学生！

金宇文苑小吃街里有家烧烤的烤鸡翅也不错，还有新疆饭馆的炒面，餐厅叫作"红石榴"。

济民医院对面的"恩和顺"铜火锅，羊肉是锡盟的，大片手切肉，嫩的很。

铁二中后巷没过桥的巷子里的第一家饭店的什锦火锅，味道不错，配有蒜醋，一般饭店很少有，主食烤馒头，烤包子是土豆包子。

胜利路的"金满盈"火锅，传统铜锅，肉切得很到位，关键是调料非常地道，韭菜花十分可口。

还有就是"小肥羊"，每天人很多！

"贝尔羊杂碎"，位置在光华街，艺校后面，早上营业，开到下午2点关，早上去了通常会没有座位，特点：辣而香！

胜利路东口"道北羊杂碎"，生意相当好，食客基本都是自己端着碗到处找座的——

电信三分局那的"德盛斋大盘鸡"味特正，吃了这么多就那的好吃。

黄金支队北面"天和园"的回勺面很好吃。

党委后院门口"小东北"的烩面！

护城河巷里"铁锅炖鸡"是手指鸡，

吃的就是个鲜，鸡吃的差不多时煮上腐竹、鲜蘑、豆腐，再来碗米饭，把汤一浇，那叫个香啊。

长乐宫后巷邮电小区门口西侧有家"西安油泼面"超好吃，就是没肉，旁边有"不老神鸡"，先买根香肠，有肉的感觉还是好。

烟草华联家兴小区门口南侧"水煮羊"，羊肉是越煮越嫩，小料的味道是相当的好，别家没得比。

日报社后巷"米粮川"，这家的焖面油不大，味道还好。（现在开了好几家分店）

蒙餐早点的话要属八一市场南面的"乌苏木沁"了，奶茶好喝，要是应季的话还有沙葱包子呢。别家的店很少有这个的。

旧城宽巷子的"沙大熏鸡"，色、香、味是没的说。

## 06

吃在 乌兰察布

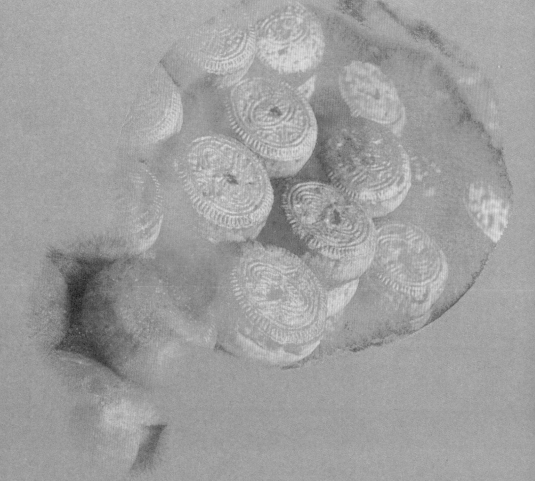

# 吃在乌兰察布

CHIZA WULANCHABU

　　塞外的乌兰察布市，地处内蒙古中西部阴山山脉灰腾梁南麓，位于雁门关与阳关之间，自古是兵家必争的要塞，北上大漠仅一山之隔，南下京华片刻即达。乌兰察布市西距呼和浩特150公里，北上灰腾锡勒大草原40公里，东去北京仅300公里，在这里的游人，既可领略塞外荒漠的辽阔壮美，又可沉醉于风吹草低见牛羊的蓝天白云，既能感受到蒙古民族的热情奔放，又能享受到来自各个地方的特色。今天，在这座小小山城，共有人人小小的各类餐饮2000多家。这里的饮食特色多以北方菜系为主。

# 卓资山熏鸡

ZHUOZISHAN XUNJI

卓资山熏鸡是卓资县的名特家禽制品，它以边鸡为原料，这种鸡牧养在天

煮，佐以冰糖、果木熏制，制作出色、香、味、形、补俱佳的卓资山熏鸡，其肉质

然有机牧场上，春天吃绿草，夏天吃绿虫，秋天吃绿籽，冬天吃绿粮，四季喝龙山九十九泉涌淌著的天然矿泉水，造就了绿草鸡极高的营养价值与鲜嫩的肉质。二十世纪三十年代初，在河北张家口德胜堂学徒的李珍和北京张兰太两位师傅先后来到卓资山，他俩把河北制作烧鸡的经验本地制作卤鸡的方法结合起来，改革工艺，经卤制和熏制两个主要工序，采用百年秘方，运用38味名贵中草药焖

鲜嫩、色泽红润、香气扑鼻，入口后味道醇香、回味无穷。由于他们技术精巧，制作后的熏鸡滋味异常鲜美，因而很快闻名内蒙古地区。1956年，在中国食品总公司举办的全国熟制品展览会上，"卓子山熏鸡"同河南"道口烧鸡"、山东"德州扒鸡"一起展出，成为驰名全国的"三鸡"之一。与当地乌素图的风水、隆盛庄的社火、百灵庙的百灵合称"塞外四宝"。

# 丰镇隆庄月饼
### FENGZHEN LONGZHUANG YUEBING

月饼象征着团圆与丰收的喜庆，是中秋佳节的必食之品。有一种月饼，它没有馅儿，却与带馅儿月饼一样的香甜可口；它没有华丽的"外衣"，却有着们期待的就是这一吃食了，掰一块儿甜滋滋，油汪汪的月饼放在嘴里，那一股难以描述的缕缕甜香，会在唇齿间留存很久。

实打实的"内涵"；它不会出现在送礼的清单中，却已经成为内蒙古中西部的老百姓日常食物之一。这种月饼被老百姓称为"平民月饼"，因为它的诞生地在内蒙古丰镇，所以人们更愿意称它为"丰镇月饼。"

笔者母亲的原乡就是地处乌兰察布市腹地的丰镇地区，小的时候，常常有家乡的亲戚来探望年迈的外祖母，每逢年节前后，最为常见和最让我们小孩子

"丰镇月饼"的选料是很讲究的，水是选用当地的优质深井矿泉水，面粉是选用当地无污染的特级小麦粉，用油也是当地特产的纯胡麻油，再加上质量上好的白糖、冰糖、蜂蜜等原料，现磨现用，不加任何添加剂，采用具有二百多年历史的传统工艺烘焙而成。出品的月饼色泽鲜润、香酥可口、回味悠长。

丰镇月饼在做法上非常简单，最普通的是用大量的糖、油和面烤制而成，

成品大约二两一个。根据单位面粉加油加糖量的不同，又分成三油三糖月饼、五油五糖月饼等，最高的达到九油九糖月饼。近些年来，随着老百姓生活的富裕，月饼中的成分也发生了些变化，有加鸡蛋的，有加牛奶的，还有加芝麻、花生的，但似乎它的变化一直没有离开传统的做法，所有的变化也只是点缀而已。

在年复一年、商战氛围最为激烈的中秋市场竞争中，丰镇月饼秉承着"货真价实，以诚为本"的宗旨，深受各方的信任和赞誉。近年来，在包头、呼市的许多街道上，丰镇月饼店开到了西饼屋的旁边，与越来越多的洋糕点竞争，并且生意相当不错。业内人士指出：如今的丰镇月饼已经再不是小巷深处的时令商品，它发挥了自身的优势，开始了脱胎换骨。

吃在乌兰察布

# 月饼的前世今生

YUEBING DE QIANSHI JINSHENG

月饼，在我国有着悠久的历史。据史料记载，早在殷、周时期，江、浙一带就有一种纪念太师闻仲的边薄心厚的"太师饼"，此乃我国月饼的"始祖"。汉代张骞出使西域时，引进芝麻、胡桃，为月饼的制作增添了辅料，这时便出现了以胡桃仁为馅的圆形饼，名曰"胡饼"。

月饼，最初起源于唐朝军队的祝捷食品。唐高祖年间，大将军李靖征讨匈奴得胜，八月十五凯旋。当时有经商的吐鲁番人向唐朝皇帝献饼祝捷。高祖李渊接过华丽的饼盒，拿出圆饼，笑指空中明月说："应将胡饼邀蟾蜍。"说完把饼分给群臣一起吃。

南宋吴自牧的《梦粱录》一书，已有"月饼"一词，但对中秋赏月吃月饼的描述，明代的《西湖游览志会》才有记载："八月十五日谓之中秋，民间以月饼相遗，取团圆之义。"到了清代，关于月饼的记载就多起来了，而且制作越来越精细。

唐代，民间已有从事生产的饼师，京城长安也开始出现糕饼铺。据说，有一年中秋之夜，唐玄宗和杨贵妃赏月吃胡饼时，唐玄宗嫌"胡饼"名字不好听，杨贵妃仰望皎洁的明月，心潮澎湃，随口说出"月饼"，从此"月饼"的名称便在民间逐渐流传开。

北宋皇家中秋节喜欢吃一种"宫饼"，民间俗称为"小饼"、"月团"。苏东坡有诗云："小饼如嚼月，中有酥和饴。"

宋代的文学家周密，在记叙南宋都城临安见闻的《武林旧事》中首次提到"月饼"之名称。

到了明代，中秋吃月饼才在民间逐渐流传。当时心灵手巧的饼师，把嫦娥奔月的神话故事作为食品艺术图案印在月饼上，使月饼成为更受人民青睐的中秋佳节的必备食品。

清代，月饼的制作工艺有了较大提高，品种也不断增加，供月月饼到处皆有。清代诗人袁景澜有一首颇长的《咏月饼诗》，其中有"入厨光夺霜，蒸釜气流液。揉搓细面尘，点缀胭脂迹。戚里相馈遗，节物无容忽……儿女坐团圆，杯盘散狼藉"等句，从月饼的制作、亲友间互赠月饼到设家宴及赏月，叙述无遗。

# 健康吃月饼

JIANKANG CHI YUEBING

月饼含油脂、蔗糖较多，过量食用会产生滑腻感，易致胃满、腹胀，引起

辣四种月饼，应先吃鲜味，后吃咸味，再吃甜味，最后吃辣味。

消化不良，食欲减退，血糖升高。老年人、儿童更不宜多吃，否则会引起腹痛、腹泻或呕吐。

吃月饼最好是在早上或中午，晚上应少吃或不吃，特别是老年人更应如此，否则，有可能成为血液凝固、形成血栓的某些因素。

月饼一般有咸甜两种，如咸、甜月饼同餐，应先吃咸的，后吃甜的，这样才能把两种月饼的味道品尝出来。如果备有甜、咸、鲜三种月饼，应先吃鲜味，后吃咸味和甜味。如果备有甜、咸、鲜、

边吃月饼边饮茶，一则可以止渴、解滑腻、助消化；二则可爽口增味，助兴添趣。喜欢饮酒的人，吃月饼时可以酒代茶，兴趣更浓。

吃月饼时，可将月饼切成若干小块，使饼馅分布均匀，然后细嚼慢咽，这样才能品出月饼的美味，同时也有助于消化。切忌吃得过快，囫囵吞枣。

月饼富含糖和脂肪，患有高血压、高血脂、冠心病、肝硬化、胆囊炎、胆结石、胃及十二指肠溃疡等疾病患者只能吃为他们特制的月饼。

## 乌兰察布市美食推荐——

集宁区映山路1号"映山大汗宫"，以蒙古包为建筑主基调，以北方菜系为主，同时配有蒙古大餐烤全羊等；

集宁区映山路1号的"映山贵宾楼"；

集宁区幸福大街的"德邻楼"；

集宁区幸福大街上的"全聚德"；

集宁区新体路150号，以北方菜系为主，蒙古菜肴为其特色的"蒙亨大酒店"；

集宁区市中心广场旁边的"祥顺园美食楼"；

集宁区幸福大街的"东海鱼村"；

集宁区幸福大街的"福华肥牛"；

集宁区幸福大街的"草原牧歌"；

集宁区光明街的"百年老号"；

集宁区乌兰大街24号"东来顺"；

集宁区建设街的"大不同火锅"；

集宁区光明街38号的"蒙鲜羊火锅"；

集宁区三马路与工农路交汇处地"天泰食府"；

还有五中附近的"德庄"，"七十二坊酒楼"，"陶然居"，新区生态园广场附近的"富利华"；以烧烤为主调的有"阿乐烤吧"，以川菜为主调的"川老坎酒店"等。同中低档饭店较为有特色的蒙餐一条街，在解放路东段，蒙古族中学附近。

吃在包头

# 在包头吃羊肉

ZAI BAOTOU CHI YANGROU

在包头有很多吃羊肉的地方，基本上所有的饭店都有这样的菜。其中比较常见的是手把羊，手把羊比较重视羊肉的原味。内蒙古中西部地区的羊肉腥膻味道比较大，东北部区和纯牧区的羊肉味道更好一些，不过大多还是很鲜嫩的。著名的烤全羊需要很多人一起享用。人少的话建议尝尝烤羊背和羊腿，比烤全羊还来的好吃。其实笔者个人认为，无论食材形势怎样，吃起来应该是一回事，不过一个是整体，一个是局部罢了。烤羊肉吃起来很香口，味道也没手把羊的腥膻味儿那么大，吃多了有点油腻和上火，少吃点还是令人口齿留香的。

包头吃羊的另一种很常见也很特别的方法是吃羊脊骨。主要用火锅的方式。羊脊骨肉不多，但是都很嫩，比起大口吃肉，更为现在人所爱。大人孩子都很喜欢这一口，不知不觉就会吃掉很多根骨头。脊骨里面的脊髓可以用吸管吸出来，很滑很香。

不那么讲究吃纯羊肉的话，还有羊杂碎，很便宜也很美味，大街小巷里随处可见；其实大餐馆里的这道菜也很便宜的，一大锅热热辣辣的才十几块钱。

吃羊当然不能漏了"小肥羊火锅"这个全国知名的品牌。做这么单一而且

赵玲通泰阁

并不昂贵的菜品，能把自己做到仅次于百胜集团全国第二的位置，"小肥羊"应该不是浪得虚名。包头有"小肥羊大厦"，是"小肥羊"的总店，里面空间大，人多。羊肉用火锅吃起来没有什么膻味，相对来说受众面更广。包头还有很多类似的羊火锅，像"草原牧歌"、"草原兴发"什么的，味道应该也都差不多。神华电影院旁边的有家"小肥羊"，是一人一个小火锅，干净卫生，环境幽雅，不像一般火锅店那么闹腾。

# 包头的"黄河鱼"

BAOTOU DE "HUANGHEYU"

除了羊肉，到了包头还得去吃"黄河鱼"。据说是"开河鱼"最好吃，不过那得是四月份去才好。建议吃鱼不要去那些普通餐馆，要去黄河边吃，边吃鱼边观看黄河风光。还可以上船吃，那边有很多小馆子，选择人多的肯定没错。鱼一般选择黄河鲤鱼，虽然不是什么名贵品种，但是这种吃法似乎用它是最配的，也有更贵的鱼，不过据食客们讲还不如鲤鱼来的地道。黄河鱼是炖着吃的，味道浓郁家常，加几块豆腐一起炖就更美味了。对了，记得要店家给炸点小虾子，很香脆。

# 包头的"内陆海鲜"
## BAOTOU DE "NEILU HAIXIAN"

包头在人们的印象中是和海鲜无缘的内陆地区，其实这里距离渤海湾不远，随着交通的改善，还是有很多新鲜海鲜可以品尝。其中"渔人码头"和"西贝海鲜"两家店，是开在同一条街上，店面是脸对脸，味道都很不错，而且像沿海地区的海鲜店一样，有池子可以自己去选择。"西贝"的规模更大一些，那里的龙虾刺身据说是包头的最好的鱼生，烧鳕鱼腿也不错，入口细滑，还有一种甜甜的奶油饼，可以打包带回去慢慢吃。"渔人码头"里有好看的滑冰表演，边吃边看也很有趣。这里做的"渤海大虾"很不错，不同于沿海地区喜欢用白灼或者蒜蓉蒸，内地喜欢用烧的方式，香香甜甜的味道很开胃哦，常常有食客把汤汁都吃得一干二净。

其实还有很多饭店里也有海鲜吃，比如海德酒店的"海港城"这是一家粤菜馆，做得很地道，老板和厨师是同一个人。这里的老火汤和广州的水平不相上下，菜品也很清淡可口。最好吃的是鹅肝，烤得嫩嫩的夹在面包当中，汁多味美，吃起来很爽。

虽然海鲜很多也新鲜，但是包头确实没有什么好吃的鱼生和寿司，也没什么够水准的西餐厅。虽然西餐的价格那叫一个高，牛排动辄上百，但是味道实在还不如某些沿海城市的路边小店。不过有一家日本烧烤，貌似感觉很不错，位置在神华宾馆里。建议吃里面最贵的那种套餐，有鱼生，有烤鹅肝（比海港的差点，也还不错），有烤大虾和银鳕鱼，甚至还有尊贵的神户牛肉，就连洋葱和土豆、蘑菇什么的都很好吃，不过价钱属实是有点过于贵，只能偶尔为之，但是分量很够。

# 外地风味在包头

"金湘玉"是湖南风味的，很香很辣。"菜根香"是四川风味。若是一定要十分有特色的，还有那么几家，一家是在小肥羊大厦附近的，叫"煌上煌"，那里的鱼有一种特别的吃法。先把一大块黄油和很多的配料，葱、蒜、红薯、洋葱什么的放在锅内加热，然后把选好的鱼码进去，再把像面膜一样的糊糊盖在上面一起加热，开锅就可以吃了。鱼很嫩，很入味，鲜香的很。吃完了鱼以后可以再加汤，涮一些青菜面条，推荐加涮一种饼，很韧劲，经煮。

这家隔壁的韩国烤肉也有特点，烤五花肉把肥油都逼出来，然后包着青菜吃，很香，还有烤鱼什么的，不过要自己动手，挺费劲的。

"重庆鸭棚子"，地道的四川风味，用鸭子熬汤后煮火锅吃，可以下一些鸭掌一起煮，很清淡鲜美的汤，感觉很补养身体，只是鸭子肉太多，吃不完。

水务宾馆的炒菜不错，便宜，味道也好。有道菜叫作"香辣牛脊髓"，确实很香，就是吃多了很腻。

"老北京炸酱面馆"的面也很好，店里有19元半只的烤鸭倒是吃很划算。

"兰山莜面馆"卖的是内蒙古特产莜面，蒸的炒的都不错。

在包头吃饭还有个地方必须一去，就是蒙古包。当然城市里没有真正的蒙古包，但是有这样风格的餐厅，比如赛汗塔拉公园里的蒙古包（其实是水泥的，外形一样而已）。菜品没什么特别，奶茶可以试一试，最好玩的是有人唱歌，还献哈达。歌唱的是非常的悠扬啊，不过如果是献给你，你就得畅饮一碗以示感谢。

## 包头市美食推荐——

包头是新型涮羊肉发源地，"小肥羊"涮羊肉，"小尾羊"涮羊肉等等，都是连锁店，很多地方都有分店。宽粉、冻豆腐、蘑菇等一定要点。

烧麦：钢铁大街神华酒店北侧，阿尔丁绿色生态美食广场的"德兴源"烧麦，以皮薄、馅嫩、味香、形美著称，在稍美经营中独占鳌头。

烧烤：有烤羊肉串，烤鸡胗，烤鸡翅等，要一个烤馒头就着吃，有名的有"小不点"烧烤等，食客还可以尝尝这里烤蚕蛹的味道。

铁西猪肉排骨：饭馆横匾上面写着"铁西排骨"的饭馆，市里很多地方都有，正宗的在东河区。

最有名的羊架子、羊棒骨、羊脊骨：是位于九星大楼红绿灯路口的"穆斯林饭馆"，要一碗面或者米饭，用吸管吸骨髓，骨头里面骨髓很烫，要慢些。

烩菜、焖面：烩菜外地人有的称谓"喂猪菜"，因为什么都有，但味道很好。有名的是"乡土居"的烩菜和焖面，"屹林"的焖面等，还有许多焖面馆、烩菜馆都很有特色。

莜面：规模比较大的是"西贝饭店"和"莜面大王"。浇汁或者蘸料料吃，有素汁或羊肉汁、猪肉汁等。

河套面筋酿皮：许多路边小吃店里都有，上面写着面筋、酿皮，都专门卖这个的。

有一种土豆粉做的细面条，像切出来宽些的土豆丝，每根长约6厘米样子，饭店才有，叫什么忘记了，好像叫土豆鱼鱼，不容易吃到，"乡土居"里见过。

羊杂碎小吃：街边的羊杂碎店有许多，味道不一，有好有差。

饺子：很多种，多选几样，其中要选择猪肉酸菜蒸饺（酸菜是当地特色腌制）、羊肉萝卜煮饺、素三鲜。出名的有友谊大街上的"老边"、青山区的"王记"，还有"胖妈"等。

包头市"大福林"的糕点。

包头市九中的香肠。

猪肉炖土豆粉条（和烩菜有些像，烩菜里面菜更多），排骨烩酸菜，猪肉片炖酸菜（有人称为"杀猪菜"，因为农村杀猪后新鲜猪肉做的，切成大薄片，猪肉越新鲜越好吃），大一些的饭店都有。

包头的土豆很有名气，据说是肯德基的原料基地，进各家饭馆一定不要忘记点一道"过油肉土豆片"。

包头本土的"小丽花酸奶"、"骑士酸奶"。

吃在赤峰

# 吃在赤峰

CHIZA. CHIFENG

赤峰地区的饮食特点仍以内蒙古草原风味为主，大街上有很多出售风味小吃的摊点，多以烤制的面食为主，具有

四大风味：炒米、奶食品、手扒肉、烤全羊

四大名菜：红烧梅花筋、红烧牛蹄筋、

酥脆香甜的特点，如哈达火烧、对夹（一种饼夹肉）等。此外，就是在内蒙古各地都可见到的手扒肉、烤全羊和各种各样的奶制品。赤峰的风味食品有哈达火烧、哈达饼、对夹、手扒肉、烤全羊、奶制品。

四大名吃：对夹、哈达饼、哈达火烧、草原肉饼

红烧牛尾、干炸华子鱼（瓦氏雅罗鱼）

五大名饮：敖汉杏仁乳、克旗马奶酒、赤峰啤酒、宁城老窖、沙棘饮料

五大山珍：蕨菜、黄花、白蘑、山杏仁、哈拉海（刺儿菜）

另外，赤峰的排骨蒸饺和风干牛肉也是广受好评的特色小吃。

# 哈达饼

HADABING

哈达饼原产于乌兰哈达地区，"乌兰哈达"意为"赤山"或"红山"，即现在的内蒙古赤峰市。哈达饼是赤峰所

独有的风味食品。说起来哈达饼的问世，实出偶然。据传大约在一百五十年前，赤峰的面点师傅在做南沙饼、豆沙饼时，由于剂头无酥、油多、少馅成了剩余的面团，师傅们觉得浪费了过于可惜，于是就想了一个法子，把剂头擀开，包上酥和糖烙饼，结果特别受欢迎。继而赤峰的各大饭庄相继制作，名噪一时。

哈达饼的制作近似于点心，其实原材料和成本的造价是比较高的，将面粉加白油（粗制奶油）或奶油和成酥面。另用面粉和白油及水和成水油面团，然后用水油面包油酥面，擀成圆片成饼坯；用熟面粉加白油、瓜子仁、芝麻、核桃仁、白糖调成甜馅；最后，饼皮上放馅料抹匀，从两头对卷，再盘成圆饼形，擀成荷叶饼状，放入铛内，用小火烙成虎皮色，烙熟后出铛，切两半或四瓣即成。制成的哈达饼具有掉在地下粉碎，放到嘴里不用嚼，酥脆香甜等特点。

# 哈达火烧
HADA HUOSHAO

　　哈达火烧又名"杠子火烧"，也叫火烧，在赤峰已经有二百多年的历史。其形状如上下合在一起的小圆盒子。制作方法比较特别，主要用盐和矾和面，再加黄油和白糖，反复揉搓后，再用杠子去压，直到结结实实，装进模子，放到烤炉中烤熟。特点是不怕挤压，不怕冷冻，不怕日晒，不发霉变质，装在车上，驮在马背上，放在褡裢里都行。所以旧时到过哈达街的人，都要装上一口袋"火烧"，或远途充饥，或赠送亲友，既方便又实惠，远近闻名。

# 赤峰对夹

CHIFENG DUIJIA

对夹是赤峰的一种特色食品，吃起来香脆适口，味道鲜美，就餐时买上几个，亦饭亦菜，十分方便，是人们喜爱的大众化食品。赤峰对夹自 1917 年苏文玉创建"复生隆"对夹铺后而逐渐闻名四方。对夹源于一种"杈子烧饼"，其用一定比例的油水和面，外用小米面或糜子面擦酥，并涂以酥油，食前火烤片刻既成，内夹熏肉，外焦里嫩，味道极美。这种烧饼与普通芝麻烤饼除了在和面和制作工艺上有所不同外，还在于从吊炉取出之后，再摆到一种铁制杈子上，回炉以

微火重烤一遍，这样做成的烧饼，外脆内软，别有风味。对夹内的熏肉也十分讲究，精选十几种配料调味，香而不腻。

对夹外表金黄，层次分明，具有北方特点，香酥脆，肉细嫩，瘦而不柴，肥而不腻；亦有南方淡淡的茶香，沁人心脾，具有理气、养脾之功效。

1917 年，河北人苏文玉、苏德标父子迫于生活，到内蒙古地区的赤峰城做买卖，当时赤峰有一种非常有名的烧饼叫"哈达火烧"，苏家便以卖烧饼为生。后来，苏家受到老家一种类似于对夹的

特色小吃——驴肉火烧的启发，便产生了制售夹肉烧饼的想法。说到烧饼夹熟肉，苏家更是独具优势：原来苏家一亲

的店铺。从1928～1937年，"复生隆"一直保持了兴盛发展的势头。东北沦陷期间，"复生隆"被迫关门。于1945年秋天恢复了营业。

到新中国成立前，赤峰市虽发展到若干家对夹铺，但从规模到品质无一超越复生隆。从新中国成立后到21世纪初，赤峰地区的对夹铺已发展到百余家，一些对夹铺制作的对夹品味和知名度较高，都创出了自己的品牌，赢得了一大批老顾客。有很多串亲戚或办事、来赤峰旅

戚，清朝末年在"奏事处"当厨子，经常到北京裕盛楼肉铺买肉，就把皇宫里御膳房熏肉的技术传授给了裕盛楼的人。当时，15岁的苏德标在裕盛楼肉铺学徒，他既能干又有心计，终于学会了宫廷熏肉法。苏家整合了哈达火烧、驴肉火烧和宫廷传统熏肉三项工艺，制作出了一种具有独特工艺和风味的夹肉烧饼，起名为对夹。从此，对夹这种特色小吃便在赤峰诞生了。

苏家首创赤峰对夹，并在赤峰街创办了第一家对夹铺，起名为"复生隆"。"复生隆"开业时集资200银圆，雇工4人，后来总资产发展到1000多银圆，雇工十余人，成为当时赤峰饮食行业一家较大

游的人都不忘品尝对夹，甚至临走时都要带上一些赤峰对夹回去。

苏家在技术上严格要求，精益求精，关键环节亲自把关，比如当年的"复生隆"所用的熏肉原料猪肉，不是由苏德标亲自去肉铺精选，就是把猪买来自己宰。"复兴隆"对夹熏肉特别讲究调味和火候。他们起初用锯末、谷糠烧火熏烤猪，但有股烟熏味，后来改为用锅熬红糖冒出的糖热气熏烤猪肉，不但色泽诱人，而且吃起来香甜可口。

# 林西煎饼

LINXI JIANBING

煎饼，其实在各地都可以见到，赤峰市林西地区的煎饼，所选的原料都是当地山坡出产的上等的优质杂粮，有小米面、莜面、荞麦、玉米面煎饼，纯属手工精制而成，这里的煎饼，色泽金黄，口感绵甜，薄如纸，韧似锦。

吃在赤峰

# 缸炉烧饼
### GANGLU SHAOBING

用火炉烧缸制作的烧饼，因此叫"缸炉烧饼"。据传，烧饼原是波斯的特产，

饼都要滑下来。缸炉烧饼形圆，上有花檐，大小同现在的芝麻烧饼差不多。

唐代时传入中国，距今已有一千多年。当时叫"胡饼"，即胡人的食品，后来因是用大缸作炉子烧制而成的，被称之为缸炉烧饼。用缸制作食品是一种很独特的方法，它利用了"缸"的光滑、耐火和厚度，烧出的烧饼不糊、面光，吃起来香、酥、脆。这种烧饼的制法在火候上极讲究，因缸里呈凹形，凉或热烧

笔者曾亲见过制作烧饼的全过程。先用清水加少许盐和面。等面醒饧好后，擀开，抹上花生油。然后，撕成小面团，一个小面团就是一个烧饼。把小面团擀开，再抹一遍油，然后折叠几次，烧饼就成了型。这时，轻轻拿起小面块，在撒满芝麻的托盘里蘸一下，那芝麻就粘在了烧饼上。把没蘸芝麻的那一面用清

水拍一下，就可以贴到烧热的缸炉里了，

粘芝麻的一边朝外。缸炉里的烧饼，一面被火烤，另一面被缸烙，几分钟后，又脆又香的烧饼就出炉了。刚刚出炉的烧饼还有点烫手，焦糁糁黄澄澄，又干又脆，有芝麻一层朝外鼓着，咬一口，香脆可口，真是别有一番滋味。

现今，人们对吃的要求已经越来越高，也越来越健康，而这已经传承一千多年的小吃——缸炉烧饼，非但没有被遗忘、受冷落，相反，却得到了越来越多人的青睐。如今，聪明的厨师们还开发出了烧饼许多的新吃法：烩烧饼、闷烧饼、韭菜炒烧饼等等，做法不同，风味也不同，但无一例外都是可口的美味。

# 豆包
## DOUBAO

根据原料的不同，分为"黏豆包"和"笨豆包"两种。用黄米和芸豆制成的叫"黏豆包"；用糜子或小米加进芸豆或小豆制的叫"笨豆包"。每当春节来临，一进腊月，家家户户都忙着轧面，把一个正月吃的都准备下。

蒙古族人吃豆包，是从汉人那里学来的，但做法不同。蒙古人做豆包不论黏的或笨的，都要把面炒过再发酵，这样做起来的豆包酸甜适度，而汉人一般不炒面，因此吃起来也不甜。在每年正月十五前，蒙古人还有互相馈赠礼品的习惯，这礼品都以豆包为主，少则十个，多则二十几个，里面付上一纸包"博勒格"（吉祥的意思）。

赵玲·通泰阁

# "藏龙谷" 地锅宴
"CANGLONGGU" DIGUOYAN

地锅，就是在庭院中，用篱笆围起一个个小院落，院落中建有小锅灶，锅

取用的是藏龙谷的龙泉圣水，在加足各种佐料，尤其是稍加藏龙谷里野生五味

赵玲·通泰阁

台比较宽，可以当餐桌，中间是小锅，锅里炖着鸡鱼，客人们围着地锅就餐。这种地锅可以炖鱼，可以炖鸡，还可以炖排骨。菜品有地锅鱼、地锅鸡、地锅豆腐、地锅蘑菇、地锅排骨、地锅羊排等六种地锅宴，这些地锅各具特色，鲜嫩爽口。其特点是用木柴温火，轻蒸慢炖，

子，炖出的鸡鱼，鲜嫩上口，清香不腻。就餐时再放一些山野菜和大豆腐之类作为涮菜，清淡香醇，老少皆宜。"藏龙谷"地锅宴的口味地道纯正，在周边地区小有名气。

# 紫蒙湖的百鱼宴
## ZIMĒNGHŪ DE BAI YUYAN

紫蒙湖的鱼生长在无污染的湖水内，不用人工撒食喂养，靠水体内天然的养

炸等烹调工艺将各类鱼做成侉炖鱼、炖鲢鱼头、炸鱼段、酱醋鱼、红烧鱼等几

赵玲·通泰阁

分，有利于各类鱼的生长，属于纯天然无污染的美味佳肴。

紫蒙湖百鱼宴，是采用紫蒙湖内天然生长的鲤鱼、鲢鱼、草鱼、银鱼、甲鱼、马口鱼等为原料，经过炖、烧、炒、

十道鱼菜，特别是清炖鱼头，取紫蒙湖中之天然清水，用温火慢炖，出锅即食，其鲜嫩清香，无可比拟。还有柴锅酱炖鱼头，口味纯正鲜嫩。主打菜侉炖鱼汤汁浓、味鲜美、色泽纯正。

吃鱼的好处：鱼不仅营养丰富，而且美味可口。古人有"鱼之味，乃百味之味，吃了鱼，百味无味"之说。老祖宗造字，就将"鲜"字归于"鱼"部，而不入"肉"部，将鱼当作"鲜"的极品，因此，鱼历来成为人们喜爱的食品。鱼不但味道鲜美，还对人体有多种保健功能。

据科学测定鲤鱼有健脾开胃、利尿消肿、止咳平喘、安胎通乳、清热解毒等功能，鲢鱼有温中益气、暖胃、

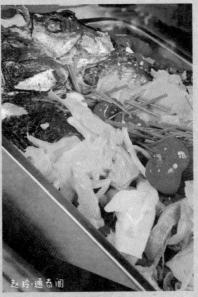

赵玲·通泰阁

润肌肤等功能，草鱼有暖胃和中、平肝祛风等功能，是温中补虚养生食品。

研究表明，鱼肉中不仅含有丰富蛋白质，还含有锌、硒、钙等矿物质，更重要的是有大量的核酸。核酸是组成细胞的基础物质，人体的生命活动离不开核酸。常吃鱼类，可以抗抑郁，防痴呆，延缓人体衰老。

赵玲·通泰阁

# 锦山熏鸡
JINSHAN XUNJI

熏鸡是锦山（公爷府）传统食品，历史悠久、味道鲜美、颜色漂亮。锦山熏鸡最出名的老字号就是"老白家熏鸡"，原名"公爷府烧鸡"。百年老字号，产品以鲜活笨鸡为原料，制作精细，选料考究，配多种天然名贵佐料，采用祖传特殊加工工艺精制而成，色、香、味俱佳。

# 黑里河山珍宴
HEILIHE SHANZHENYAN

在黑里河自然保护区内生长着大量的菌类和山野菜。这些菌类和山野菜长期生长在深山幽谷，丛林草地的自然环

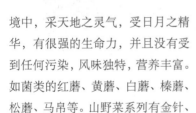

境中，采天地之灵气，受日月之精华，有很强的生命力，并且没有受到任何污染，风味独特，营养丰富。如菌类的红蘑、黄蘑、白蘑、榛蘑、松蘑、马帛等。山野菜系列有金针、山芹菜、山韭菜、蒲公英、哈拉海、曲麻菜、猪毛菜、猴腿、野鸡膀子、蕨菜、苦嫩芽、杏仁、柳芍、榆钱、槐花等等几十种。可以肉炒，可以鸡炖，还可以炸酱。其味道鲜美，清香可口。尤其是柴鸡炖榛蘑，鸡的肉香和蘑的草香交织在一起，散发出诱人的清香，闻其气味就会垂涎欲滴。

有的山野菜可以洗净生吃，如蒲公英、曲麻菜，蘸上豆酱，虽然微苦，但口留清香。生吃苦菜和蒲公英，还能清火解毒。有的山野菜轻烫后，蘸豆酱吃，也别有一番滋味。如苦嫩芽、柳芍等经轻烫后，蘸豆酱食之，苦中微甜，先苦后甜，倒也别有一番情趣。但这只能在春季才能采到。大多数山野菜都是做炒菜食用，如猴头、野鸡膀子、蕨菜、黄花菜等等用少许猪肉爆炒，嫩绿的色泽，清香可口。还有些山野菜可以做馅，可以做汤，都很有特色。如槐花做饺子馅很有清香的味道。用榆钱或哈拉海做汤，滑而不腻，异常爽口。

# 黑里河川的豆腐
HEILIHECHUAN DE DOUFU

黑里河川的豆腐，精选优质大豆，取用水为当地澄清甘甜的地下井水，故

炸豆腐丸子、煎豆腐、炒豆腐、熘豆腐、盐水豆腐、水煮豆腐、麻婆豆腐、麻辣

而使得豆腐在清淡中蕴藏着鲜美，更有着与众不同的独特品质：一是口感细腻绵滑、营养倍加丰富；二是细若凝脂，洁白如玉，清鲜柔嫩；三是托于手中晃动而不散塌，掷于汤中久煮而不碎。

著名的黑里河川的豆腐宴可以做出五十余种菜肴，在形状上有豆汁、豆腐脑，豆腐皮、大豆腐、豆腐片、豆腐干、冻豆腐等，每一种形状都有自己吃法和特色；在烹调的方法上：有炸豆腐泡、

豆腐、麻子豆腐、锅塌豆腐等；在豆腐的吃法上有鲤鱼炖豆腐、茄子炖豆腐、白菜炖豆腐等。还有外埠名菜"扬州煮干丝"和本地精品"中京豆腐丸"。

## 豆腐的由来

豆腐是淮南王刘安发明的，刘安是西汉高祖刘邦之孙，公元前164年封为淮南王，都邑设于寿春（即今安徽淮南寿县），名扬古今的八公山正在寿春城边。刘安好道，为求长生不老之药，招方士数千人，有名者为苏非等八人，号称"八公"，常聚在楚山（今八公山）谈仙论道，著书炼丹。在炼丹中以黄豆汁培育丹苗，豆汁偶与石膏相遇，形成了鲜嫩绵滑的豆腐。刘安炼丹未成却发明豆腐。明代大药理学家李时珍在《本草纲目》二五卷《谷部》中明确记载："豆腐之法，始于汉淮南王刘安"。

豆腐及其制品不仅营养丰富、味道鲜美，且含有人体必需的8种氨基酸，可以降低血液中胆固醇的含量，减少动脉硬化概率，嫩豆腐中还含有大豆磷脂，对人体细胞的正常活动和新陈代谢起着重要作用，因此常食豆腐对神经衰弱和体质虚弱的人有所裨益，对高血压、动脉硬化、冠心病等患者也具有辅助疗效，目前已被全球公认为"国际性保健食品"。

# 杜鹃山全羊宴
## DUJUANSHAN QUANYANGYAN

选用膘肥顺滑的嫩羊，制作成手把肉、羊盘肠、羊头肉、羊杂汤等。天然食品，抗衰老，保健康。自古以来，"全羊宴"是堪与满汉全席相媲美的大型宴席。其中菜品的原料均出自羊的身上，并以菜品繁多、口味鲜美、滋补健身为美名传诵。根据制作的庖厨不同，各以制作全羊席而闻名的地方，其所做的全羊席的菜品、口味呈现出不同的特点。

# 羊盘肠

YANGPANCHANG

是蒙古族特色菜肴之一，其味道独特，民族风情浓郁，深受牧人的喜爱。其做法为：将羊宰杀时，接羊血，向羊血中加入少量荞面及葱、姜、蒜、盐等调料，拌好待用。将刚宰杀羊的小肠取出，不破坏羊小肠原有形状的基础上洗净，然后将备好的羊血灌入小肠中，直至灌满，放入温水中慢煮，熟透后，整个取出置于盘中，用刀切片割食。

吃在赤峰

# 风干牛肉
### FENGGAN NIUROU

内蒙古大草原，水草丰美，牛羊肥壮，生活在这里的蒙古族牧民都有晾晒牛肉干的习俗。追溯牛肉干历史，早在蒙古就是这样来给养的，这在后勤上大大减少了军队行进的辎重。牛肉干在远征作战中起着很重要的作用。

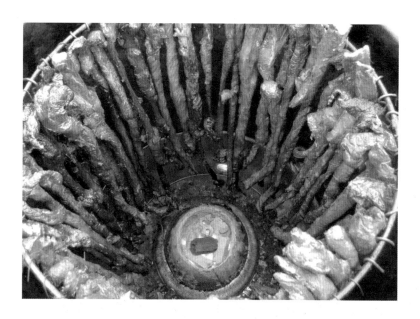

帝国，蒙古骑兵与牛肉干有着不解之缘，每日饮马乳，宰牛、羊充饥。只要有供马匹和畜群食用的水草，蒙古人就可以自给。

一头牛宰杀后，百十公斤重的牛肉晾干后捻成末，只有十几斤重。装袋背在身上，只要有水便可冲饮。蒙古人这种独特的行军干粮成就了蒙古铁骑一日千里的行军神速。在作战中，蒙古骑兵

赤峰地区牛肉干的原料精选于草原红牛新鲜部位精肉，吸收传统制作方法的精髓，经秘方腌制、集现代工艺流程风干、熟制而成，其色泽红褐发亮、口感外脆里嫩、风味独特、浓香无比、咸淡适中、味道好、口感佳，食之回味悠长、口味可分为：原味、孜然、五香、麻辣等系列。

# 草原牛头宴

CAOYUAN NIUTOUYAN

极具地方法特色的菜品，"牛头宴"所用牛头是经排酸工艺处理后的精选产品，牛头针刺，流水浸泡 12 小时，秘制配料，填料封包，老汤熬炖 12 小时，五道工序加工而成。牛头的两腮肉和牛舌最为精贵，熟牛头讲究骨酥肉烂，嫩爽入味，肉香四溢，用刀切割肉块，蘸以精致调料食用。

# 有机烤羊排
## YOUJI KAOYANGPAI

很有传统风味的菜品，烤熟后的羊排色泽金黄、味道香醇、焦香酥脆，深受蒙古族及外地来客的喜爱，成为蒙古族招待贵客必不可少的特色食品。其做法是将羊排切块用葱、姜、料酒、老抽、盐、味精、糖等抓匀腌制一小时左右，加水煮七分熟后用炭火进行烘烤，至表面金黄焦脆即可装盘食用，也可蘸料食用。

# "塞飞亚"全鸭宴

"SAFEIYA" QUANYAYAN

赤峰全鸭宴是内蒙古"塞飞亚"食品股份有公司生产的鸭食品，是精选内蒙古大草原无污染、无公害生态环境下生长的"樱桃谷"瘦肉型白鸭为原料，按照传统配方采用现代化工艺，经过数道工序精心加工而成。"全鸭宴"包括五香鸭头、酱鸭脖、烧鸭、香酥鸭、五香鸭腿、卤水鸭掌、卤水鸭翅、酱鸭心、卤水鸭珍等。本鸭宴风味独特，鲜香不腻，色泽漂亮，口味别具一格。

08

吃在赤峰

# 甜沫子粥

## TIANMOZI ZHOU

赤峰乡间农家饭食，且为其他地方所无。其制法为：用一碗小米，多半碗干饭（不开花）再加黄豆一把，用手注水磨好，变成沫子，再把水烧开，放入沫子，调的不稀不稠，煮沸即可食用。这种粥，不但香甜可口，且营养丰富，因小米和黄豆均富有蛋白，且多糖分，便于消化吸收，故为养生之佳品。

# 蒙古凉粉

MENGGU LIANGFEN

原为清宫中的小吃。康熙年间和硕端静公主下嫁喀喇沁王后，先传入当地蒙古上层人家，作为夏季消暑冷食，后又传入民间，并以此为高雅事，故又称为"蒙古凉粉"。

当地汉人也吃凉粉，但用淀粉制作。而"蒙古凉粉"则以荞麦为原料，经碾轧、过箩等工序，以清水和成糊状，放在锅里煮，待稠时舀出摊于盖帘、案板上冷却。吃时，使一种薄铁片斜下穿孔一层层向下刮，则成一根根长条，盛入碗内颤颤巍巍，呈半透明状，浇酱油、醋、芝麻酱及葱丝、芥末等佐料，并点一两滴香油即可食用。蒙古凉粉清香扑鼻，色泽鲜艳，凉爽可口，且有清馨之荞面香，一看即令人垂涎，为夏季消暑之佳品。

赵玲·通春园

# 三座店乡的草原粉
## SANZUODIANXIANG DE CAOYUANFEN

　　是宁城地区饭桌上有名的日常食用品。它是以优质的马铃薯或绿豆为原料，采用传统工艺精制而成，没有任何添加剂，产品洁白纯净、晶莹透明、鲜香可口，属于低脂肪、低糖绿色食品，营养丰富，有去油腻、润肠通便的作用。

# 滦河全鱼宴

LUANHE QUANYUYAN

全部选自滦河源头西山湾水库、大河口水库自然野生鱼的可食部分做原料，经过烧、烤、烹、煮、煎、炸、炖等多种方式，烹饪而成的宴席。整个席面菜肴少则几道，多则数十道，样样不同，花色味道，别具特色。是鱼类菜肴的大荟萃。色、香、味、形无不诱人食欲。偶尔再"锦上添花"，来点内蒙古大草原纯天然山野菜，荤素结合，浓而不腻，淡而不薄，风味清鲜。

吃在承中

赵玲·通泰阁

# 切 糕

QIEGAO

蒸好的黏糕是个"坨"，零售或食用时须一片一片地切下来，所以称"切糕"。赤峰南部较干旱，生产的黄米黏性大，做出的黏糕粘而不沾，"筋道"而不"懈怠"。蒸出的黏糕色泽金黄，配之以红芸豆和大红枣，色、香、味俱佳。

# 枸杞菊花牛鞭

GOUQI JUHUA NIUBIAN

牛鞭又名"牛冲"，是雄牛的外生殖器，不仅是一种美味美食，更是一种滋补大料。《本草纲目》记载：牛鞭主治男人阳痿、早泄，补肾壮阳，固精培元，可提升精子质量与数量。此外，其肉质里富含的大量雄性激素，可刺激男性生殖器官的生长、发育及成熟。自古至今，牛鞭一直被世人列为上等滋补品，并在全世界广泛受到欢迎，在各餐饮场所，也是炙手可热的一道美食，清宫满汉全席，牛鞭被列为第十二道菜肴。

# 烤羊背
KAOYANGBEI

羊背，蒙古语称"乌查宴"或"奴鲁"，是蒙古族婚娶、节日招待亲友的传统佳肴。据史料记载，烤羊背是成吉思汗最喜爱吃的一道名菜，也是元朝宫廷御宴"诈马宴"中不可缺的美食，其制作方法也一直由宫廷御厨及大都（今北京）的各亲王府内的厨师掌握。

"烤羊背"需要选用上好的绵羊脊背，经过精工细作，运用传统手法，配以数十种佐料，经过精工细调和烹饪，成为草原筵席中的极品。在草原上，烤羊背要献给长辈和尊贵的客人，同时唱祝酒歌，祝福尊贵的客人吉祥如意，美满幸福。这道菜是蒙古族人民在非常隆重喜庆的场合才会制作的一道美食，按照蒙古族师傅的话说，一头羊除了羊腿，肉就都在羊背上了，所以烤羊背也是一道庞然大菜。据说，顶级的烤羊背，取之于地道的内蒙古锡林郭勒盟大草原不足180天的优质乌珠穆沁羔羊，除了选用草原牧场上最肥美的白条羊背，还要用当归等30余种中草药和天然调味品腌制24至36个小时，腌好的羊背要在特制烤炉中经过2小时左右烘烤，就连烤羊背用的炭火也一定得是野杏、桃、李、桦木和生长在沙漠中的"扎格木"等木炭作为燃料，只有这样，烤出的羊背才原汁原味，饱有草原的百草香，毫无腥膻之感，可谓色美肉香、外焦内嫩、干酥不腻，正应了那句话："六月鲜羊肉，神仙也想吃一口"。

# 华子鱼

HUAZIYU

达里诺尔湖区盛产鲫鱼和当地俗称"华子鱼"的"瓦氏雅罗鱼"。这些鱼都以肉鲜味美享誉四方。传说当年康熙大帝幸临草原，从达里诺尔湖捕鱼后，又在草原上采集了白蘑、山花椒一起烹制，鲜香美味使康熙帝胃口大开，并说："吃了这里的鱼，朕便不想天下的鱼了。"回到京城后，仍念念不忘，以后又多次派人来捕鱼，飞马送入京城。的确，华子鱼鳞细肉丰，煎、炖、炸、烹味道鲜美。达里诺尔湖水质是苏达型半碱水质，而这些鱼都是耐碱性鱼类，加之湖水含有其他的成分，使这些鱼在湖里生活就添加了佐料。从传说到品尝全鱼宴，人人都说味美。究其原因，这里的鱼全靠自然繁殖，不需人工撒鱼苗。水质特殊也是主要原因。

08

赵玲·通亲州

# 达里湖冬捕

### DALIHU DONGBU

达里湖位于内蒙古赤峰市克什克腾旗境内，面积238平方公里，是内蒙古第二大湖泊。达里湖冬捕一直沿用传统的捕鱼方式，在零下30℃左右的冰面上作业，世世代代，延续至今。目前已成为达里湖一道亮丽的风景，场面壮观、气氛热烈，从下网、打眼、走杆、拉网、出鱼，每一个环节、工人的每一个动作都是一道风景，都是摄影爱好者理想的创作题材。这样的境头里，既有达里湖冬季的自然美景，又有工人们欢快热闹的工作场面，画中有人，人入画中，体现了人与自然的和谐。渔民们收获后露出喜悦的笑脸，还有老牧民用自己虔诚的心将鱼儿买来放生，打鱼的乐趣和对自然生灵的崇敬，在一种和谐的氛围里相映成趣。

# 头鱼宴

TOUYUYAN

契丹人"居松漠之间"过着逐水草而居的游牧、畋猎生活。是一个"畜牧畋渔以食"的民族。由于受到当时生产力水平和自然条件的限制，人们能获得

春捺钵时非常重要的活动就是钓鱼、捕鹅雁。《辽史·营卫志》二载："皇帝正月上旬起牙帐，约六十日方至。天鹅未至，卓帐冰上凿冰取鱼，冰泮，乃纵

食物最直接的方法就是打猎和捕鱼了，所以鱼也成了契丹人的食物资源之一。新中国成立以后契丹的皇帝仍然沿袭着"秋冬违寒，春夏避暑，随水草就畋渔，岁以为常。四时各有行在之所，谓之'捺钵'"的传统习俗。因春秋二时最接近生活，所以也贴切的称为"春山秋水"。

鹰鹘捕鹅雁，晨出暮归。从事弋猎。"钓到第一条鱼，捕到第一只天鹅要设"头鱼宴"、"头鹅宴"，他们把鱼、鹅献祖，举行"祭庙"仪式，契丹人非常重视这两个活动，因为这是一年渔猎收获的开端，是丰收的象征。

# 凿冰捕鱼
ZAOBING BUYU

"凿冰捕鱼"是指在寒冷的冬季里，渔民顶着凛冽的寒风，在封冻雪裹的江面上凿冰眼捕鱼。这是存在于达斡尔族、赫哲族、鄂温克族等北方渔猎民族中的一种传统的捕鱼习俗，具有悠久的历史。据记载，凿冰捕鱼早在辽代就已经非常盛行，达斡尔族的先人——契丹人，无论是老百姓还是帝王将相，都有"卓帐冰上，凿冰取鱼"的喜好。特别是辽代皇帝喜欢钓鱼，他经常在冬季将行宫安置在冰面上进行凿冰捕鱼，每当这时候，皇帝先让人在距离行宫上下10多里的地方，凿出一道破冰的沟，然后下毛网将鱼驱赶到帐篷（行宫）附近聚集，当随从们从凿薄冰的地方看到水下鱼群游来游去，垂钓的一切工作准备到位后，便立即禀告皇帝，皇帝在随从们的前呼后拥下来到凿冰处垂钓。皇帝每次下钩都能垂钓到鱼。鱼钓上来后，他将渔钩从水中取出摘鱼，反复几次后，水中的游鱼被搅和得不耐烦了。当皇帝一次次将渔钩放进冰眼里的时候，鱼儿纷纷咬住鱼钩，继而被接二连三地钓了上来。最先被捕获的鱼，被称为"头鱼"，捕到"头鱼"后，皇帝便在帐篷里和大臣们饮酒作乐，举行"头鱼宴"以示庆贺。

皇帝率先垂范，所有契丹人民逐渐养成了"凿冰捕鱼"的习惯。而后被其他北方渔猎民族沿袭下来，其中尤以契丹后裔达斡尔人具有代表性，有一首诗中写道：穿凿冰眼兮下冬网，持渔钩插兮捕鱼尾，兄弟舅姑兮赴市售货为生计。这就是达斡尔族人民凿冰捕鱼的生动写照。后来，无论是居住在黑龙江流域，还是居住在嫩江流域的达斡尔人始终沿袭着这种凿冰捕鱼的习俗。辽皇帝每至开春，必会至混同江（松花江）边、大水泊（查干湖）畔捺钵（即游猎祭祀）。破冰捕新年第一条大鱼，烹饪佳肴号之"头鱼宴"；放鹰猎新年第一只天鹅，红烧野味号之"头鹅宴"。辽人这"头鱼宴"颇讲究排场，其必行于松花江、嫩江、查干湖一带江湖。一般驻扎在距离军营较近的冰湖畔或江边，查干湖位于松花江和嫩江合流的前方，在这里还有辽军事重镇长春州（塔虎城）。为何要在塔虎城附近的查干湖或松花江嫩江交汇处的湖畔江边设帐呢？主要是从安全角度考虑的，辽帝会见各地首领，若有反者，附近有军队保护。辽帝先于湖畔设帐，命人在冰湖上周围十里范围内凿冰下长网围鱼，使之不得逃出，然后用数匹公马拉绞盘，将毛网聚合到冰口取鱼。先期到达冰口的大鱼由辽帝用钩钓出，即刻入帐烹调，便献于在场尊长——多是太后权臣之属以及各地首领，品尝"头鱼宴"之鲜美之味。古老的祭礼，政治意味已日渐浓厚。同时，生女真酋长千里内者皆朝行在，也作为辽帝对北疆的巡视监察。不过，辽国最后一位皇帝过于执着于"头鱼宴"了，以至于在饮酒作乐时激怒了一位女真部落酋长，这位酋长韬光养晦，由弱变强，历经十年，最终完胜并灭掉了曾经在中国北方雄霸一时的大辽帝国，这位酋长就是女真历史上的第一位皇帝——完颜阿骨打。

鲜衣怒马，旌旗昭彰，"头鱼宴罢又头鹅"。混同江（松花江）畔，大水泊（查干湖）侧，初春晨晓的宁静，被打破了。查干湖周围百八十里，春天来临，鹅鹜征雁都聚集于此繁衍生息，乃辽帝新春捺钵头鹅必经之地。春猎之时，卫士都身穿墨绿衣裳，分别拿着链锤、鹰食、刺鹅锥，在水边相隔五、七步散开。猎鹅开始之际，先令军士泊擂响扁鼓，将鹅惊开水面。这时，辽帝亲自将极俊的海东青放出。这海东青最善于攻击天鹅，飞时如旋风一样直上云际，然后居高临下，直扑天鹅。当鹅背击伤下坠，军士们便蜂拥而上，万箭齐发，继而用刺鹅锥向落地之鹅猛刺，谁能获得头鹅，便会得到皇上的赏银，并赐群臣饮宴，名为头鹅宴。清人陆长春写有辽宫词，赞曰："弓开满月箭流星，鸳泊弥漫水气腥，毛血乱飞鹅鸭落，脱鞲新放海东青。"

## 赤峰市美食推荐——

在红山区昭乌达路靠近解放街的路口，有一家"宴宾楼"，这可以说是赤峰最为古老的饭店了，里面的对夹相当地道，还可以在这里了解赤峰的历史呢！在园林路有一家对夹店，那里的对夹也不错，对夹比较有名的还有"广利对夹"和"城南对夹"；

"卤鸭大王"：红山区火花路南段（近第16小学）；

"解放风味小吃"，红山区解放路一段2号；

中原路京广路交叉口的"秦妈老火锅"，很好吃的，尤其是香辣虾；

炒菜之类的话就去"好运来"，在松洲园小区旁边；

烤肉就吃"韩香美"，在火花路三食品附近；

烧烤就去松洲巷四中街东边的"西门烤翅"，实验小学附近的"锦州御烧烤"，天王酒店对面的"咱家烧烤"，如果你想体验更好的风土人情，那最好是晚上五门市或附属医院的夜市，那里还有麻辣烫；

钢铁街双子座2楼的"海佳轩自助烤肉"；

哈达西街（近黄金大厦）的"梁师傅砂锅"；

昭乌达路赤峰宾馆2楼的"零点餐厅"；

"古洼一锅鲜"，三中街中段路南，不过要提前定桌；

涮羊肉当然是"小肥羊"；

如果去小餐馆吃的话，"家园"的鸡蛋柿子拌面、炒饼、炸酱面很不错；

"马大姐抻面"的抻面很实惠，尤其是她家的咸菜很好吃；

"西部贾歌"是专门做西部小吃的，像炒饼什么的也挺出名；

"唐老鸭"家的凉皮很有特色；

"华丰饺子馆"的饺子很鲜美；

"似聚炸串"家的炸串和牛肉面非常好吃，就是啤酒很贵；

"大三元"的菜特实惠，盘子大，分量足。

吃在画途

# 吃在通辽
CHIZA TONGLIAO

　　通辽位于科尔沁大草原中，有近一半的人口为蒙古族，是蒙古族最集中的聚居区之一，因此通辽的饮食具有鲜明的蒙古族特色。

　　科尔沁蒙古族的食品一般分为肉食、奶食、粮食三大类。在农区，蒙古族与汉族饮食习惯相类似，以糜子、荞麦、玉米、黄豆等粮食为主，有炒米、面条、馅饼等多种吃法。在牧区蒙古族以饲养和放牧马、牛、羊为生，主要食物是肉类和乳类，烤全羊、手扒羊肉、酸奶、奶豆腐等都是这里的美食。每年夏秋季节牛羊肥美，此时来到大草原，一边欣赏着美丽的草原风光、民族歌舞，一边品尝着正宗的蒙古族美酒佳肴，将是何等惬意。

# 菜包

CABAO

也叫"饭包"，把干净的菜叶铺平，把撕碎的葱、香菜等副料放在上面，再根据自己的口味放入适量的大酱，再放上米饭。米饭的多少由菜叶容量的大小决定，最后将菜叶对折封底，双手握紧，即可食用，"菜包"是通辽地区老百姓非常喜爱的一种饮食，如今菜包已从寻常百姓家走上了宾馆酒店的餐桌，成为招待贵宾的一道独具特色的美味。

# 高粱米饭
## GAOLIANG MIFAN

　　将高粱脱皮，用以煮饭、熬粥。夏季炎热时节，把高粱米饭放入凉水里，称为"水饭"。秋季，用新鲜白菜叶将米饭、葱段、香菜及豆酱、肉丝裹成一团，称为"菜包"。饭里放豇豆同煮，称"豆干饭"。把高粱米加工成面，和成面团，在格豆板上搓入滚水锅内，即成为"格格豆"。

# 荞面拨面

QIAOMIAN BOMIAN

荞面的营养丰富，含有多种维生素和大量蛋白质，含糖量低。经过去粗存精加工过后的荞面，可以制作拨面、荞面水饺、荞面烫饺、荞面饼、荞面凉粉等别具风味的食品，其中以"荞面拨面"最为上乘。

先将和好的面团拍成前薄后大的长条，放在案板上，用两边都有把的拨面刀飞快地将面均匀地拨进滚开的锅内，待面条飘浮上来后用筷子捞上来浇上卤子即可食用。

## 大楂子粥
DACHAZIZHOU

　　"玉米楂"又称"大楂子"，将玉米脱皮，每粒破碎三四份即成。可以煮干饭和熬粥。把玉米加工成面，和好发酵后可做"大饼子"、"窝窝头"、"发糕"等。"苞米楂"熬粥很好喝，尤其是当地人熬的"大楂子粥"味道最为地道。

# 蒙古馅饼

是内蒙古的传统小吃。距今有着悠久的历史。蒙古馅饼是明朝末年，蒙古族蒙郭勒津部落定居辽宁阜新地区后创制的。最初的蒙古馅饼以当地的特产荞麦面为皮，牛羊肉为馅，用干烙水煎的方法制成。成品皮薄透亮，金黄油亮，鲜香可口。蒙古族馅饼是一种风味面食，距今已有三百多年的历史。明末清初，馅饼面食从民间传入王府，由干烙水烹改为用豆油、奶油煎制，并用白面做皮，成了王府中经常食用的佳品。它以面稀、皮薄、馅细为特点，烙制后形如铜锣，外焦里嫩，饼面上油珠闪亮，透过饼皮可见里面肉似玛瑙，菜如翡翠，红绿相间，煞是好看。用筷子破开饼皮，热气升腾，香味扑鼻，引发人们强烈的食欲。蒙古馅饼是上等地方美食，是蒙古族人家招待贵客的主要食品之一。每到蒙古族家庭作客，他们以馅饼这种面食，作为最好饭食招待来客。汉族有句俗语："好吃不如饺子"，蒙古族有句常话："好吃不如馅饼"，看来饺子和馅饼是同等上乘佳品。蒙古馅饼与一般馅饼比较，其特点在于馅饼的馅是精选绵羊肉或牛肉，肥瘦适宜，馅中放葱、姜等作料，不加菜，馅满，皮薄如纸，金黄酥软，油而不腻。

# 烤羊方
## KAOYANGFANG

烤羊方的做法历史悠久，是一道极具蒙古族特色的风味小吃，主要的材料以羊肉和大葱为主，烹制的做法以烤制为主。

是以羊肉块儿裹以鸡蛋、面糊并加多种佐料放烤炉成熟。该菜香酥可口，一般配以荷叶饼、大葱，甜面酱食用。

# 炸羊尾

ZHAYANGWEI

炸羊尾又被称作"素羊尾"，还有一个名字叫作"高丽澄沙"。

清朝末年在京城曾风靡一时，但是因为好多人不习惯羊尾自带的膻气，以后便以豆沙馅代替传统的羊尾。

传统的炸羊尾是以羊尾肥膘、鸡蛋清、果脯、白糖为原料炸制而成。此菜外形美观、香甜酥脆，带水果味，肥而不腻，入口即化，多用在接待宾客的宴席上。

## 通辽市美食推荐——

民族楼附近的"韩族村"：打糕、紫菜包饭还有冷面都挺好；

"万帮"的干锅吃完主料后上的面片很筋道；

"巴黎之春"东门北侧"天香过桥米线"；

农资市场"鹤必居"的砂锅，店里的主营烤肉、牛胸口，太霸道了，那沾料香；

河西的"驴肉大馅蒸饺"；

平安东区的"麻辣涮肚"；

"红星"的咸鱼大饼也很好吃；

步行街西口有个"家家乐土豆粉"很好吃，还有"名老家"的麻辣烫，"老郭"的卷饼；

"鸿兴美食"：在通辽古玩街、原市委、人民公园、平安西区都有店面，老店在古玩街，但是现在已经没有以前火，最火的是平安西区店，不仅环境好，而且菜色香味俱全，只是价格稍贵，特色菜有一锅香、昙肉炖粉、干炸小白虾还有鲈鱼以及甜品（奶皮夹豆沙蘸着炼乳）。"鸿兴美食"还有人民公园的粗粮馆，以粗粮菜为主，味道中等偏上，菜量比较大，相对于西区店便宜一点；

"杨麻子大饼"：店址是平安西区，

鸿兴美食对过。饼的种类很多，各有特色，菜肴中"奶油鸡翅中"比较好吃，很回味，但是菜量较少；

"石磨村"："石磨村"在"杨麻子大饼"往北30米左右，以豆腐、驴肉类菜为主。其中小麻籽豆腐和红烧三鲜豆腐不错，驴肉菜中驴板肠做得很地道，还有驴肉四样都很赞，价格公道菜量很大，吃惯大鱼大肉的可以去换一个口味；

"可立亚烤肉"：在火车站附近，环境不错，里面的烤羊肉串、心管和板筋很好吃，非常有特色；

"漫步新楼兰"：平安南区，环境很有特色，里面有炒菜、烤肉和涮锅以及煮串等。味道中上等，价格稍贵，煮串似乎很有特色，比街边小摊要干净；

"胖丫农家院"：最喜欢的农家菜馆，菜肴美味没的说，环境中等，每桌会赠送时令蔬菜和水果，但是价格稍贵，个人最喜欢吃里面的豆角，比鸿兴美食的一锅香还棒，里面的玉米很有味道；

"杨家烧卖"：在馨园小区南门对过，招牌菜是焦熘里脊，外酥里嫩，一点不比大饭店的差，价格公道，主要是菜量，很大；

"牛筋面"：馨园小区南门对过，有点类似于米线的牛筋面；

"平安排骨火锅"：馨园小区南门对过，以排骨多少区分，每锅带一份蔬菜拼盘，其他还可以另点，排骨味道非常特色；

"聚德缘"：馨园小区南门对过，就是小锅饭；

"川厨子"：很正宗的川菜店，满天星小炒、豆花嫩牛肉和铁板豆腐都非常好吃，但是辣椒很多，占了一半的菜

赵玲·通泰阁

量（地址暂时不详）；

馨园小区南门对过春饼店，春饼很薄，菜也很好吃，价格不贵。

"川府火锅"：馨园小区西门对过，作为火锅，川府的味道很正宗又很有特色，尤其是牛肚和金针菇；

"大福园"：店面很不起眼，在原国税局道东，坛肉焖黄鱼、焦熘里脊、普通菜都很有特色，菜量很大，非常棒，适合小型聚会；

"乌兰馅饼"："巴黎之春"对过，馅饼两种，牛肉芹菜和羊肉圆葱，皮薄馅大，味道鲜美；

"一品牛"：在日升日美百花新城店对过，以回民菜为主，味道很正宗，特别是凉拌牛百叶，非常有特色；

"老妈手擀面"："老北京面馆"对过，面真的是手擀的，而且菜的味道也很好；

"北大抻面馆"：所有通辽的人都知道北大抻面，在三中附近，里面的大骨头味道一绝，抻面用老汤做的，超级火爆；

"小市羊汤"：通辽唯一一家小市羊汤，在北大抻面东十字路口南50米；

"奈曼荞面饸饹馆"：通辽人没有不吃荞面的，在国泰大酒店道北，味道很正宗。

吃在锡林郭勒盟

# 吃在锡林郭勒盟

CHIZAI XILINGUOLEMENG

　　锡林郭勒盟以畜牧业为主，所以在饮食上更偏重于对当地奶制品和肉制品的加工制作。食品以奶制品、牛羊肉为主，有以马奶酒、酸奶酪、奶豆腐、奶皮子等为代表的奶制品，也有以牛羊肉串、手把肉、扒羊肉等为代表的牛羊肉类食品。烤全羊、手把肉、涮羊肉、奶茶是每一个到草原旅游的人必尝之美味。锡林浩特市内有"手把肉一条街"，可在此品尝各种民族风味的食品。

# 锡林郭勒烤羊腿

XILINGUOLE KAOYANGTUI

锡林郭勒大草原风味名菜之一。选取羊后腿嫩肉，剁去小腿洗净，在表面浅划十字刀花，放入烤盘内，加入葱丝或葱头、姜片、西红柿块、胡萝卜丝、芹菜段等，或再加入胡椒、料酒、酱油、精盐、清汤等调味品，放入烤箱。烘烤约4小时左右，待汤火、肉干呈酱红色时即可出炉，然后整腿盛盘，上桌吃时用蒙古刀，削成片状，并维持腿的原形状，佐以甜面酱进食，若和黄酱、葱段、荷叶饼食用最佳。

# 哲嘿汤
## ZHEHEITANG

　　草原上的牧民们在饮食搭配上十分崇尚自然原味，很少像汉族餐饮在食材加工过程中，添加过多的调味料。哲嘿汤就是充分发挥稀奶油原有的奶味醇香，将干肉切成小块后放入碗内，加哲嘿（奶油），再加适量食盐、葱或沙葱，蒸熟即可。可补气血亏损，恢复体力等功效。

# 黄油卷

黄油因其味道独特纯香，含有丰富的营养物质，是牧民们招待宾客的佳品。

"黄油卷"的制作方法和"蒙古黄油饼"的制作方法一样，都是在前一天的晚上用酸奶发好面，第二天在面里放入"卓嘿"和牛奶，揉成面团，一小团一小团扯开，擀成片状或饼状放入热锅中，用黄油烙。一般就着"哲嘿汤"吃，经常吃可以防治心力衰竭、风湿病等，还能起到美容作用。

10

吃在锡林郭勒盟

# 毕突树鲁
## （蒙古煲汤）
### BITUSHULU (MENGGUBAOTANG)

勤劳智慧的草原牧民们十分善于学习，在饮食方法上也汲取了许多汉族地区的地方餐饮特色。"毕突树鲁"就是模仿汉地煲汤和泡饼的方式演化而来的。

制作时将羊精肉切成小块后放入碗内，加适量水和食盐、葱等后，将和好的面擀成薄片，盖住碗口蒸炖熟即可。有滋阴补阳、压心火、暖胃、恢复体力等功效。

# 蒙古包子

MENGGU BAOZI

　　是草原牧民最喜欢的食品。蒙古包子不用发酵面做皮，采用小麦面粉，用热水和好后，称为烫面。馅有几种，一种是全羊肉馅，即整羊不分部位，全部剁馅只加葱、姜等调味品。这样的馅做包子或蒸饺即纯正的蒙古包子，也有的在馅中略加奶豆腐或野韭菜等野菜。另外有用牛肉做馅或是用羊心、肺、肚子、肥肠、百叶等加腌酸菜做馅。蒙古包子的特点是：馅大、皮薄、味道鲜香。

# 油炸饽饽
YOUZHABOBO

是蒙古族喝奶茶时的小吃，都是用小麦面粉加糖、鸡蛋、酸奶或牛奶、奶油或牛油和面，然后或捏成麻叶形或拉成馓子形或擀成片，再切成小棒形、三角形。用牛油或羊油（现也用植物油）炸成金黄色，可直接食用，也可泡入热奶茶。

# 锅 饼
GUOBING

相传清康熙帝巡边途经多伦县二蹬泉一带时，因多日劳奔于野外，人困马乏，于是进入一百姓家借宿。饭桌上，主人向皇帝献上莜面锅饼，饥渴交加的康熙吃到锅饼感觉从未吃过这么美味的食品，甚至超过了宫廷御宴。从此，多伦莜面锅饼经常出现在宫廷宴桌上。

# "贡宝"西芹

"GONGBAO" XIQIN

有句话说："南有寿光，北有宝昌"。太仆寺旗还是"绿色西芹之乡"，是"京北蔬菜第一旗"，是北京的重要蔬菜基地。经过多年的建设和努力，太仆寺旗蔬菜已经在国家注册了"贡宝"商标，被自治区命名为无公害蔬菜种植基地和无公害蔬菜批发市场，蔬菜产业从基地到市场到品牌，已经形成了无公害生产体系。

赵玲·通春御

# 锡林浩特韭菜花

XILINHAOTE JIUCAIHUA

　　草原上生长着大量野生韭菜，入秋时节，将韭菜花摘下，磨成糊状便成了美味韭菜花。韭菜花是锡林牧民吃手把肉、涮羊肉和灌血肠必不可少的佐料。同时也可作为配料与蛋类和肉类烹制各种美味佳肴。韭菜花味辛甘、性温，可温肾阳、强腰膝，有活血散淤、除胃热、解药毒的功效。另外韭菜花中的纤维素含量比较高，对防治便秘有益。韭菜花中所含蒜素，还有一定的杀菌作用。

吃在锡林郭勒

# 锡林浩特哈拉海

XILINHAOTE HALAHA

　　"哈拉海"又称"荨麻"。多年生野生草本植物，春发冬谢，秋果累累。"哈拉海"的茎和叶，含有丰富的蛋白质、多种维生素、胡萝卜素及各种微量的磷、镁、铁、锌、锰、硅、硫、钙、钠、钴、铜和钛等元素。其茎叶可烹制加工成各种各样的菜肴。有凉拌、汤菜、烤菜、炖菜、做馅等。经常食用具有补脑、补血之功效，将哈拉海煮水，用水洗浴可治关节炎。

## 锡林浩特市美食推荐——

百货大楼路口往西200米，察哈尔大街40号的"杭盖蒙餐"，环境很好，很蒙古，可以拍照，奶食很好吃，铁板奶豆腐、嚼口炒米、奶茶、都很不错。

锡林郭勒锡林浩特市额尔敦路中央大街2号的"敖特尔"手把肉，当地最好吃的，手扒肉很烂，很香，不赘牙，汤一大盆，都喝不完；

察哈尔街手把肉一条街的"顺亿饭店"，非常正宗而且平价的锡林浩特老字号；

手扒肉一条街上的"玛拉沁手把肉"，肉确实不错，作料调的也合适，价钱相对略贵，配酒齐全，酒价在当地饭店来说算是行价，例如：白草一斤一瓶20块钱，商店10块。肉刚出锅，食客蜂拥抢肉，得赶对了点儿，要不就是挑剩下的了，下午不到五点时肯定出两锅新的。血肠也是特色，有独特的味道，羊肚一定得切点儿，好吃，也算是圆满了。草原系列一共四种白酒，纯正的马奶酒一般人接受不了，建议勿试。

10

吃在锡林郭勒

那达慕大街东段南苑商务宾馆南100米路东"草原狼磁化健康火锅"，适合家人、同学、朋友聚餐，饭店虽然不豪华，但是很干净、温馨，口味很好吃，价钱也十分便宜。其中大羊肉只卖28元一斤；这在锡林浩特还是独一家。还有，这家火锅店免费赠送的酸梅汤十分地道好喝。

还有市红茜园小区南门，新九校东200米处的"步步高蒙古君王烤肉"。

外贸十字路口法院宾馆对面（盟医院西）的"麦子香春饼店"；五号岗以南，宝昌路路口处的"哈达奶茶馆"；盟医院急诊部东15米的"爆肚陈"羊杂；华油大街三中东面的"骨头馆"等。

# 吃在呼伦贝尔
## CHIZA HULUNBEIER

呼伦贝尔的大部分人还保留着原籍的习惯，主食有粥、面条、馒头、米饭等。但在岭西普遍喝奶茶、食牛羊肉，这些均与当地蒙古族、达斡尔族、鄂温克族、俄罗斯族同胞一样，所不同的是汉族人家都多吃一些蔬菜。20世纪80年代以来，无论岭东岭西，稻米饭已成为主食。20世纪80年代以后至今，地区的饮食文化逐渐开放，与全国的饮食文化相融，各市区都以出现了一些地方特色的风味小吃和饭馆。特色菜肴有蒸带皮羊肉、烤羊腿、手扒肉、布列亚特包子、荞面馅饼、荞面猫耳朵等。

# 呼伦贝尔白鱼

HULUNBE.ER BA.YU

学名"红鳍鲌"，是全国南北方都喜食的淡水名特优鱼类珍品，呼伦贝尔白鱼生产于全国无污染的第四大淡水湖，该水域有"大、活、肥、洁"四大特点。

呼伦湖的小白鱼也叫"白条"，最大的就可以长到二三两，如果长到最大的时间不打捞就死了，用小白鱼做的罐头是达赉湖的特产。

赵玲·通泰阁

# 呼伦湖秀丽白虾

HULUNHU XIULI BAXIA

又称"秀丽长臂虾"。是呼伦湖中唯一的经济虾类，具有生长快、食性广、繁殖力强、营养价值高等特点，是高蛋白、低脂肪生物，鲜虾所含粗蛋白比同水域鱼类高许多，肉质鲜美，令人回味。

鲜食可采用盐水、油爆虾片、虾仁、虾丸、虾卷等做法。虾仁还可以做成"虾仁炒蛋"、"虾仁石榴"等。用鲜活白虾做成的"呛虾"更是奇嫩异常，鲜香无比。

# 呼伦湖冰捕节

呼伦湖冰捕节拥有十分迷人的看点，其自然与文化的完美结合，浓缩了呼伦贝尔文化的精髓，飘溢着呼伦贝尔冰雪天地相谐相趣的人文气息，展现了中国北方渔猎民族的粗犷豪迈和呼伦贝尔人的精神和气魄。

呼伦湖已经有近一个世纪的渔业生产史，冰冻的湖下藏有鲤鱼、鲫鱼、油餐鲦、蒙古红鲌、鲶鱼、秀丽白虾等30余种鱼类和虾类。为了保护资源，呼伦湖夏天是禁止捕鱼的，每年自4月开始直到11月，呼伦湖都是处在"封湖休渔"期，冬季只有冰层达到45厘米左右，并且经过验冰人员检测合格后，才可以开始冬捕。呼伦湖冬季捕鱼的产量要占到全年产量的80%以上，被誉为"中国的爱斯基摩人"的捕鱼者们，延用已经有着近百年历史的传统的冰下捕鱼的方式进行冰上捕鱼，近年，冰上捕鱼这一原始的捕捞方式已成为呼伦贝尔冬季旅游的一个看点。

每年冰捕开始时都有隆重的祭典仪式，现在已经演绎为内蒙古满洲里的"冰捕节"了。戴着狗皮帽子、束腰棉袄、脚上蹬着防水鞋的渔工先是跪拜祭天祭地，然后就带着冰上捕鱼的"家伙什"坐着大胶轮车浩浩荡荡地在中国最大的冰面上捕捞冰下的宝藏了。

# 吃在满洲里

CHIZAI MANZHOULI

在满洲里待过一段时日，过天桥从南向北数，只有五道街。这是一座充满异域风情的边城——"俄罗斯套娃"广场，金发碧眼、身材高挑的俄罗斯美女，满

有了现在口味多变的俄罗斯菜肴。

读者朋友若有机会到满洲里，那里的俄罗斯餐厅非常之多，不用出国，就能品尝地道的俄餐。俄罗斯菜的种类繁

大街的俄罗斯文字，中苏友好时的老旧建筑，伏特加酒，"大列巴"面包。

吃，在满洲里基本是中西合璧的，这里既有正宗的川菜、东北菜以及其他地方特色美食，也有极富情调的异国餐厅，作为东方的胃，偶尔尝试一下分量大、油脂丰厚、重口味的俄式饭菜还是不错的。欧洲风格和亚洲风格的餐饮融会，

多，可品的不一而足。汤的原色原味，沙拉的丰富浓醇，肉类和土豆泥的敦厚浓重，无不显示出俄罗斯人豪放宽实的性格。下面，简单地列一下满洲里五道街上的餐饮店面，有机会到满洲里的朋友可以根据自己的品位，按图索骥，一饱口福。

# 呼伦贝尔蓝莓

当地人也叫"笃斯"，或许为了和国际接轨，抑或是显示其昂贵的身价，资源储量十分丰富。蓝莓被世界誉为"十大水果"之一，学名叫越橘，国际上叫

也改叫蓝莓了，其实还是长在山野间的野果子。吃完了舌头和牙齿都会变成紫色的；到了秋季，当地很多人家都会用"笃斯"酿造"笃斯酒"，小孩子们则喜欢用白糖拌着"笃斯"吃；有的大孩子常常吃过"笃斯"后，会突然冲着小一些的孩子们张开大嘴，露出黑色的舌头，往往会吓得小一点的孩子号啕大哭。

呼伦贝尔是野生蓝莓的故乡，野果蓝莓，在内蒙古和东北一带常称为"笃斯"、"红豆"。它是一种具有极高经济价值的野生浆果，含有蛋白质、碳水化合物、丰富的食用纤维、抗氧化成分、维C、维E和胡萝卜素，还含有多种水溶性的天然花色苷类物质，对许多眼部疾病具有非常好的预防和治疗功效。蓝莓野果制成的饮品，已经成为饮料业的顶级产品。

# 蒲公英

## PUGONGYING

俗称"婆婆丁"。历史上仅为人们春季采食的野菜。20世纪70年代后，人们已不普遍采食，只有每年春季蒲公英鲜嫩的时候，有一些人采集尝鲜。主要食法是洗净后蘸酱生吃，也可以凉拌食用。

# 满洲里 "全鱼宴"

呼伦湖产的鲁鱼、鲫鱼、白鱼等，肉质肥美，营养丰富，含有丰富的蛋白质、无机盐、碳水化合物、脂肪和各种维生素。用呼伦湖产的鲜鱼和湖虾，可烹制鱼菜

"全鱼宴"有12、14、20、24道菜一桌的，甚至有上百道菜一桌的。主要名贵鱼菜有二龙戏珠、鲤鱼跳龙门、鲤鱼三献、家常熬鲫鱼、梅花鲤鱼、油浸

120多种，称为"全鱼宴"。鱼菜鲜嫩味美，百吃不厌。

呼伦湖产的鲤鱼、鲫鱼、白鱼、红尾鱼等，肉质肥美，营养丰富，含有丰富的蛋白质、无机盐、碳水化合物、脂肪和各种维生素。

鲤鱼、鲤鱼甩籽、蝴蝶海参油占鱼、松鼠鲤鱼、芙蓉荷花鲤鱼、湖水煮鱼、清蒸银边鱼、葡萄鱼、葱花鲤鱼、金狮鲤鱼、香酥鱼、番茄鱼片、鸳鸯鱼卷、荷包鲤鱼、煎焖白鱼、拌生虾、拌生鱼片等。

# 鱼匹子
## YUPIZI

在满洲里市的一些饭店里，"鱼匹子"是招徕客人的一道地方名菜，深受人们喜爱。它的做法是将鱼从尾鳍顺脊紧，防止漏雨或蝇虫钻入。当鱼片有七成干时，可堆成垛捂上两天，促使发酵再进行晾晒。鱼片呈红白色，干度达到

梁到头部用刀刻成片状，去掉脏器，然后放入池或大缸内，鳞片朝下，层层撒盐，装满后用草袋或其他物品盖严，以石压八九成即算腌好。将腌制好的鱼匹子去鳞洗净，鱼段切一寸左右，用锅蒸熟，即可食用，味道咸、鲜，口感好。

# 满洲里的涮狗肉

满洲里的涮狗肉可算是一道独具特色的地方风味。狗肉含多种维生素，一年四季食用皆宜，冬食取暖，夏食消暑，并能舒筋活血，滋阴壮阳。狗肉也可凉拌、酱制。涮狗肉用的狗最好是选用吃粮食的，其肉不腥。肉煮熟后拿出放凉，撕成丝涮食即可，味道异常清香。锅底用煮狗肉时用过的原汤。用葱、姜、蒜、辣椒油、香菜、胡椒粉、香油作为蘸料，按口味自调自食。

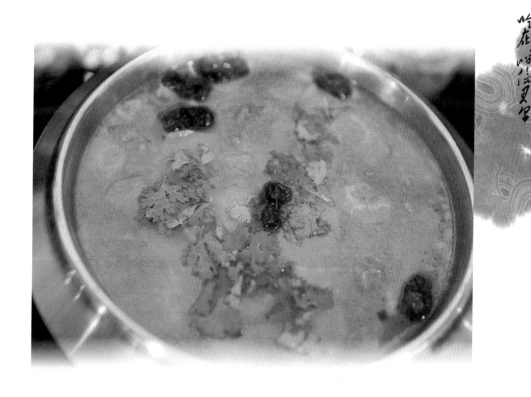

# 呼伦贝尔草原白蘑

HULUNBEIER CAOYUAN BAIMO

产于呼伦贝尔大草原，是伞菌中较为珍贵的品种。由于呼伦贝尔大草原夏季气候温凉湿润，光照时间较长，使白

汤，清鲜淡雅，菇香扑鼻。

炒白蘑、炒花脸蘑这两种蘑菇只有草原上才有，而且只有夏季下过一场透

蘑有良好的生长环境。白蘑有多种食用方法，可以做馅、溜炒、涮火锅等，也可以晾干长期食用。每年的八九月份为最佳采摘时期，由于呼伦贝尔草原没有污染，因此这里盛产的白蘑深受国内外人士的喜爱。呼伦贝尔草原白蘑做成的

雨，并且第二天出太阳，才可以生出蘑菇，你要是赶上了一定要尝一尝，尤其是炒鲜白蘑，味道极其鲜美。只要赶上时间，这两道菜到每家饭店几乎都可以吃到。

# 蚕蛹

## CANYONG

食用"蚕蛹"在我国有着十分悠久的历史，"蚕蛹"作为一道佳肴入宴已经有1400多年的历史。100公斤"蚕蛹"所含的蛋白质相当于34公斤瘦猪肉，或30公斤鸡蛋，或40公斤鲫鱼。

扎兰屯蚕蛹为扎兰屯地方时令特产，每到秋末冬初上市。将蚕蛹用味汁浸腌后，放油锅炸至黑亮、饱满装盘即成，松软嫩爽，香味独特。蚕蛹还有多种吃法，如红闷蚕蛹、红烧蚕蛹、干炸蚕蛹等，吃之如蟹黄，味道鲜美，成为扎兰屯市时令菜肴。

# 俄罗斯列巴
### ELUOSI LIEBA

"列巴"是俄文译音，是俄语里面的大面包，它是极富特色的欧式食品。在边城满洲里，很多食品的名称都沿用了俄文译名，小的俄式面包叫"沙克"，面包干叫"苏克立"等等。

大列巴个头很大，直径最大时可达1尺（33厘米），重达三四千克，和半个篮球差不多大小，外壳硬硬的，其味道是甜中有酸，外焦里软。吃的时候要切片就着黄油、苏波汤才有味道。

大列巴是以面粉、酒花、食盐为主要原料。俄罗斯传统的加工方法是以酒花酵母发酵好的面团，加入适量的盐，放在很大的立式烤炉里用东北森林里的椴木或桦木等硬杂木烤制。酥脆暄软，咸味可口。烤制好的大面包，夏季可存放一周，冬季可存放一个月左右。

# 呼伦贝尔整羊席

呼伦贝尔草原地处亚洲中部的蒙古高原，是世界著名的高原牧场，草原上均为多年生草本优质牧草，无污染，营

中，羊脖上系一红绸带以示隆重。端入餐桌让宾客观看后回厨房改刀，按羊体结构顺序摆好，主人先用刀将羊头皮划

养丰富，这个草原所产的羊肉无膻味，肉质鲜嫩可口。

呼伦贝尔整羊席是呼伦贝尔地区款待贵宾和祭奠及盛大节日宴会上的极贵重的名佳菜。色、香、味、形俱佳，别有风味，因宴席是用整只羊做成而得名。出炉时香味满室，色泽好看，皮酥脆，肉特香。上席时将整羊平卧于一大木盘

成小块，首先献给席上最尊贵的客人或长者，然后将羊头撤走；再把羊的背脊完整地割下来，在羊背上划一刀，再从两边割下一块一块的肉逐个送给客人。最后请客人用刀随便割着吃。吃时蘸兑好的适口调味汁。整羊席上，还可适量安排凉盘、热菜及饭食。

# 羊腿骨的传说
## YANGTUIGU DE CHUANSHUO

每当远方有朋友们来到满洲里民俗旅游观光时，美丽的蒙古族姑娘为尊贵的客人献上洁白的哈达，唱起悠扬的祝过着幸福美满的生活。然而，天有不测风云。一天，一心想独霸富饶草原的妖魔莽古斯来到这里，它掀起鼻子，喷出

酒歌，捧上醇香的马奶酒，在洁白的蒙古包里，蒙古族小伙子会煮好香喷喷的手把肉，在客人们竖起大拇指赞叹的同时，小伙子还会熟练的从羊腿骨中剔出一个上端圆形似人头状，下端细细的一个小骨节，给您讲述一个在草原上流传久远而又神秘的关于羊腿骨的故事。

很久以前，满洲里地区千里草原绿浪翻滚，缓缓流淌的霍尔津河滋润着草原，哺育着大地。牧民们在这里安居乐业，

阵阵热风，河水干涸了，绿草枯萎了，牛羊饥渴难耐，倒毙在草原上，牧民们无奈地远走他乡。达到目的的莽古斯兴高采烈地请来四方妖魔摆宴庆祝。顿时，草原上乌烟瘴气，群魔乱舞。说来也巧，一位云游四方、行侠仗义的喇嘛经过这里，不禁为草原荒凉、凄惨的景象而难过。当他听到莽古斯手舞足蹈地向群魔吹嘘自己的恶行时，他按捺不住怒火和气愤，大步走上前去怒斥莽古斯。正在

庆祝胜利的莽古斯恼羞成怒，火冒三丈，挥拳便向喇嘛打去。早有准备的喇嘛侧身闪过。这时群魔也一哄而上，纷纷使出浑身解数围攻喇嘛。一时间，刀光剑影，杀声阵阵。面对强敌，喇嘛从容对打，腾挪躲闪，身手不凡，不长时间，就把群魔打得死的死，伤的伤，一些妖魔见势不好，转身逃跑。诡计多端的莽古斯见硬拼打不过喇嘛，便佯装败退。见喇嘛紧追不舍，便偷偷从袖中取出一个暗器，突然转身向喇嘛面门打来。喇嘛情急之中，低头躲过，莽古斯见一计不成，便又使毒招，只见它双目圆睁，张开血盆似的大嘴，喷出一团团烈火，没有防备的喇嘛头发、衣服都被烈焰烧焦了。喇嘛急中生智，就势一滚，把火扑灭，一个鲤鱼打挺站起来又向莽古斯追去。走投无路的莽古斯打又打不过，跑又跑不掉，眼看性命难保，正在焦急万分之际，只见一群羊从旁边经过，便一头钻进一只羊的腿骨再也不敢出来了。经过一番生死搏杀，喇嘛已累得浑身是汗，伤痕累累。不一会，流下的汗水汇入霍勒津河道，使河水潺潺，欢笑着流向远方。喇嘛身上伤口流下的鲜血，染红了

草原上的萨日郎花，在春风中把草原打扮得分外妖娆。望着恢复生机的草原，喇嘛微笑着慢慢化成了一座高耸的山峰。蒙古百灵欢叫着把喜讯传遍了四面八方，牧民们又赶着牛羊回到了这里。为了纪念这位为草原幸福而牺牲的喇嘛，牧民们把这座山称作"小尤沿山"，蒙古语意为神山。每年秋天，牧民们赶着勒勒车，从四处赶到神山下祭敖包，他们在敖包上插上树枝，系上彩条，并进行摔跤、赛马、射箭等游戏，庆祝神山给草原带来的丰收。闻讯赶来的内地商人和从远处纷至沓来的鞑靼人，他们带来烟、酒、糖、茶、布匹等日用品，与牧民交换皮毛、牲畜，使这里日益红火起来。

斗转星移，百年沧桑。如今的满洲里已成为连通欧亚的口岸城市，每年有数十万游人来这里旅游、观光、享受回归大自然的乐趣。在品尝民族食品手把肉的同时，蒙古包里的主人都会边表演剔手把肉的绝活，并把据说是莽古斯变成的一端圆形，一端细细的小骨节送给您当牙签用，当然，不会忘记把这个古老的故事讲给客人听。

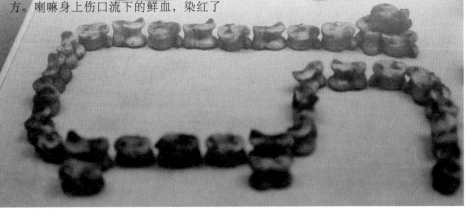

293

# 刀切酥
DAOQIESU

以面粉、饴糖、糖粉、植物油为主料烤制而成。用面粉、糖粉、植物油印成糖油酥；面粉加饴糖、白开水和成皮面。待醒好后，包上糖油酥擀成长形片，表面抹上油，卷成半圆形长条，切成适度厚的片置烤盘内，入烤箱烤熟即成。成品褐色，味甘甜，质酥脆。

# 狍肉宴

PAOROUYAN

鄂伦春族的传统食物主要是野兽肉和鱼肉，其中食用最多的是狍子肉，其次是鹿、犴、熊和野猪肉。狍子属鹿科

生食动物的肾和肝对人有明目健身的作用。

在婚礼、节日或款待贵宾之时，鄂

食草动物，肉质鲜嫩、纯厚，入口回味无穷，营养丰富。过去大小兴安岭的森林里狍子很多，所以一直是鄂伦春人的猎取对象和衣食之源。

鄂伦春人食用狍肉的方法有烤、煮、炖、涮等多种，其中手把肉是最常见的吃法。且以似熟非熟，略带血丝者为上品。另外，猎民们还喜欢生食狍肾和狍肝。每当猎获到狍子后，便会就地开膛破肚，取出鲜嫩的肾和肝分而食之。他们认为

伦春人还常常举行丰盛的狍肉宴，以狍肉为主制作美味佳肴，其中婚礼狍肉宴是最为讲究的。按照鄂伦春人的传统习俗，新婚的男女双方家均须举行一次。婚礼狍肉宴须由一名德高望重的长者主刀，所用狍子必须是生擒的一对。剥下的狍子皮要放在火上烤焦，据说这是为了让烟雾带着狍皮被烤焦的特殊香味弥漫整个猎乡，让所有的人都能分享婚礼的欢乐与幸福。

# 柳蒿芽
LIUHAOYA

在达斡尔语中，柳蒿芽被叫作"库木勒"。是一种生长在大兴安岭南北、呼伦贝尔草原、嫩江平原河边及沿江红

柳条筐，唱着采摘民歌，度过美好时光。

达斡尔人对柳蒿芽有着极深的感情。这种让人吃过之后忘不了、放不下的野

赵玲·通泰阁

柳丛中的野生草本植物。遍布于大兴安岭南北、呼伦贝尔草原、嫩江平原的森林、草原、林缘湿地、河岸湿地、沼泽、柳林灌丛下及村舍低潮湿地等处。春末夏初时节，黑土地上的达斡尔族妇女总会三五成群结伴去采摘柳蒿，她们赶着大车，车上装着麻袋和各种大小不等的

菜，是达斡尔人眼里的珍宝，他们常说："没有江河的地方，达斡尔人不安家；因为没有流水的地方，就不长柳蒿芽。"若是有孩子离家远行，达斡尔族母亲会把晒干的柳蒿芽搓碎装进布口袋，让孩子在想家时冲水喝，以解思乡之情；若是青年男女相爱，达斡尔族姑娘则会把

柳蒿芽装在亲手绣制的荷包里送给情人，做订婚信物。许多从小离家的达斡尔人，为了吃一口久违了的柳蒿芽，他们甚至会为此专程赶回家乡。达斡尔族有一种独特的口吹乐器，名为"木库连"。相传，创造者是一位达斡尔妇女，当时，因为丈夫暴病身亡，她异常悲痛，在采摘柳蒿芽时，为了舒缓哀痛的心情，她偶然间发明的。

在达斡尔、鄂温克、鄂伦春族民间还流传许多有关柳蒿芽的故事。如在《柳蒿芽救了我们》的传说里，讲到三百多年前，达斡尔、鄂温克、鄂伦春人在黑龙江北岸时，怀着维护祖国尊严、保卫家乡领土不受侵犯的坚定信念，与沙俄入侵者展开了殊死搏斗。后奉清帝之命南迁至大兴安岭和嫩江流域。最初几年，他们食不果腹、衣不遮体，只好靠采集在外兴安岭和大兴安岭生长的柳蒿芽度过饥荒，熬过日月。因此，达斡尔、鄂温克、鄂伦春族人又称柳蒿芽是"救命菜"。

达斡尔、鄂温克、鄂伦春人喜食柳蒿芽习俗的形成，主要是由生活环境决定的。他们居住的地方遍地生长柳蒿芽，

加之柳蒿芽微苦浓香，富有营养，且具有健脾、解毒、消暑的功能。达斡尔、鄂温克、鄂伦春族人将柳蒿芽采摘回来后，挑尽杂物洗净，放在开水锅里，加上一小块碱，焯煮使之嫩软，并除去部分异味。然后捞出，再清洗一次，挤净菜水，切碎，放入快煮熟的芸豆锅里，再放入些荤油、盐等调料，放些猪肉，添好水，待芸豆熟后即可食之。烹调成熟的柳蒿芽，菜色深绿，颗颗如红玛瑙的芸豆似镶嵌在墨绿色的绒毡上，格外协调雅致。这种菜肴有浓郁的香气，使人们的食欲猛增，就连当地的汉族同胞也效仿着做了起来。

柳蒿芽的吃法很简单，一般是用水焯一下后炒食、蘸酱、做馅或制汤，吃起来隐约感觉有丝丝苦味，清香浓郁，是达斡尔人最酷爱的野菜。品尝一下柳蒿芽炖猪排骨、柳蒿芽炖小鱼、清炖柳蒿芽、凉拌柳蒿芽、柳蒿芽馅饺子，那种清香一定会让你犹如踏入春天的山野，聆听一首悠远的山野之歌。

# 黑木耳
## HEIMUER

主产于呼伦贝尔市林区和赤峰市等地，黑木耳是低等植物中的一种好气性腐殖真菌，主要生长在腐烂的柞、榆、槐、桦等树上。黑木耳是一种味道鲜美、营养丰富的食用菌、含有蛋白质、脂肪、碳水化合物及维生素等多种营养成分，被称之为"素中之荤"，在医学上可用来益气强身、活血、止痛。

# 拔丝奶豆腐

**BA SI NAI DOU FU**

奶豆腐是蒙古族牧民家中常见的奶食品，味道有的微甜，有的微酸，乳香浓郁，牧民都爱吃。常泡在奶茶中食用，或出远门当干粮，既解渴又充饥，还可以做成"拔丝奶豆腐"。

拔丝奶豆腐是内蒙古风味名菜。实际是就是拔丝类食物的一类，是以奶豆腐为主料烹制而成。此菜色泽金黄，口味甜香，上席牵丝不断，是酒席中的佳品。

赵玲·通泰阁

# 锅包肉
## GUOBAOROU

　　锅包肉是一道东北风味菜，以猪肉为主料的料理。即将精选猪里脊肉切片腌入味，裹上炸浆下锅炸至金黄色捞起，再下锅拌炒勾芡即成。成菜色泽金黄，外酥里嫩，有酸口、甜口、咸口等不同口味。锅包肉是东北的溜肉段衍生出来的一道菜，其用猪

赵玲·通泰周

之脊肉（清真菜则使用牛肉）和淀粉，经两遍油炸而成，一炸熟，二炸色，所以又叫"锅爆肉"，外脆、酸甜、里面的肉嫩，出锅时浇汁并着以香菜点缀。在西安事变以前，由于东三省归属张氏家族管辖，所以道台府的很多菜，都属于禁菜、私菜，老百姓是吃不到的。1911年在奉天（今沈阳）召开的万国鼠疫研究会上郑兴文以高超的厨艺受到与

会各国代表的高度赞誉，获得大会颁发的荣誉牌匾"滨江膳祖"。自此，锅包肉声名远播。日本占领黑龙江以后，张学良对东北部部分地区控制渐松，一些民间工艺、美食菜谱逐渐外流，锅包肉也开始在哈尔滨以及外部流传。后来到了辽宁，辽宁人对其加入了自己的改造，最后一步改用番茄酱或者番茄沙司，外观像极了哈尔滨的"樱桃肉"，减少了锅包肉原有的香酥金黄。龙泉山庄的厨师曾在全国电视厨艺大赛上，展现过沈阳版本的"锅包肉"。现在，"滨江膳祖"的曾孙在哈尔滨花园街43号开办了自己的美食，传承了滨江美食文化独有的特点。

# 西米丹
### XIMIDAN

也叫"稀奶油"，一种奶制品，就是利用离心力把牛奶分离脱水后剩下的牛乳，西米丹纯度非常高，口感极好，抹到面包上吃是最佳组合。

在牧区，人们把"稀奶油"也叫"白油"，蒙古语叫作"卓嗨"，拿它和炒米拌起来，再加一些白糖，就是蒙古族的休闲食品"嚼克"。牧区里的小孩子每天都要吃"卓嗨"，因为"卓嗨"里面富含益生菌，对孩子们的肠道特别好。

# 蕨菜
JUECA

属凤尾藻科，多年生草本植物，多产于山林树下，茎长，匍匐地上，又叫

蕨菜营养丰富，含胡萝卜素和多种维生素。每年五月是采蕨菜的黄金季节，

龙头菜、野鸭膀子，南方人则称如意菜等。春季生出嫩叶或幼苗，卷曲如拳，有黄色羽状复叶，具有特殊的清香味道，嫩叶及茎可供食用。无论炒菜或制汤，都美味可口。

未开叶前采集。采时以6寸为规格，即分把捆扎，将折头用盐渍或笼蒸，上等品为嫩黄绿色，是出口和内销的资源之一，深受国外客商的欢迎。

# 王小二大饼

WANGXIAOER DABING

又称吊炉大饼，系兴安盟已故回族厨师王小二创制。制法：凉水加精盐、食碱搅匀，倒入适量面粉调成软性面团；静置后拉成长方片，提起摔薄，抹上软油酥，做成适度大小的圆饼放入吊炉，经翻烤至熟即可。这种食品外焦里嫩、香酥可口，食用方便，经济实惠。

# 布列亚特包子
## BULEYATE BAOZI

布列亚特人是蒙古族中比较有特色的一个支系，他们于 20 世纪初才从贝加

作。布列亚特包子就地取材，以当地特产优质羊肉为原料，不加其他任何调料，

尔湖一带迁到呼伦贝尔定居，他们在语言、服饰、饮食上都有自己的特色。

布列亚特包子是布列亚特人在吸收汉族食品制作方法后，加入自己民族饮食特点而发明的别具风味的一款民族风味美食。包子外形与北方汉族包子并无多大差别，其最大特点在于包子馅的制

也不放蔬菜、大葱等任何辅料，但吃起来鲜香可口，不膻不腻。在布里亚特人聚居的鄂温克旗锡尼河西苏木，国柱和高娃夫妇开设的小餐馆制作的布列亚特包子远近闻名，许多人慕名前往，吃过后赞不绝口。

## 满洲里五道街美食推荐——

一道街——

一道街天桥市场西侧"满韩狗肉王";

一道街桥苑小区 13 号"喜洋洋火锅";

一道街桥苑小区 12 号"胖子烧烤";

一道街桥苑小区 9 号"顺风小羔羊";

一道街桥苑小区 8 号"京都酒楼";

一道街桥苑小区 7 号"名洋火锅";

一道街天桥市场对面"玛拉沁牛排馆";

一道街天桥市场联检对面"老三烧烤";

一道街烈士公园南侧"沁香园烤肉";

一道街四号库对面清真"伊光源饭店";

一道街军星小区 1 号楼"红霞面食";

一道街劳动局东侧"淮扬百年老菜馆";

一道街"德月楼风味小吃";

一道街"庆宇楼聚友骨头馆";

一道街东方公寓 12 号"开口笑"露馅水饺;

一道街友谊宾馆对面半地下"哈尔滨万氏春饼";

一道街拥军小区"恒友火锅";

一道街中苏街 8 号"德福饺子馆";

二道街——

二道街国旅对面"海玛西餐厅";

二道街"口岸西餐厅";

二道街国旅对面"万泽福西餐厅";

三道街——

三道街巴娜娜对面"孙家砂锅老字号";

三道街巴娜娜对面"迎君砂锅";

三道街富华小区 17 号"半点烧烤";

三道街富华小区"米阿里朝鲜饭店";

三道街东方公司门市"萨沙西餐厅";

三道街中苏街"贝加尔湖西餐厅";

三道街世纪通商店旁"鑫满园西餐厅";

三道街秋林楼 7 号"巴尔古巾西餐厅";

三道街中苏街 9 号"玛丽娜西餐

厅";

三道街电力宾馆附近"红火火排骨屋";

四道街——

四道街旅游外事大厅对面"延吉狗肉城";

四道街9号"十里香农家菜";

四道街迎宾广场西侧"三饮堂茶馆";

四道街"隆庆火锅城";

四道街"宝利来王牌骨头锅";

四道街"名点美食";

四道街老少年宫对面"凤鸣园火锅";

四道街满购中心西侧"天天火骨头馆";

四道街满购中心西侧"青城莜面大王";

四道街防水联络站西"银海蒙古饭庄";

五道街——

五道街新世纪小区"于记哈尔滨蒸饺";

五道街北方地下北方市场"名点美食";

北湖公园附近"阿里巴巴烧烤"、"蒙祥原烤吧"、"胖子烧烤"。

12

吃在巴彦淖尔

# 吃在巴彦淖尔

CHIZAI BAYANNAOER

　　巴彦淖尔市河套地区的风味菜肴有许多种，这些具有地方风味的菜肴在其他地方、就是再高级的饭馆都是见不到的，而且必须到农户家才能吃到地道的风味。如果你到杭后旅游，品尝了当地地道的风味菜肴小吃，你可以毫无遗憾地说：不虚此行。杭锦后旗是蒙、汉、回等民族杂居的地方，汉族人中都来自各个省市，其中以山西、陕西、甘肃人占多数。在生活方式上具有多种民族习惯、多种地方特色相互融合的特点，形成了具有河套地区特点的生活习惯。特别在农村的饮食文化方面具有鲜明的地方特色，其中有些饭菜在全国是绝无仅有的。

# 酿 皮
NIANGPI

民间叫作"酿（音：让）皮"。是内蒙古自治区风味较浓的传统小吃。特别是巴盟酿皮很有风格，值得品尝！每出的白布打开，里面只剩一小块如冻豆腐般的面筋。蒸熟的面筋可是酿皮不可缺少的伴侣——少了它，就如同咖啡不

逢炎炎的夏日，这种小吃就成了北方人消夏趋火的最佳选择。酿皮虽是小吃，但可作主食充饥解饿，也可当菜肴，充当下酒冷盘。冷热均宜，四季可食。

制作酿皮首先要将面粉（或绿豆粉等）和成面团。之后，用极细且净的白布包裹着，在清水盆中不停地反复揉搓。面团中的淀粉成分不断从白布中渗出，在盆底积了厚厚一层糊。将再无淀粉渗

放奶，感觉上会差很多。

接着将先前积下的淀粉糊用清水轻轻漂洗后，依分量缓缓倒入一张又大又平的平底盘中，摸得又匀又平。之后，将数个大平盘上笼蒸熟。此时，淀粉糊已成了一大张亮晶晶的"面饼"。将这"饼"轻轻揭下，逐一相叠。彼此之间须涂抹熟菜油，以防相粘。待其冷却后，便算是完成了主料的制作。"酿"字一

义为"蒸",故而"酿皮"是说明"蒸"是其加工过程中一项重要步骤。

至于"凉皮"之称,不言而喻,则

老少都爱吃,对喜欢喝酒的人来说,是一道必不可少的美食,尤其是受到女人们的青睐,一年四季生意红火,夏天更是旺季,酿皮子不但是一张桌子,几条板凳的街头小吃,而且也是登得上大雅之堂的各种大饭店、饭庄、酒楼宴席常设的凉盘品种。外地来巴盟的人们,若要自家开车返回,定要带上几份回去再拌作料的酿皮子,让亲朋好友或家人品尝一下。进入夏暑期,品尝一盘黄亮柔韧、细腻爽滑、清凉舒心

是指其食法为放凉后拌作料而食。酿皮是在麦面中掺和一定数量的蓬灰和敷料,用温水调成硬面团,再几经揉搓,等面团精细光滑后,再放入凉水中连续搓洗,洗出淀粉,面团成为蜂窝状物时,放进蒸笼蒸熟,这叫"面筋",再将沉淀了淀粉糊舀在蒸盘中蒸熟,这便叫"蒸酿皮"。蒸熟了酿皮,从盘中剥离,切成长条,配上面筋,浇上醋、辣油、芥末、韭菜、蒜泥等佐料,吃起来辛辣、凉爽、口感柔韧细腻,回味悠长。

别觉得酿皮子不起眼,绵软润滑、酸辣可口、爽口开胃,是巴盟地区特色风味小吃中最受欢迎的品种之一,男女

的酿皮,一定会感到胃口大开,回味无穷。如此能上能下,皆因其独特的风味。

# 猪肉烩酸菜

ZHUROU HUISUANCAI

酸菜就是淹白菜。秋末冬初待秋白菜收获后，去掉外面老叶子，一层白

几分钟，然后放上酸菜、土豆，有的还加上豆腐和粉条，用慢火炖着，出来的

菜一层盐放在大缸里，上面压一块大石头。以后不断往进续添，直到添满大缸为止。这种方法叫生淹。也有先把白菜用开水烫一下，再放到大缸里加上盐水，这叫熟淹。一般不用此法。待2～3周后，白菜变黄发酸即可食用。猪肉切成30～40克的长条块，先在锅里炒，把一部分油炒出来，再放上各种调料，略煮

酸菜油而不腻，非常可口，猪肉最好是杀猪时的"槽头肉"，即猪脖子肉。所以杀猪时的猪肉烩酸菜是最好的，不到杀猪时间、不到农户家是很难得吃到地道的猪肉烩酸菜。现在杀猪已被演变成不成文的"节日"。到了冬天，谁家杀猪都要摆上几桌，请村里人和亲戚朋友届时赴宴，热闹非凡。

# 锅 贴
GUOTIE

也叫蒸饼。把白面用水和起来，放上泡打粉（酵母加小苏打）或苏打（主要是用家常的发面制成的，也叫起面，加苏打和软，擀开后可加油分层），面要和的略软一点。用擀面杖擀成饼，用切刀切成条状或块状。在烩酸菜、炖牛肉或炖羊肉时，贴在锅边上，因而叫锅贴。

这种饼主要受柴火的均匀烘烤，呈焦红色，因与锅内的肉菜汤直接接触，味道香浓，焦脆可口，可谓"秀色可餐"。也有直接放在菜上面煮熟叫煮饼。如果放在笼屉（当地用没有边的笼屉，俗语叫"净拼子"）上蒸熟，叫蒸饼。味道也非常可口。

赵钤·通香阁

# 焖面

MENMIAN

河套地方饭菜讲究"炝锅"。先将鲜猪肉、猪排骨或腌猪肉炒到位，加佐几分钟后待面条蒸熟后，用筷子将面条扒开，饭铲（铁匙）把面条和菜搅和起来，

料炝炒，后将准备好的菜一同翻炒（菜里可以放猪骨头、鸡肉，切成小块）加少许水，把切好的面条放在肉菜上面蒸，肉、面、菜一体，营养丰富、色泽鲜艳，别有风味的河套焖面就完成了。

# 铁锅焖面

TIEGUO MENMIAN

铁锅炖菜、焖面是地地道道的农家菜，不论它的加工工艺、出品特点如何。

一般的农家人做菜，可能因为经验不足，不得要领，常常会做砸。故此，铁锅炖菜焖面往往是经验丰富农家做菜人最值得骄傲做的、也颇具个性特点制作菜肴的方法之一。焖面时先把菜炖成半熟，再在菜肴上覆盖面条，在此情况下加工成菜，要求主食饭菜同熟，这就是铁锅炖菜、焖面的要点，也是难点，在热量气流下，释放出各种原料的特殊气息，并浓缩精髓，存于原料之中，形成突出的特色。

# 腌猪肉炒鸡蛋

YANZHUROU CHAOJIDAN

这是一道很有地方特色的农家风味菜，主要是用农家腌肉和土鸡蛋混合制作的。先将腌猪肉根据自己的手法切成片或块状煸炒，加入葱姜盐炝锅，再将备好的鸡蛋倒入一同翻炒，色香味俱全，也很有特色。

腌猪肉主要是当地农民最通用的一种的贮藏肉的方法。冬去春来，聪明的历代河套人民便将猪肉切成一寸见方的块炒熟炒透，待肉块呈焦红色出锅后冷却，在缸内将肉铺平后灌油贮藏。这种腌猪肉通常能贮存到来年秋冬季节。

12

# 糜米米饭
## MIMI MIFAN

在 20 世纪 80 年代前，糜子是河套地区粮食作物之一。糜子属于禾本科，古代叫"稷"。分为两种，一种没有黏性，叫糜子，主要用做米饭。一种有黏性，叫黍子，可以做年糕。糜米一度成为河套地区的特产之一，喜黏土，耐盐碱。用碾子碾去外壳，叫推碾子。碾出的米香黄香黄的，像煲大米饭一样加适量水，用急火把水蒸发掉后，停火，慢慢焖着。

米饭味道清香，颜色也特别鲜亮，成为当地的一道特色饭。也只有河套的水才能焖出最好的糜米米饭。现在糜子种得特别少，能吃上一顿糜米米饭，实属不易。用黍子碾得米当地叫黄米，做出的年糕也是金黄色的。用胡麻油炸过的叫油糕，不炸叫素糕。炖鸡肉蘸素糕也是河套很有特色的一道佳肴。

# 腌制小菜

YANZHI XIAOCA

萝卜、芥菜、芋头、圆菜、黄瓜、茄子都可以用作腌制小菜。本地的小菜以酸为主味，辅之以辣味，别具特色。

腌制起来，特别有风味。块状的菜，主要用芥菜、蔓菁或芋头米，吃不完时，切成小块，用腌制的汤（当地叫盐汤）煮

有整块腌制的，有切成丝腌制的。切成丝腌制的酸菜叫烂淹菜，可以用多种原料混合腌制，当地叫咸菜，是农户及当地饭馆必备的。有的农户把芥菜、茄子

熟，晒干，叫"红腌菜"。吃用时，用开水泡一下，也特别可口，可以存放好多时间。这也许是先民们在度过艰苦年代的一种发明吧。

# 米面凉粉
MIMIAN LIANGFEN

米凉粉是用糜米加水再加蒿籽放在锅里慢火煮熟。然后趁热摊在用高粱秆上部一节做成的盖帘上（当地叫片子），

水里洗，把面粉中的淀粉洗下去，蛋白质捞出来。用薄铁皮做成的圆形器皿，放在开水锅的上面，把淀粉糊均匀地摊

一层一层摊匀，待晾凉后，用刀切成长条，放上各种清香凉拌佐料，特别爽口，成为当地一大特色。到了秋天，新糜子米下来了，河套地区几乎家家都要做上一顿米凉粉吃，来庆贺当年五谷丰登、预示来年粮食满仓。谁家的米凉粉做得好，谁家的女人就特别受欢迎，也就是所谓的巧媳妇。面凉粉是用白面做，先在凉

在上面，形成薄薄的一层，然后切成条状，加上盐、醋、油、辣椒及其他佐料。蛋白质块用开水煮熟，切成块状，叫面精，和酿皮一起吃，成为当地最著名的风味小吃。当地有一句话，吃酿皮到巴市，巴市吃酿皮到杭后。这道风味小吃，不仅传到内蒙古各地，也在北京街上可以看到，但比杭后的酿皮，那就差远了。

318

# 巴彦淖尔市美食推荐——

"布衣侯粥道馆"（酒吧一条街和永安街今日花园各有一家），布衣奶盒一定要尝尝，还有夏天那里的冰粥也很爽口；

广场的"姐弟俩土豆粉"；

广场南面的"麻辣香锅"；

广场的"前旗茶蛋饼"；

新区四季花城下面"鼎盛王府"的火锅很好吃；

大厦的"花眼面精"；

"刘姐米线"推荐牛肉米线和凉拌米线；

长春街"天津灌汤小笼包"香菇肉丁馅的；

长春街"沸腾鱼村"，推荐香辣鸡翅水煮鱼；

"赵氏三兄弟臭豆腐"；

解放西街大元文具店对面有家臭豆腐，不一样的臭豆腐，用真豆腐做的，嫩嫩的，再要个炸焙子切块一起蘸酱吃，很香；

赛亨花园北门楼下"鸭脖王"；

"冰叭凉"的酸辣粉；

广场的"铁锅焖面"；

建设北路的"高原红焖面"；

建设北路的、解放东街、长春东街的"香老坎"；

利民街"刘秀拉面"；

杭后"郝七肉焙子"；

新华街园"中园牛肉面"；

峻峰华庭东门对面"BUS音乐主题西餐厅"推荐意大利面；

欧式街"大拇指烧烤"，那里的鱼丸最好吃。

东门邮政大楼往东走600米，路北有家"青秀麻辣串"，每天都排队，味道真的很棒，爱吃辣的朋友们，不要错过；

5303厂有条小巷，往里走，有个"芙蓉面精"，很好吃，吃完觉得其他面精也就一般啦；

庆丰街有个"银河烧烤"，里面的凤爪，烤鱼都不错；

欧式街西街，啤酒厂家属楼南门对面有个"鸡公煲"，先吃肉，吃完还能涮菜，味道可以，最主要是价格便宜；

建设北路"唐老鸭面馆"，每天早上去那里吃面的人好多，去看就知道了；

附中北门的"变态薯"，漂亮MM们都爱吃里面的蟹酱薯条，不过吃多了会发胖哦；

美丽园东门楼下有家"川师傅酸菜鱼"，开了好多年了，很多人应该吃过；

"一篓油"的饺子，很好，可是人太多，对面的北京肉饼店的肉饼也不错，盟幼儿园对面的"富贵人家饺子馆"的饺子不比"一篓油"差。还有群里的朋友说：一篓油的焖面不错。但是临河还有一家比较强的焖面连锁"大顺坊"，一中跟前有一家，星月广场也有一家；

"四子王旗"旁边的手把肉，"四子王旗"的手把肉很出名，可是他家东面的那个更好吃，也是值得推荐的；

"罗三狗肉"不错，"罗三狗肉"往西，"罗姐狗肉"更是不错，狗肉主

要吃干扁和红烧两种，人多要个狗肉砂锅，主要不是吃肉，是喝汤；

实验小学东的"北京烤鸭店"，那才是真正的烤鸭，别看好多大饭店，不一定有这里的好。还有就是就业街上的"刘烤鸭"店，每天已经是人满为患了；

实验小学东面"大盘鸡"，老字号，人很多而且实惠；

影剧院广场附近"炒烩肉"，先烩后炒，比较入味，值得推荐；

吃米线当属附中后门马路西的"西安砂锅米线"，吃着有些味道，就是大部分是学生，正点去了没地方；

"乐广丰"对面，"刘姐米线"旁边有个"天津灌汤包子"，里面人也不错，包子做得不错；

位于塞亭北门楼下的"沸腾鱼乡"里面的水煮鱼不错，带女友去不错的地方，女孩子都喜欢吃水煮鱼；

绿岛新村附近，春饼不错；

建设北路的"再香油烙饼"里边的炒菜不差于"君华"，消费也不是很贵。

13

吃在郭尔为新

# 吃在鄂尔多斯
CHIZA EERDUOSI

　　不管到哪里游玩，大家都喜欢去品尝一下当地特色的美食。虽然说好吃的到哪都会有，但是不同地方人的饮食习惯还是有一定的差距的，北方人饮食比较粗糙，而南方人呢，在美食上面讲究的就是做工要精细。在过去，鄂尔多斯人在饮食方面给人的感觉就是喝酒要是大碗，肉要大口大口地吃，似乎只有这样才能品尝出食物的鲜美。这里为大家介绍几道鄂尔多斯必尝美食。

# 鄂尔多斯酸烩菜

EERDUOSI SUANHUICAI

游名胜，尝名菜名点，是一大乐事。鄂尔多斯农村，本有扒荞面、莜面窝窝、倭瓜饭、山药丸子、红腌菜、米酒等地方佳肴。但这里向读者推荐一种四时皆宜的名菜，那就是酸香可口、回味无穷的酸烩菜。

酸烩菜从未上过名馔佳肴之类的书籍，它在本地人心目中的位置，甚至胜过一些山珍海味。逢年、过节、满月、结婚、丧葬、接待宾朋时，酸烩菜总要当作压轴儿菜，以弥补其他菜品的不足。就是离开故土调往外地的人，也不会忘记养育过他们的酸烩菜。

酸烩菜，是几个概念的合称。它是由腌渍过的白菜和其他蔬菜经烹制后做成的菜肴。山药削皮、洗净，用刀切成大小适中的菱形块。把猪肉先放到热锅内炒一炒，搁上大料、花椒、葱、蒜、酱油、食盐再炒一炒，添足水。待水滚沸后，把腌过的白菜搁到锅里烩熟。然后，手持铁勺把锅里的山药捣成烂泥，便做成了猪肉烩酸菜。天寒地冻时分，是杀猪的季节，这时，主人总要把邻居、亲戚、朋友邀来，满满地烩上一大锅酸烩菜，红红火火地吃一顿，快活极了。现在，酸烩菜已从农村走向城市，宾馆、饭店的餐桌上，还有它的一席之地呢！

酸烩菜能够一代一代地食用至今，也许是著名的希腊数学家皮发高尔道出了它的含意："白菜乃是这样一种蔬菜，它能使人经常保持精神焕发和愉快，能使人的心情安静。"

吃在鄂尔多斯

赵玲·通泰阁

# 鄂尔多斯酸饭

EERDUOS, SUANFAN

其实酸饭在内蒙古中西部地区相对比较普及，如果有机会到鄂尔多斯黄河沿岸和准格尔旗山区作客，无论什么时候都会吃到用糜米制作的酸饭。还会看到家家户户的锅台上放着一个或两、三个酸罐。只要在那里住上几天，人们就会发现，酸饭还有好几种呢。早晨吃酸粥，中午吃酸捞饭或酸焖饭，晚上吃酸稀饭或酸拌汤。不过，农民吃酸饭，并不是每日必食三餐。吃酸粥时，有的农民还要把辣椒面撒到上面，就着酸菜吃。故人们赞美地说："辣椒抹粥，吃上挺抖（好的意思）。"农民做酸焖饭时，总喜欢往里面放一些切成块的山药（土豆）。这样吃起来，味道鲜美适口。过去，农民视酸饭为富裕生活的象征，因此常常说："早上酸粥中午糕，晚上焖饭上油炒。"农民爱吃酸饭，跟生活环境有关。那里盛产糜米，糜米沤酸后味道特别醇香，所以，人人爱吃。农民吃上酸饭顶着烈日劳动，不渴、也不上火。农民劳动了一天，身体觉得疲累的时候，一进家门就痛饮几勺酸米汤，浑身无不感到清凉爽快。

酸饭制作方法：把豆腐酸浆作为"酵料"倒入洗净的小口罐子里，再把熬过糜米的汤舀进去发酵。然后把一定量的糜米洗净也倒进罐里。把罐放到热锅台上，一天以后，"甜米"就变成了"酸米"了。多数人家不用"酵料"，而用米汤和糜米直接发酵。酸浆（酵料）用的次数多了，就会减少。只要随用随添米汤，一年四季都会有酸浆，而且味道也纯正鲜美。

# 鄂尔多斯米凉粉

EERDUOSI MILIANGFEN

是农民喜食的一种风味食品。近年来，米凉粉从农村进入城市，遍布大街小巷。大热天上街，花几元钱吃一碗米凉粉，既解口渴之急，又能充饥，是非常实惠的。由于米凉粉筋道、解渴泻火、富有营养，年轻人连进三碗还意犹未尽，牙口差的老年人，吃来也格外爽口。

相传很久以前，准格尔旗双山梁下住着一户善良的农民。农民的儿子是一位秀才。秀才为了赶考，天天登山专心攻读。每天，七十岁的母亲都要费力地爬坡上山，给他送饭。由于路远，母亲走得很慢，所以每次送去的饭都变成了凉饭。儿子不想吃饭，母亲只好吃剩饭。母亲只吃了几次凉饭，就觉得口感很好。没几天，母亲就在"凉饭"的基础上，反复改进制作方法，制成米凉粉让儿子品尝。母子皆大欢喜，每天中午母亲都要给儿子送一碗米凉粉。邻居发现后，

家家户户也都吃米凉粉。这样，米凉粉就成为当地人盛夏驱热消暑的饮食了。

现在，农民仍按传统的方法制作米凉粉。在开水或凉水中把绿豆泡上一段时间。糜米或小米洗净后，也用水浸泡十几分钟。然后把绿豆从水中捞出来，放到盆里，少倒些水，一勺一勺地把绿豆和米及水舀进手磨上磨成浆。再把豆、米浆徐徐地舀进开水锅里，火要急，边舀边用勺子或擀面杖快速进行搅拌。熟后，掺入少量蒿籽，并把它搅匀煮熟。然后，把它铲出来摊在高粱秆片子上或均匀地抹在水缸外壁上，晾凉后切成长条，就制成了米凉粉。吃的时候，往米凉粉里舀上酸菜汤，加上葱花油、辣椒、芝麻面、芥末粉或炒茴香面等调味品，凉阴阴、酸溜溜的，非常可口。夏令时节吃米凉粉，尤其觉得爽口入味，清淡宜人。

13

吃在鄂尔多斯

# 红腌菜
## HONGYANCA

　　提到独具地方特色的红腌菜，就使我们想到与它有关的遥远的过去。遥想的时空里，在瀚海大漠中，走着几位衣衫简陋的人。没有人烟，没有道路，他们凭着经验，切着方位，翻过一座沙丘，又翻过一座沙丘。夕阳西下，他们便停下疲累的脚步，吃一口炒面、嚼一撮红腌菜，待夜幕降临后伴着星星入睡。

　　至今，农民一直食用红腌菜。就连农村上学的孩子，也常把它装在兜里当零食吃。红腌菜很咸，干吃、泡着吃均可，吃起来特别有嚼头。红腌菜较轻，大约 0.5 公斤重的红腌菜，其容积就有四五个苹果那么大，拿它当咸菜吃，一个人能吃几十天。在青黄不接的季节，红腌菜是接济穷人的一种菜。因此，贫困山区的农民，年年都要制作红腌菜。秋收以后，把圆白菜、萝卜、蔓菁、芋头切成细丝腌起来。翌春，把它捞出来晾到快干的时候，再用原汤（酸盐汤）将其煮熟，攒成团，晒干，便成了褐红色的红腌菜。吃的时候，把它掰碎泡在米汤里或适量的开水里，一点都不硬。

# 鄂尔多斯红葱

　　鄂尔多斯人爱吃红葱，农民也爱种红葱。俗话说："白葱炒菜，红葱做馅。"红葱的细胞里，含有大量的挥发性精油，叫"葱蒜辣素"。其味香辣，故包饺子、做包子、吃馅饼，只要把它放进去，就会起到去腥解膻、改善滋味、促进食欲的作用。

# 海红子

HAI HONGZI

说起"海红子"这种形似山楂的小果子，不是本地人还真不一定能弄清楚，但要一说起"果丹皮"来，大家就都会有一种"恍然大悟"的感觉了吧。与山楂果不同的是，它的表皮光滑、闪亮。准格尔旗马栅乡、五字湾乡、卜尔洞沟乡是海红树荟萃之地。崖畔、沟谷、山坡……都生长着生机勃勃、万木争荣、叶绸荫翠的海红树。近百年来，是它为这里的荒山野岭披上了绿装。天气刚刚变暖，满山满洼的雪白花朵，就汇成馨香阵阵的花涛香海。9月，绿叶茂密的枝条累累垂下，密密层层的结满了沉甸甸的、鲜红的海红子。进入10月，果实成熟，海红子的皮色由浅红变成紫红，光耀夺目。这时，果农便忙碌起来，一边采摘果实，一边装车外运。

食用海红子颇多讲究。从树上摘下来的海红子，存放一段时间后，就可去掉苦涩味。这时食用，酸甜适口，汁多

肉脆。寒凝大地的冬天，吃几颗又鲜、又甜、又凉的海红果，真可谓冰凉下火。春节期间，每当客人登门，冻海红子则成为不可缺少的佳品。主人很快从凉房拿来冻海红子，浸泡在冷水中，待其融化后，鼓鼓实实地海红子变瘪，放到口中咀嚼，满嘴都是甜水水，越吃越爱吃，那才馋人。海红子易储存，耐运输，营养丰富，消食健胃，加工后的海红子，可制成蜜饯果脯、果干、冰糖葫芦以及果汁、果酱、果糕、果丹皮、罐头等。近年来，海红子销量倍增，格外受到人们的喜爱。准格尔旗民歌《海红子赞》对海红子作了详尽的描述："海红子红，海红子圆，海红子酸又甜。冻海红更叫绝，味道不一般。朋友来了端上几盘盘，凉在嘴里，甜在心坎。啊，别看我个儿小品种土，苹果鸭梨比不了。果丹皮、果瓣瓣，朋友要走带上几串串，又好吃来又稀罕。"

# 沙果

SHAGUO

　　沙果是营养丰富的一种果品，它含有淀粉、可溶性糖分、苹果酸、酒石酸等有机酸类以及各种维生素、果胶质和多种矿物盐类等，均易为人体吸收。用沙果加工成的果酱、果酒、罐头、蜜饯别具风味。

# 发菜

FACA

是宴席上贵重的菜肴，历来受到人们的赞扬。白居易写道："仰窥不见人，石发垂如鬏。"李笠翁在其《闲情偶集·饮

"高原之珍"、"戈壁之珍"。其营养成分高于同量的肉类和蛋类。发菜味甘性凉，具有一定的药用价值。利尿、止咳、

馔部》中称："菜有色相最奇，而为本草食物志诸书之所为载者，则西秦所产之头发菜也。"鄂尔多斯是发菜的故乡。一场雨水过后，干燥的气候变得湿润，土地潮湿，发菜便吸吮着水分，慢慢膨胀变大，就像缕缕乱发，迅速地在地面上铺展开，黑如漆，细如线，柔如锦，广袤的土地马上就变成了蓝绿色和橄榄色。天旱阳燥时它便处于休眠状态，丝状体不分枝，丝弱体细。由于发菜营养价值高，十分珍贵，被誉为"荒漠之珍"、

解毒，并有滋补作用，对治疗高血压、妇女病、慢性气管炎，促进伤口愈合，都有一定疗效。发菜食用，滑嫩、软脆、爽润，没有异味。鸡、鸭、羊肉腥汤里放入少量发菜，或把鱿鱼、肚尖加发菜做成羹汤，味道鲜美适口。发菜的吃法多种多样。如将发菜洗净泡发后，上笼蒸蒸，切成段拌以姜丝、葱花、酱油、醋、糖，甜酸适口，味鲜脆嫩，是下酒的极好凉菜。

## 鄂尔多斯市美食推荐——

电业局对面建行北的天香大骨头馆的"猪脊骨、沙盖拌汤";

焖面:乡土居对面的"农家铁锅烩菜";

羊肉熬茄子:东委对面红房子往西的"羊肉焖茄子";

牛肉烩土豆:市医药往西的"红太阳";

水煮嫩牛肉:原盟委对面的"六和顺";

鲍汁百灵菇:区公安局对面的"湘水之珠";

水煮鱼:区政府后山公园对面的"蜀湘人家";

炒鱿鱼、羊肉葱头:东胜新华书店路北斜对面的"龟锅";

麻辣烫:民生广场"小不点烧烤"往西半圆角的"过把瘾";

注:"过把瘾"只有这两家好吃,还有小广场路北的"过把瘾";

干煸肚丝、鱼香肉丝:教育学院对面的"老四川";

饺子:供电局旧址往西的"天香饺子馆";

牛肉土豆条、爆炒牛肉:供电局旧址往西的"草原爆炒牛肉馆";

碗托:原煤炭公司巷内,没有牌子;

烤鸡翅:原武警支队十字路口的"七公江湖烤翅";

酸辣粉、扒糕:民生广场不夜街的"银氏酸辣粉";

麻辣干酿皮:蒙三中巷子口的"麻辣干酿皮";

炸串:美特好超市出口处;

煎饼:二完小广场巷子入口处的"老姨煎饼";

赵玲·通泰阁

331

拼三鲜、水煮豆腐、猪肉翅板粉：电业局Ａ区门口的"老榆林"；

炖羊肉：双剑烟酒往南的"三升面馆"；

猪灌肠、米凉粉、炸鸡：铜川的"王中王八块鸡"；

烩酸菜：原煤炭局斜对面的"青源酒家"；

烤牛板筋：教育学院往南的"百度烧烤"。

14

吃在 鸟海

# 吃在乌海
CHIZAI WUHAI

　　乌海地区的居民以汉族、蒙古族为主，汉族的饮食习惯和其他地方的汉族区别不大，多为米饭、面食；蒙古族的主食则是奶制品、肉食和粮食。在乌海市的饭店，可以尝到一些内蒙古的特色菜，如龙凤呈祥、烤猪方、蜜汁天鹅蛋等。

# 龙凤呈祥

龙凤呈祥为内蒙古创新名菜，因是用鸡、鱼当原料合做一菜，由此得名。内蒙古特产黄河鲤鱼头尾干烧烹制放鱼盘两端，盘中间放香酥鸡，鱼肉烹制成宫保鱼丁、糟溜鱼片、香茄鱼条和馏鱼腐，分别对称围摆装盘成整鱼形即成。此菜鸡鱼共食，口味鲜、香、酸、辣、甜、咸俱全，质地酥、软、嫩、爽兼顾，当地中高档宴席常点此菜。

14

# 烤猪方
### KAOZHUFANG

为内蒙古传统烤制菜肴，是用带骨猪五花肉经煮、烤而成，并且要在制作过程重揭去肉皮和部分肥膘，抹上用鸡蛋、面粉调成自的糊，再加原汤一起烤制。成品皮面呈金黄色，随同黄瓜条、葱段、甜面酱、荷页饼上桌。吃起来皮酥肉烂，肉香纯正，肥而不腻。这道菜是自治区已故特一级烹调师吴明先生的上乘之作，在全区享有"菜肴之魁"的美誉。

# 蜜汁天鹅蛋

MIZHI TIANEDAN

内蒙古风味名菜。以土豆为主要原料，配以面粉、蛋黄烹制而成。这道菜是内蒙古已故特一级厨师吴明先生于1948年为时任绥远省政府主席董其武将军私厨时所创，曾参加过当时区内举办的蒙汉厨艺大赛，并获得一致好评。

吃在乌海

赵玲·通泰阁

## 乌海市美食推荐——

市三中附近的"串串儿"很有名的。

市一中旁边的"红霞麻辣肝酿皮"味道好得很。

商城里的"岳氏麻辣粉",虽然量很少,味道还是很赞的。

步行街的"禾记"拉面,值得一提的是这家店的牛肉馅饼也很好吃哦。

钻石广场东门的"麦香园",炒菜和粥饼很好吃,而且还很实惠。

KFC的开封菜,你值得一尝。

商城里有家小香锅的味道和"姐弟俩"的一样,而且还比"姐弟俩"人少,也没有"姐弟俩"挤。

商城里有一家卖米线炒年糕的、味道挺好的还有一家卖葱花饼的,店里的冰粥也不错。

钻石广场的"好又多",店里的咖喱炒饭和炒拉面也挺好吃的。

建北小区楼下有家拉面馆,店家的石锅拌饭好吃得很。

矿四下面"鑫隆炒菜",鱼香炒饭和土豆泥莜面超好吃,超实惠。

钻石广场的韩式料理的炒年糕挺好吃的。

二水厂附近有家焖面馆,味道也很好。

市二中那边有个"丽丽酿皮店",这家店的炖面筋和炖粉坨特好吃。

音乐厨房正对面的"阿的力"烧烤。

乌海宾馆旁边有个"川军团香锅",口碑很好。

陶然雅居东门的"晓伟烧烤"味道很好,很正宗,值得一尝。

赵玲·通泰阁

15

吃在阿拉善

# 吃在阿拉善

CHIZAI ALASHAN

阿拉善与宁夏等省区接壤，居民中多为蒙古族、回族、藏族，因此形成了以蒙古族饮食为主的独特饮食文化。阿拉善的传统美食继承了蒙古族饮食的特色，以肉食、乳食、粮食为主，烤全羊、手抓肉、奶茶、奶皮子等传统蒙古族美食都可以在这里品尝到，在吸收并融汇了各民族美食的特色后，阿拉善地区形成了自己清香细腻、味道鲜美的饮食风格。

由于阿拉善境内沙漠广布，沙漠中特产的沙葱、沙芥等植物在人们的精心制作下都成了盘中美味，驼峰、驼掌更是阿拉善美食中的代表，无论是爆炒、红烧还是炖汤，滋味都是一绝，是人们款待贵客的佳肴。

# 阿拉善烤全羊

这是从元代宫廷燕飨继承下来的一种整羊宴。在清代颇受清廷青睐并称"诈马宴"，常招待蒙古王公。清乾隆帝曾大发诗兴，作诗赞美此宴。"诈马"即蒙古语"珠马"或"招木"的异译，指的是用蒙古族传统的屠宰法杀之后，热水煺毛，去掉内脏，收拾干净的白条绵羊烤制的一道名菜。其色、香、味、形俱佳，是蒙古肉食中最讲究烹调技艺的上乘大菜。

据《元史》记载，十二世纪时蒙古人"掘地为坎以燎肉"。到了元朝时期，蒙古人的肉食方法和饮膳都有了很大改进。《朴通事·柳蒸羊》对烤羊肉作了较详细的介绍："元代有柳蒸羊，于地作炉三尺，周围以火烧，令全通赤，用铁芭盛羊，上用柳枝盖覆土封，以熟为度。"这说明不但制作复杂讲究，而且用专门的烤炉。在清代各地蒙古王公府第几乎都用烤全羊招待贵宾，是高规格的礼遇。清代初康乾年间，北京"罗王府"（即阿拉善王府）的烤全羊，名气就很大，其蒙古族厨师嘎如迪名满京城。从清末民初到新中国成立初，各地蒙古王府中虽有烤全羊，唯有阿拉善王府的烤全羊最有名，因为该王府有一批以胡六十三烤全羊师为首的名厨掌炉。新中国成立后，由于人民政府对蒙古族传统名菜的重视，不但恢复了这道名菜，而且有了许多改进。现在我区财经大学已将烤全羊列为蒙餐课烹调技术中的重要一章。

# 黄焖羊羔肉

HUANGMEN YANGGAOROU

　　阿拉善传统名菜。选用阿拉善滩羊羔肉，剁成小方块，辅以少量酱油、调料等，再放蛋黄、粉面、优粉，抓拌后过油，炸成金黄色，扣在碗内，放入肉汤，加酱油、葱段、花椒、大料，上笼蒸20分钟左右取出，倒扣在汤盘内，将汤滤到锅里，加入味精，浇在羊羔肉上，再放点木耳菠菜叶等即可上席。由于滩羊饮山中的矿泉水，食旷野里生长的中草药，所以滩羊肉质细嫩，无膻味。

# 驼掌
## TUOZHANG

即骆驼的掌，骆驼主要产于内蒙古荒漠草原地带。骆驼全身都是宝，尤以驼掌最名贵。驼掌即四只大似蒲团的软蹄。因为它是骆驼躯体中最活跃的组织，故其肉质异常细腻富有弹性，似筋而更

膳用的"北八珍"，驼掌即为其中一珍。

"扒驼掌"本为"扒熊掌"，现代因"熊"为野生保护动物，故以驼掌代熊掌研制出这道"扒驼掌"菜。从营养味道角度分析，驼掌虽然不如熊掌好，

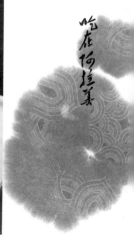

柔软。驼掌的味道极为鲜美，食之可强筋壮骨。驼掌营养丰富，历来就与熊掌、燕窝、猴头所齐名，是中国四大名菜之一。早在汉代就有"驼蹄羹"，并成为历代宫廷名菜。明《本草纲目》载："家驼峰、蹄最精，人多煮熟糟食。"《红楼梦》第五十三回"乌进孝进租"时的进物单上，有"熊掌二十对"的记载。古代宫廷御

但经过烹制之后也独具特色，深受美食家欢迎和赞赏。由于驼掌珍贵，均被内地星级宾馆订购，即是被誉为"驼乡"的额济纳豪华宴会上，也是很少能够品尝到的。扒驼掌取材于骆驼蹄的掌心，一只驼蹄重约二公斤，其掌心不足50克，可谓取之精华。扒驼掌的特点是色泽白润，香酥软嫩，酸甜不腻。

# 凉拌蹄黄
## LIANGBAN TIHUANG

即骆驼掌心鹅卵大小的两块纤维组织，因其是骆驼身上最活动的组织，肉质异常细腻而富有弹性，似筋而比筋柔软，似驼峰而较驼峰更富纤维组织，以其制作的凉拌蹄黄清脆可口，滑爽鲜嫩，是不可多得烹饪上品。

# 驼峰扒口蘑
## TUOFENG BAKOUMO

　　"驼峰"，是由驼背上的双峰干制而成，它的"甲峰"又称"雄峰"，透明发亮。"乙峰"又称"雌峰"，其色发白。"驼峰"的味道鲜美，富含营养，历来被视为珍品。

　　"驼峰扒口蘑"是内蒙古西北地区著名的风味名菜。内蒙古所产的峰肉质细腻，异常肥美，曾是历代宫廷席上珍馐。内蒙古地区用驼峰和著名的张家口口蘑相配制成此菜。成菜柔软鲜嫩，肥而不腻，香而可口。

吃在阿拉善

# 红烧牛蹄筋

## HONGSHAO NIUTIJIN

"牛蹄筋"，就是附在牛蹄骨上的韧带，是一种上好的烹饪原料，用它烹制的菜肴别有风味。一个牛蹄大约只有一斤左右的块状筋腱。

"红烧牛蹄筋"是以牛蹄筋和大葱加工制作的菜肴。此菜用料讲究，色白透明，油清底亮，口香筋软，富含营养，也是一道久负盛名的传统名菜。向来为筵席上品，食用历史悠久。因其口感淡嫩不腻，质地犹如海参，故有俗语称"牛蹄筋，味道赛过参"。

# 粉汤饺子

俗名"皮条拉石头"。饺子馅可用猪肉或羊肉，配以白菜、萝卜和各种佐料，采用传统方法包成饺子。再选粉质丰盈的扁豆，制成粉坨。这种粉坨放在锅里有弹性，略透明，久滚不糊。烹调时，先在翻滚的汤锅里放入切成条状的粉坨，将另一锅里煮好的饺子和粉条，一齐倒入汤锅中，临出锅时，调放食盐、生葱、醋、油泼辣面子、味精等。其味酸辣可口，有发热去寒之效，特别适合寒冷地区的人们食用，是阿拉善地区的传统风味之一。

15

吃在阿拉善

# 烩羊杂碎

## HUI YANGZASUI

阿拉善风味汤菜，亦称全羊汤。将羊头、心、肺、肠、肚、肝等烫洗干净，煮熟，切成丝，用煮杂碎时撇出的汤油炸辣面为红油。以原汤下入切好的杂碎丝，加葱、姜、蒜末、红辣椒、味精、香菜即成。汤菜味鲜、辣香不腻，热气腾腾，香味四溢。

# 糖腌锁阳

锁阳被当地人称为"不老药"，又名"锁严"，主产于内蒙古西部，传统中医学称其有壮阳补精，养筋健骨，润燥滑肠的作用。按着现在流行的说法，就是"壮阳药"。锁阳味略苦，当地的人们以糖腌制后，口感更好，只是一次不可以吃得太多。

吃在阿拉善

15

# 阿拉善肉苁蓉
## ALASHAN ROUCONGRONG

主产于巴丹吉林沙漠、腾格里沙漠和乌兰布和沙漠深处。是一种纯天然、无污染的野生绿色植物。和"锁阳"一样，也是著名的"壮阳补品"。说起来也蛮有意思的，仿佛沙漠的沙地上似乎很适合这些"壮阳"植物生长。它的外形奇特，身披鳞片状"盔甲"，身子像圆圆的柱子，植株高达 40～100 厘米，最重者一株可达 10 公斤。生长几十年的苁蓉王十分罕见。刚出土的嫩肉苁蓉，具有充足的水分和养分，是采集的良好季节。如果任其生长下去，消耗了体内的大量水分和养分，就失去了应有的经济价值。鲜嫩的肉苁蓉，削去鳞状外皮，就是白色甜脆的肉质，并含有大量的乳汁，是沙区人们喜食的生食食品。肉苁蓉还可以成为餐桌上的佳肴，把它切成薄片与土豆、肉类等炒菜、煲汤，滋味鲜美可口。

# 居延蜜瓜

JUYAN MIGUA

居延蜜瓜，古称"甜瓜"、"甘瓜"，维吾尔语称"库洪"，源于突厥语"卡波"，意思即"甜瓜"，有"瓜中之王"的美称。产自神奇的内蒙古西部大漠边关额济纳旗，这里干旱少雨、光热充足、昼夜温差大，是蜜瓜生长的理想境地。所产蜜瓜除个大、形美、色鲜外，尤其以含糖量高、口味纯而著称。不过居延蜜瓜性凉，不宜吃得过多，吃多了容易拉肚子。

岁月与时光的历久弥新，传统与现代的相互融合，"马背金鞍"上的内蒙古餐饮，正带着草原的质朴与纯真，带着大青山的秀美与靓丽，带着巍巍大兴安岭的博大与精深，带着九曲黄河的雄浑与奔放，带着千里大漠的粗犷与豪迈，带着千年文化的古老与厚重，昂首走向全国的餐饮舞台，以它特有的民族饮食文化与健康的餐饮理念，在崇尚绿色、天然、无污染的健康饮食新观念的今天，正逐步地被人们所喜爱，并带来了全新的营养新感觉。

有一种味道，敬然奉上，热烈赤诚，带您体味游牧的苦乐，那是马奶酒的回甘。

有一种情思，以天为盖，以地为庐，驰骋万里，碧波荡漾，那是独有的眷恋。

有一种回忆，天骄雄起，英雄儿女为您诉说着这里的故事，那是醉人的传说。

有一种情调，穿透苍穹，透着声声呼唤，那是悠扬的马头琴。

更有一种享受，身后炊烟袅袅，前方是日起日落，策马扬鞭，驻足草原，翩翩起舞，放声高歌——

## 阿拉善盟美食推荐——

额济纳旗 苏泊淖尔路与315省道交叉路口向西200米路北"从头到蹄羊肉馆";

额济纳旗 苏泊淖尔路的"巴市老白饭馆";

额济纳旗 额济纳旗胡杨花园底商的"沁园春香锅居";

额济纳旗 达来呼布镇富士商贸街(近美客基)的"老成都";

额济纳旗 温图高勒路(近汽车站十字路口)的"林夏饭馆"。

阿拉善左旗 雅布赖路(近开元购物中心)的"银川清汤羊肉馆";

阿拉善左旗 阿盟巴彦浩特中凯商务酒店底商(近党政大楼)的"和美自助火锅";

阿拉善左旗 黄油糕河套烩菜王附近的"后套圪旦烩菜大王";

阿拉善左旗 温馨花园对面的"顺吉汉餐";

阿拉善左旗 东关街(近三中)的"和顺苑";

阿拉善左旗 王府街的"手工民勤馍";

阿拉善左旗 木器巷的"何四烩菜馆"。

阿拉善右旗 雅布赖路的"天天红饭馆";

阿拉善右旗 雅布赖路的"万盛小吃部"等。

# 后 记

　　本书介绍了内蒙古自治区境内各地区少数民族餐饮文化以及历史渊源，在编写和整理过程中，得到了内蒙古出版社的大力支持与帮助。本书在选编过程中参考了部分公共网络的相关资料、信息，在此表示诚挚的谢意！由于本人能力和水平有限，尚有许多不足和遗漏之处，敬请读者谅解。

　　在文字配图收集过程中，更是获得了来自各方朋友们的大力支持和赞助，他们有：
　　我的老同学（呼和浩特市炼油厂）兰海云女士
　　内蒙古晨报记者 王徽女士
　　内蒙古晨报记者 李峰先生
　　呼和浩特市爱尚户外运动俱乐部群主"时光之影"：董富华先生
　　呼和浩特市星期六户外群"驴友"李富荣女士等。

　　提供配图和拍摄支持的单位和个人有：
　　内蒙古饭店
　　呼和浩特市格日勒阿妈奶茶馆
　　呼和浩特市中山东路赵玲、通泰阁饭店
　　呼和浩特市呼武公路梦幻国际庄园
　　呼和浩特市"恩来顺"火锅连锁店

　　提供协助和搜集信息的户外群有：
　　呼和浩特市星期六户外群
　　龙腾虎跃户外群

行者无疆户外俱乐部

啄木鸟户外群

同行户外群

爱尚户外运动俱乐部

蚂蚁户外

天空户外

驼铃户外运动俱乐部

子夜户外

情城户外

北极星户外

金莲花驴友俱乐部等。

借本书面世之时，向他们表示敬意和感谢。